国际商事仲裁

GUOJI SHANGSHI ZHONGCAI

李光国 / 著

中国政法大学出版社

2020·北京

图书在版编目（ＣＩＰ）数据

国际商事仲裁/李光国著. —北京:中国政法大学出版社,2020.8
ISBN 978-7-5620-9608-5

Ⅰ.①国… Ⅱ.①李… Ⅲ.①国际商事仲裁－研究 Ⅳ.①D997.4

中国版本图书馆 CIP 数据核字(2020)第 154573 号

出 版 者	中国政法大学出版社
地　　址	北京市海淀区西土城路 25 号
邮寄地址	北京 100088 信箱 8034 分箱　邮编 100088
网　　址	http://www.cuplpress.com (网络实名: 中国政法大学出版社)
电　　话	010-58908586(编辑部) 58908334(邮购部)
编辑邮箱	zhengfadch@126.com
承　　印	固安华明印业有限公司
开　　本	720mm×960mm　1/16
印　　张	16
字　　数	250 千字
版　　次	2020 年 8 月第 1 版
印　　次	2020 年 8 月第 1 次印刷
定　　价	69.00 元

序 言

PREFACE

本书的体系如下：

本书第一章主要讨论国际投资仲裁。国际投资仲裁与一般的国际商事仲裁的主要区别在于，国际商事仲裁一般是企业之间的纠纷，然而，国际投资仲裁的被申请人是一个主权国家，而一个投资者作为申请人，根据国际投资条约的规定追究主权国家的责任。特别是在"一带一路"倡议下，考虑到越来越多的主权国家以吸引外资为目标，参与到国际投资领域，作为亚洲基础设施投资银行的最大出资国，中国亟待发展国际投资仲裁，以保护自己的合法权益。因此，在第一章，我们将着重讨论国际投资仲裁，以此了解国际投资仲裁体系，并且，在国际投资仲裁体系下，投资者如何维护自己在东道国的投资。

本书第二章主要讨论仲裁的胜方与败方最为关心的问题。胜方最为关心的问题是仲裁裁决的承认和执行。败方最为关心的问题是撤销仲裁裁决及拒绝承认和执行仲裁裁决。在一般情况下，胜方当然是要拿到钱，败方当然是要守住钱。因此，一个仲裁庭出具仲裁裁决后，对于胜方来说最为重要的问题就是怎么实现这来之不易的仲裁裁决的内容，而对于败方来说最为重要的问题就是怎么阻止这头疼的仲裁裁决的执行。因此，在第二章，我们将站在仲裁当事人的角度，讨论仲裁当事人最为关心的问题。

本书第三章主要讨论仲裁机构。临时仲裁（Ad hoc Arbitration）

毕竟是少数，大部分国际商事仲裁都是机构仲裁（Institutional Arbitration）。因为，一般在机构仲裁当中，通过仲裁机构行政管理部门的统一管理，当事人会得到更有效的仲裁案件管理。而且，仲裁机构相对成熟的仲裁规则与相关证据规定可以成为当事人进行仲裁程序的有效指引。不仅如此，当事人还要考虑仲裁裁决是否能得到仲裁地及执行地法院的司法尊重。一般来说，相较于临时仲裁，负有盛名并且历史悠久的仲裁机构出具的仲裁裁决更容易得到法院强制力的尊重。因此，在第三章，我们将着重讨论各个仲裁机构及其相关规定，让那些初入仲裁世界的人们对仲裁初见端倪。

本书第四章主要讨论仲裁协议。所有仲裁的开始都是以当事人的合意为前提，没有仲裁协议，就不存在仲裁案件。因此，一个有效的仲裁协议就是进入仲裁世界的唯一钥匙，对于想进入仲裁世界的当事人至关重要。不管合同的一方当事人认为仲裁世界是多么绚丽多彩，如果没有有效的仲裁协议，也不能将合同的另一方当事人强行拉进仲裁的世界。因此，在第四章，我们将着重讨论仲裁协议及其效力等问题，以此了解如何确保进入仲裁世界的这把钥匙。

本书第五章主要讨论仲裁程序。通过仲裁协议这把钥匙进入仲裁世界后，当事人也不能为所欲为。在仲裁世界，也存在着维系仲裁世界稳定运转的行为规范。这样的行为规范不仅适用于当事人，也适用于参与仲裁的包括仲裁员、证人在内的所有参与者。而这种行为规范所编织的解决仲裁纠纷的一套流程就是仲裁程序。如果不存在一个有效运转的仲裁程序，在利益相冲突的当事人的剑拔弩张下，仲裁本身很容易成为一盘散沙、停滞不前。因此，在第五章，我们将着重讨论能让仲裁世界有效运转的仲裁程序，以此了解如何遵守仲裁世界的行为规范。

本书第六章主要讨论仲裁裁决。当事人不选择其他争端解决机制而选择仲裁，最主要目的就是获得最后能够通过主权国家的公权力执行的仲裁裁决。而为了这样一份最终的结论，以此给仲裁画上一个圆满的句号，仲裁员需要基于证据所能证明的事实，适用特定的法律，作出最终裁决。而这样一份有效的仲裁裁决将根据《纽约公约》这样一个法宝普遍得到主权国家公权力的保护。因此，在第六章，我们将着重讨论仲裁最终的果实，即仲裁裁决，以此了解当事人为之奋斗的最终成果。

本书第七章主要讨论司法协助。当事人选择仲裁的初衷当然是希望通过私权机制解决纠纷，不选择公权力机构的原因很大程度上是当事人彼此不信任对方的法院公权力系统，基于保护主义原则，认为在对方当事人可控的国家法院体系自己会受到不公待遇。但是，毕竟仲裁机构不享有一个国家公权力为后盾的强制力，因此，在仲裁的各个阶段仲裁机构都需要求助于司法的帮助。在仲裁开始前，为了使不愿意参与仲裁的当事人进入仲裁世界，需要法院执行有效的仲裁协议；在仲裁程序当中，证据保全、财产保全、行为保全、披露书证命令，调查取证等都需要法院的协助；在仲裁裁决后，执行仲裁裁决或防御仲裁裁决的执行都需要法院强制力的协助。因此，在第七章，我们将着重讨论仲裁当中的司法协助，以此了解在仲裁这样一个私权下的争端机制当中如何智慧地引进国家公权力，以此最终实现有效仲裁的目的。

此书可能存在很多不足之处，如需交流，请发邮件至 guangguo. li@ dentons. cn，万分感谢。

目 录 CONTENTS

第一章
"一带一路"下的国际仲裁

第一节　中国主导的国际投资仲裁机构的设立

在现今这个全球化的时代，许多国家都积极采取政策措施，鼓励并吸引外国投资。因为，外国投资是许多国家发展本国经济的重要组成部分。一开始，发展中国家没有自有资本或技术。为了改善本国的基础设施建设以促进工业发展，对于发展中国家来说，外国资本的投资被视为发展经济的重要组成部分。2017 年，全球投资流量达 1.3 万亿美元。[1]不仅仅是对于发展中国家而言，外国资本对发达国家维持经济的持续发展也具有举足轻重的作用。2017 年，针对发达国家的外国投资约为 7120 亿美元。[2]自 2013 年开始，基于自身发展需求和与其他国家实现共商、共建、共享的双赢效果，中国政府大力推行了"一带一路"战略。

"一带一路"经济区开放后，承包工程项目突破了 3000 个。在 2015 年，中国企业共对"一带一路"相关的 49 个国家进行了直接投资，投资额同比增长 18.2%。[3]2015 年，中国承接"一带一路"相关国家服务外包合同金额达 178.3 亿美元，执行金额达 121.5 亿美元，同比分别增长 42.6% 和 23.45%。

---

〔1〕　https://unctad.org/en/pages/PublicationWebflyer.aspx? publicationid = 2460.

〔2〕　https://unctad.org/en/PublicationChapters/wir2018ch1_ en.pdf.

〔3〕　http://finance.people.com.cn/n1/2016/0120/c1004-28070428.html.

　　像"一带一路"这样的大型国际投融资合作，在很多时候，项目的类别会集中在国家间的大型基础设施建设或自然资源开采项目上，这需要大量的资金支持。为了解决这些项目的资金问题，在我国政府的倡导下，丝路基金得以成立，而且在 2016 年还成立了亚洲基础设施投资银行。2019 年 7 月 13 日，亚洲基础设施投资银行理事会批准贝宁、吉布提、卢旺达加入。至此，亚洲基础设施投资银行的成员总数达到了 100 个。[1]

　　但是，我们要知道，投资不仅需要资金，更重要的是保障投资的安全。没有保障的投资就是泼出去的水，覆水难收。项目多么庞大，后期回报多么诱人，实际上都是画在纸上的饼。如果没有对投资进行有效的法律保护，再令人诱惑的项目都存在诸多不确定性。这就是为什么国际性投资银行在投资一国项目的时候，最看重的不是投资回报，而是该国的法律体系健不健全，自己的投资是否安全。

　　比方说，油气管道的建设、发电厂的融资和开发、交通或通信等基础设施的建设、房地产项目的建设等项目都是大型资本密集型投资项目。发展中国家亟须开展上述项目的开发，而受限于本国有限的资本及技术，发展中国家作为东道国往往需要外国资本及技术的参与。而在考虑上述大型项目的投资时，外国投资者希望保证其投资不会被东道国征收或因东道国法律或法规的变更而遭受损失。他们还希望以不依赖东道国法院的方式解决日后潜在的争端。因为，当纠纷在东道国的法院进行审理的时候，十有八九，外国投资者将无法得到公平和公正的结果。

　　为了消除外国投资者的后顾之忧，各国政府相继采取措施，使其法律对外国投资者更加友善。许多国家都在本国立法体系下制定了保护外国投资者的法律法规。[2]不仅如此，还与外国投资者的母

---

〔1〕 https://baijiahao.baidu.com/s?id=1638986227042849969&wfr=spider&for=pc.

〔2〕 如我国制定的《外商投资法》（2020 年）。

国签订《双边投资条约》[1]或《多边投资条约》[2]，以便外国投资者可以在东道国安心地开展投资，并让外国投资者确信自己的投资是安全的。笑脸签字、合影留念的时候，谁都不愿意未来发生争端，就像结婚当天谁都不愿意未来离婚一样。但是，就像有些婚姻注定会以离婚收场，如果国际投资发生争端，最后分道扬镳便是再自然不过的事情。如果国际投资发生了争端，比起在东道国的法院进行诉讼而遭受司法不公，合理的外国投资者更愿意通过国际仲裁解决争端。

因此，就保护外国投资而言，第一，东道国针对外国投资会通过立法规定争端解决方式，以此保护外国投资；第二，外国投资者与东道国政府或国有企业之间在签订《投资合同》时会提前约定争端解决方式；第三，东道国与外国投资者的母国在签订投资条约时会规定国际投资发生纠纷时的争端解决方式。而在上述三种情形下，很多时候当事人都是试图通过国际仲裁的方式解决国际投资争端的。

为了扶持"一带一路"倡议下开展的投资项目，中国政府已经设立了亚洲基础设施投资银行（以下称 AIIB），以解决前期投资时资金上的问题。因此，对于"一带一路"政策下开展的国际投资项目，为了保障我国投资的安全性，非常有必要设立一个国际投资争端解决机构。特别是对于使用 AIIB 或我国政策性银行（如，中国进出口银行、国家开发银行等）贷款资金的国家，如果在国际投资项目上发生争端，中国也好，其他"一带一路"的参与国也罢，都有必要在国际投资争端解决机构进行仲裁或运用其他争端解决机制。

为了有效地解决践行"一带一路"倡议过程中发生的国际投资纠纷，并且，有效保护外国投资者的资金安全，设立一家"一带一路"会员国都相对满意，并且裁决结果得到信任和支持的国际投资争端

---

[1] BIT: Bilateral Investment Treaty.
[2] MIT: Multilateral Investment Treaty.

解决机构是非常有必要的。现在，我们看到 HKIAC[1]、ICC[2]等仲裁机构已经捷足先登，在其仲裁机构下专门设立了为"一带一路"提供仲裁服务的项目。不仅如此，中国国际经济贸易仲裁委员会（CIETAC）也制定了《投资仲裁规则》以便更好地为"一带一路"提供仲裁服务。

而笔者认为，这个仲裁机构设立在我国香港特别行政区、韩国首尔或新加坡是对"一带一路"参与国最为合理的方式，也能够更好地说服众多 AIIB 的成员国，让这些国家通过 AIIB 框架下设立的仲裁机构解决"一带一路"项目下发生的纠纷。

其理由如下：

首先，作为 AIIB 的发起国和投票权最高的国家，在中国大陆地区设立仲裁机构，很多其他成员国有可能会对此产生不信任；而且，就如同美国在华盛顿设立国际投资争端解决中心（以下简称 ICSID）解决国际投资纠纷一样，很多经过 ICSID 审理后败诉的南美国家（如阿根廷、委内瑞拉等）不由自主地会认为美国的 ICSID 就是帝国主义侵略自己国家、非法攫取利益的工具。因此，这也是为什么包括韩国政府在内的诸多国家在和美国政府进行《自由贸易协定》（FTA）[3]谈判的时候，在 ICSID 进行仲裁的内容往往会成为最具争议的内容，而很多人更是将 ICSID 仲裁条款定义为卖国条款。[4]

其次，实事求是，相对韩国、日本、澳大利亚及其他欧洲国家，中国大陆地区的法治建设还未达到让其他国家信服或信任的阶段。根据《世界正义工程的法治指数 2017-2018》，亚洲法治程度最高的国家或地区依次为新西兰、澳大利亚、新加坡、日本，中国香港地

---

〔1〕 https://www.hkiac.org/belt-and-road.

〔2〕 https://iccwbo.org/dispute-resolution-services/belt-road-dispute-resolution/.

〔3〕 FTA：Free Trade Agreement.

〔4〕 https://news.naver.com/main/read.nhn? mode = LSD&mid = sec&sid1 = 101&oid = 009&aid = 0004318610.

区及韩国。[1]其中，新西兰、澳大利亚都是以美国为首的五眼联盟国家；[2]而日本不是 AIIB 的成员国。因此，中国香港地区、韩国及新加坡在与中国大陆地区的贸易规模等相互依赖的关系上、国际政治观点及律师素质上都是非常符合在"一带一路"倡议下作为对中国相对友好的国家和地区而设立国际投资争端解决机构的条件。

最后，费了千辛万苦设立了 AIIB 下的国际投资争端解决机构，其目的就是让投资者愿意到该国际投资争端解决机构进行国际投资仲裁。虽然中国国际经济贸易仲裁委员会制定了《投资仲裁规则》。但是，基于中国大陆地区仲裁的实际发展，中国国际经济贸易仲裁委员会下的国际投资仲裁还是很难得到众多投资者的青睐。

就如同美国的 ICSID 在国际仲裁领域能够脱颖而出就在于 ICSID 在国际投资仲裁领域裁决的案件无数，并且可以在该领域起到指导性的作用。因此，到头来还是要看在"一带一路"倡议下的国际投资争端解决机构进行的仲裁或调解案件的数量及仲裁裁决最终被"一带一路"倡议的参与国予以承认和执行的情况来判断该机构是否被普遍接受。这就取决于大部分"一带一路"倡议下的参与国对国际投资争端解决机构所属国的法治抱有信心，并且，认为该国际投资争端解决机构不会受大国的案外因素的影响，会相对公平、公正并中立地审理外国投资者的仲裁争端。

因此，在我国香港特别行政区、韩国首尔或新加坡设立 AIIB 下的国际投资争端解决机构是一个可考虑的方案。

第二节　国际投资仲裁

"它山之石，可以攻玉"，在国际投资争端解决机制方面，美国的 ICSID 的运作模式就是我们可以参考的最好的例子。美国政府为了

---

[1] https://worldjusticeproject.org/sites/default/files/documents/WJP - ROLI - 2018 - June-Online-Edition_ 0. pdf.

[2] 美国、英国、加拿大、澳大利亚、新西兰。

保护其本国企业在国际社会的投资，于 1966 年在自己控制的世界银行集团[1]下设立了"国际投资争端解决中心"（以下称"ICSID"）。截止到 2019 年，ICSID 的缔约国包括中国在内有 154 个之多，而仅在 2019 年，ICSID 就审理了 306 起国际投资争端案件。[2]

因此，美国的很多企业在对南美诸多国家的石油天然气等大型自然资源项目进行国际投资时，都会在争端解决条款上约定，如发生纠纷就在 ICSID 进行仲裁。这不仅解决了美国企业的后顾之忧，而且，也保障了美国通过 ICSID 的经验积累在国际投资仲裁领域保持领导地位。不仅如此，因为会很多发展中国家需要世界银行的贷款融资，对于世界银行集团下的 ICSID 的仲裁裁决结果都会尽量尊重执行，而不会以保护本国利益为借口阻碍上述仲裁裁决的执行。

随着国际投资的增加，解决国际投资争端的仲裁也随之增多。2017 年，有 65 起基于投资条约的新的国际投资仲裁案件，其中 46 起仲裁案件是在 ICSID 提起的。而自 1987 年开始至 2017 年期间，总共有 855 起国际投资争端案件。[3]在 2017 年，有 48 个国家作为被申请人参加了投资者与国家间的国际投资争端案件，而申请上述国际投资争端案件最多的投资者的国籍是荷兰和美国（各自有 8 起案件），其次为英国（有 6 起案件）。而在发展中国家，申请上述争端案件最多的投资者的国籍为土耳其。在 2017 年，土耳其籍的企业申请了 4 起国际投资争端案件。[4]

一、国际投资条约

在一国（以下称"东道国"）进行大规模投资的时候，外国投资者最为关心的问题是自己花出去的钱是不是安全的。而为了消除外国投资者的担心，东道国需要采取措施使得外国投资者相信他们

---

〔1〕 世界银行集团由五大机构组成，ICSID 是其中的一个机构。
〔2〕 https://icsid. worldbank. org/en/Documents/ICSID_ AR19_ EN. pdf.
〔3〕 https://unctad. org/en/PublicationsLibrary/wir2018_ en. pdf.
〔4〕 https://unctad. org/en/PublicationsLibrary/wir2018_ en. pdf.

的投资将受到保护，并将免受东道国政府的不公正待遇。而为了吸引更多的外国投资者在本国进行大型资本投资项目，为本国的基础设施建设和制造业的发展带来新技术及资本，东道国不仅往往会与其他国家签署《双边投资条约》或《多边投资条约》，还会制定保护外国投资者投资的法律。

（一）《华盛顿公约》

1965 年，世界银行集团发起设立了一个中立的仲裁机构，计划解决一国与其他国家国民之间的国际投资争端，以此促进国际投资的发展。该条约被称为《解决国家与他国国民间投资争端公约》（以下称《华盛顿公约》）[1]，根据《华盛顿公约》的规定，世界银行集团下设立了一个审理国际投资争端的机构，即国际投资争端解决中心（ICSID）。

从 1966 年到 20 世纪 80 年代末（近 25 年的时间），ICSID 共受理了 26 起案件。[2]在经历了一段缓慢的起步阶段之后，现如今在全球，ICSID 在解决国际投资争端方面发挥着重要的作用。包括中国在内的很多国家都签署了《华盛顿公约》。[3]位于美国华盛顿特区世界银行总部的 ICSID 设立了一个行政理事会和一个秘书处。秘书处的工作人员担任 ICSID 仲裁庭的秘书。ICSID 制定的机构规则[4]，规定了申请仲裁或调解的程序。而对于仲裁[5]和调解[6]的程序性问题，ICSID 制定了各自单独的程序性仲裁规则和调解规则。ICSID 虽说是

---

[1] 《华盛顿公约》的英文全称为 "The Convention on the Settlement of Investment Disputes Between States and Nationals of Other States"（也称 "ICSID Convention"）.

[2] https://icsid.worldbank.org/apps/ICSIDWEB/resources/Pages/ICSID-Publications.aspx.

[3] 2016 年 5 月止，有 153 个缔约国。

[4] https://icsid.worldbank.org/en/Pages/icsiddocs/ICSID - Convention - Institution - Rules.aspx.

[5] https://icsid.worldbank.org/en/Pages/icsiddocs/ICSID - Convention - Arbitration - Rules.aspx.

[6] https://icsid.worldbank.org/en/Pages/icsiddocs/ICSID-Convention-Conciliation-Rules.aspx.

一个独立的国际组织，但是与世界银行集团有着紧密的联系。[1]

自 20 世纪 90 年代开始增加的国际投资争端案件数量，在很大程度上归功于越来越多的国家开始签订《双边投资条约》和《多边投资条约》。到 2019 年 6 月 30 日为止，ICSID 总共受理了 728 起案件。[2]ICSID2019 年年度报告显示：在过去的一年里，ICSID 受理了 52 件新的案件，其中大部分案件（47 起案件）是根据《华盛顿公约》申请的仲裁案件。[3]东道国和外国投资者希望排除法院诉讼而进行仲裁是可以理解的。因为，任何东道国都不希望受制于另一国的法律，而投资者也不希望受制于东道国的法律。

在最近十年里，ICSID 解决的大多数国际投资争端案件都是基于《双边投资条约》或《多边投资条约》当中的仲裁条款而进行的仲裁。尽管相对于其他知名的国际性仲裁机构，案件数量可能不是特别多，但是，在 ICSID 管辖下进行的国际投资仲裁争端当中，案件所涉及的金额通常都是相当大的，而且，所要解决的法律问题也相当复杂。

1. ICSID 的管辖

当事人必须满足以下三个条件才能在 ICSID 进行仲裁：第一，当事人之间必须存在同意根据 ICSID 制定的规则进行仲裁或调解的意思表示；第二，当事人一方（东道国）必须是《华盛顿公约》的缔约国，当事人另一方（外国投资者）必须是另一缔约国的国民；第三，争端必须是直接由投资而引起的法律争议。

（1）意思表示。如果一个国家从来没有同意，日后也不愿意在 ICSID 进行国际投资争端相关的仲裁，外国投资者没有权利强人所难。一个国家同意在 ICSID 进行仲裁必须存在明确的意思表示。这种意思表示有可能是东道国与投资者签订《投资合同》时约定的仲

---

〔1〕 国际投资争端解决中心是世界银行五大组织之一。（https：//icsid. worldbank. org/en/Pages/about/ICSID%20And%20The%20World%20Bank%20Group. aspx）.

〔2〕 https：//icsid. worldbank. org/en/Documents/ICSID_ Web_ Stats_ 2019-2_ （English）pdf.

〔3〕 https：//icsid. worldbank. org/en/Documents/ICSID_ AR19_ EN. pdf.

裁条款；东道国与外国投资者的母国签订的《双边投资条约》或《多边投资条约》予以规定；可以在东道国的国内立法予以规定。一个国家是《华盛顿公约》缔约国的事实本身并不意味着它同意将国际投资争端提交给 ICSID 进行国际仲裁。中国是《华盛顿公约》的缔约国，但是，中国不同意在 ICSID 进行国际投资仲裁，任何外国投资者都不可能把中国拉到 ICSID，强迫中国进行国际投资仲裁。

在《双边投资条约》或《多边投资条约》当中，如果东道国与他国同意就双边投资所发生的争端在 ICSID 进行仲裁，而他国的投资者和东道国或东道国的国家机构在签订《投资合同》的时候却没有约定上述在 ICSID 进行国际仲裁的条款会怎么样呢？即便如此，如果东道国与他国投资者发生国际投资争端，基于《双边投资条约》当中东道国的同意，投资者仍有可能在 ICSID 进行仲裁。

如果东道国在《双边投资条约》或《多边投资条约》当中同意在 ICSID 进行仲裁，或者东道国在国家立法当中同意对于国际投资争端可以在 ICSID 进行仲裁，那么，同意在 ICSID 进行仲裁的内容通常会被视为是同意进行国际投资仲裁的要约，投资者可以通过承诺接受上述要约。但是，这种东道国的要约有时候存在前提条件，那就是东道国的要约通过承诺被接受之前，投资者应提前 6 个月通知东道国。而有些《双边投资条约》规定了一个前提条件，要求外国投资者在开始仲裁之前协商解决争端。美国与韩国签订《自由贸易协定》就规定，发生投资争端的，申请人和被申请人应当首先协商解决。[1]荷兰与埃塞俄比亚签订的《双边投资条约》规定，缔约国与另一缔约国的国民之间发生的任何有关投资的争端，应由当事人友好解决，并规定在提交 ICSID 仲裁之前有一个 6 个月的协商期限。[2]

如果在前提条件期限内争端不能得到解决，《双边投资条约》一般会规定外国投资者可采取多种措施以便解决争端。最常见的方式

---

〔1〕　US-South Korea FTA（2019），Article 11.15.

〔2〕　Ethiopia-Netherlands BIT（2003），Article 9.

就是在 ICSID 进行仲裁。通过东道国的投资立法而不是《双边投资条约》也可以实现在 ICSID 进行仲裁的目的。《华盛顿公约》也不要求在单一文书中表达当事人的同意。因此，东道国可以在其国内促进投资的立法中要约将某些类别的投资引起的争端提交给 ICSID 管辖，而外国投资者可以书面承诺接受该要约。"SPP 诉埃及案"[1]是第一个援引东道国的国内立法要约的 ICSID 案件。东道国辩称，其投资立法中所载的"要约"不等于根据《华盛顿公约》第 25 条规定的东道国的书面同意。仲裁庭详细分析了这一问题，然后得出结论认为，《埃及外国投资法》的有关条款构成了对 ICSID 管辖权的明确书面同意，因此，不需要东道国再进一步特别表示同意。

事实上，东道国在投资条约中的书面同意和外国投资者在申请仲裁时的书面同意并不包含在同一份文件中，无论是根据《华盛顿公约》第 25 条关于"书面同意"的要求，还是根据《纽约公约》第 2 条"仲裁协议的书面"的要求，都不会对在 ICSID 申请仲裁造成困难。2012 年美国示范性《双边投资条约》特别规定，东道国的同意和外国投资者提交仲裁请求应满足《华盛顿公约》对书面同意的要求，而如果索赔请求不是根据《华盛顿公约》提出的，就应满足《纽约公约》对书面协议的要求。[2] 由"Occidental 诉厄瓜多尔"引起的英国诉讼的当事方都承认，如果裁决没有受到挑战，可以根据《纽约公约》予以承认和执行。[3] 上述仲裁是根据美国与厄瓜多尔签订的《双边投资条约》进行的，双方根据联合国贸易法委员会的仲裁规则在伦敦进行了临时仲裁。因此，即使仲裁裁决不是根据《华盛顿公约》作出的，它仍然可以根据《纽约公约》强制执行。

东道国对投资仲裁的同意在有些时候是比较模糊的。"Churchill

---

〔1〕 Southern Pacific Properties（Middle East）Ltd［SPP］v. Egypt（Decision on Jurisdiction No 1）ICSID Case No ARB/84/3（1985）；（Decision on Jurisdiction No 2）3 ICSID Rep 131（1988）.

〔2〕 United States Model BIT（2012），Article 25（2）.

〔3〕 Ecuador v. Occidental Exploration and Production Co［2005］EWHC 774（Comm）；［2005］2 Lloyd's Rep 240, 249.

Mining PLC 诉印度尼西亚案"（以下称"Churchill 案"）就涉及英国与印度尼西亚之间签订的《双边投资条约》。根据该条约第 7（1）条的规定，另一缔约国的国民在缔约国（东道国）内进行或打算进行投资的，东道国应同意该缔约国的国民提出的任何在依据《华盛顿公约》设立的 ICSID 进行调解或仲裁的请求。[1]印度尼西亚依赖"应同意"这个措辞，主张不应自动推定其同意与外国投资者在 ICSID 进行投资仲裁。相反，在 ICSID 进行投资仲裁需要一项额外的东道国同意，而如果不满足其他管辖条件，东道国可以拒绝进行仲裁。[2]

仲裁庭详细分析了英国和印度尼西亚在起草特定条款时的会议记录。根据《维也纳条约法公约》[3]，仲裁庭仔细分析并解释了涉案条约并得出结论：《双边投资条约》的起草人认为"应同意"的措辞在功能上等同于"在此同意"或类似的措辞。因此，仲裁庭认为，印度尼西亚已事先同意对争端进行仲裁。[4]

有时，在《双边投资条约》当中，缔约国会限制同意仲裁的管辖范围。德国与保加利亚签订的《双边投资条约》第 4（3）条就规定，应投资方的要求，征收的合法性应在实施征收措施的缔约国制定的法律程序中进行审查。如果对补偿金额有异议，外国投资者和东道国应进行协商，以确定被征收投资的价值。如果在协商开始后 3个月内未能达成协议，应根据外国投资者的要求，通过实施征收措施的缔约国的适当程序，或通过国际仲裁庭审查赔偿额。

在"ST-AD 诉保加利亚案"中，外国投资者主张，这一条款的效力并不是要求投资者必须经过保加利亚法院事先审查征收的合法

---

〔1〕 UK-Indonesia BIT（1976），Article 7（1）.

〔2〕 Churchill Mining PLC v. Indonesia（Decision on Jurisdiction）ICSID Case No ARB/12/14 and 12/40, para 105（2014）.

〔3〕 The Vienna Convention on the Law of Treaties.

〔4〕 Churchill Mining PLC v. Indonesia（Decision on Jurisdiction）ICSID Case No ARB/12/14 and 12/40, para 230（2014）.

性。外国投资者主张，提起此类诉讼是应外国投资者的请求。[1]仲裁庭驳回了外国投资者的主张，并竭力强调国际仲裁庭管辖权的有限性。最重要的是，不要忘记国际社会的任何参与者，无论是国家、国际组织，还是自然人或法人，都没有通过仲裁管辖获得赔偿的固有权利。正如除非有明确的同意，一国不能起诉另一国。同样的道理，在《双边投资条约》的框架内，除非东道国在特定的条件下给予外国投资者这种权利，否则外国投资者不能想当然地在国际社会要求东道国承认其权利。与国际法院或任何其他国际法院一样，仲裁庭不具有一般管辖权，而只有一个约定管辖权，因此，仲裁庭必须尊重各国规定的限制范围。仲裁庭认定其无权裁决任何征用的合法性问题。

投资者的承诺可以通过书面形式作出。但是，如果投资者向ICSID提出了国际投资仲裁申请，则该投资者也被视为通过申请仲裁的承诺接受了东道国的仲裁要约。东道国在《国际投资条约》或国内立法中的要约通常被认为是不可撤销的。因此，一旦在与投资者签订《投资合同》时，东道国同意了在ICSID进行国际投资仲裁，东道国就不能再出尔反尔了。[2]

（2）缔约国与另一缔约国的国民。想要确定哪些国家是《华盛顿公约》的缔约国，我们只要去ICSID网站查一下就一目了然了。[3]然而，更为复杂的问题是，与外国投资者签订《投资合同》的另一方不是缔约国本身，而是缔约国的一个下级行政机构或国有企业的情形。

这样一个下级行政机构或国有企业在受ICSID的管辖之前，必须满足两个要求：第一，东道国必须向ICSID指定东道国的上述涉案机构或企业受ICSID管辖；[4]第二，东道国批准涉案机构或企业

---

〔1〕 ST-AD GmbH v. Bulgaria（Award on Jurisdiction）PCA Case No 2011-06, para 349（UNCITRAL, 2013）.

〔2〕 https://www.italaw.com/sites/default/files/case-documents/ita0236.pdf.

〔3〕 https://icsid.worldbank.org/en/Documents/ICSID_ AR19_ EN.pdf.

〔4〕《华盛顿公约》第25条第1款。

进行国际投资仲裁，或东道国通知 ICSID 不需要上述批准。[1]因此，与缔约国的下级行政机构或国有企业签订《投资合同》的外国投资者，应注意在其仲裁协议中加入特别条款，以确保满足这些条件。[2]但是，满足上述条件并不一定意味着东道国本身已同意上述 ICSID 仲裁的管辖。外国投资者在 ICSID 直接对东道国提起仲裁要求索赔时，必须获得东道国的独立同意。[3]可以通过外国投资者的母国与东道国签订《双边投资条约》或《多边投资条约》约定通过 ICSID 解决争端。

就"另一缔约国国民"的定义而言，一般来说，国民是指作为缔约国公民或在缔约国组织或成立的实体（如法人）。

第一，另一缔约国的自然人投资者。就自然人而言，根据享有主权的母国的法律规定，自然人只需满足取得母国国籍的条件就会被视为拥有该国国籍。[4]此外，除非东道国提出明确而又令人信服的证据，证明自然人取得国籍存在欺诈或重大错误，否则对于自然人取得母国国籍的确定一般将不会受到挑战。[5]在 ICSID（根据第 25 条第（2）款第（a）项）案件和非 ICSID 案件当中存在的既定原则是，如果不存在自然人投资者的双重国籍问题，一般将不适用外交保护中的"有效国籍"标准。[6]

"Saba Fakes 诉土耳其案"[7]就是根据荷兰与土耳其签订的《双边投资条约》在 ICSID 进行的仲裁案件。投资者同时持有荷兰和约旦国籍。东道国土耳其辩称，仲裁庭应当适用国际法院在

---

〔1〕 《华盛顿公约》第 25 条第 3 款。

〔2〕 http://icsidfiles.worldbank.org/icsid/icsid/staticfiles/model-clauses-en/9.htm#a.

〔3〕 See Lucy Reed, Jan Paulsson & Nigel Blackaby, Guide to ICSID Arbitration, 35~40, 53~56 (2d ed. 2011).

〔4〕 Oostergetel v. Slovakia (Decision on Jurisdiction), para119 (UNCITRAL, 2010).

〔5〕 Mr. Franck Charles Arif v. Republic of Moldova (Award) ICSID Case No. ARB/11/23 (2013).

〔6〕 Mr. Franck Charles Arif v. Republic of Moldova (Award) ICSID Case No. ARB/11/23 (2013).

〔7〕 Saba Fakes v. Turkey (Award) ICSID Case No ARB/07/20 (2010).

"Nottebohm 案"中规定的有效国籍标准。[1]根据这一标准，东道国主张，投资者没有提交其荷兰国籍有效性的证据，相反，有证据证明投资者持有有效的约旦国籍。因此，投资者没有资格根据《双边投资条约》提出索赔请求。投资者反驳称，外交保护当中的有效国籍标准与 ICSID 仲裁无关，而且，投资者的双重国籍也与《双边投资条约》下的土耳其国籍无关。因此，根据《双边投资条约》和《华盛顿公约》第 25（2）（a）条的规定，投资者有资格成为投资仲裁的索赔主体。

仲裁庭认为，申请人（投资者）确立了属人管辖权。《华盛顿公约》不存在有关投资者国籍效力的规定。[2]此外，《华盛顿公约》本身并不排除双重国籍的自然人投资者，只要双重国籍持有人至少持有一个不是东道国的国籍即可。[3]仲裁庭拒绝了外交保护当中的有效国籍标准，这也符合《华盛顿公约》的起草历史和之前的仲裁裁决。[4]

鉴于东道国辩称以前的 ICSID 仲裁庭没有排除外交保护当中的"有效国籍"标准的适用，仲裁庭的裁决详细说明了为什么"Nottte-bohm 案"当中的"有效国籍"标准不适用于投资条约的仲裁。仲裁庭解释称，在外交保护当中，当国家代表其国民主张索赔请求时，要求国民与母国存在"真正联系"是有意义的。但是，在投资条约仲裁中，母国并不主张索赔请求。[5]事实上，根据《华盛顿公约》，

---

[1] Nottebohm Case (Liechtenstein v. Guatemala) (Second Phase) [1955] ICJ Rep 4.

[2] Mr. Franck Charles Arif v. Republic of Moldova (Award) ICSID Case No. ARB/11/23, para 63 (2013).

[3] Mr. Franck Charles Arif v. Republic of Moldova (Award) ICSID Case No. ARB/11/23, para 62 (2013).

[4] Ioan Micula, Viorel Micula, S. C. European Food S. A, S. C. Starmill S. R. L. and S. C. Multipack S. R. L. v. Romania [I] (Decision on Jurisdiction and Admissibility) ICSID Case No. ARB/05/20, para 101 (2008); Victor Pey Casado and President Allende Foundation v. Republic of Chile (Award) ICSID Case No. ARB/98/2, para 241 (2008).

[5] Mr. Franck Charles Arif v. Republic of Moldova (Award) ICSID Case No. ARB/11/23, para 68 (2013).

缔约国放弃了向在 ICSID 进行仲裁的本国国民提供外交保护或代表其提出国际索赔请求的权利。[1]习惯国际法不适用于投资者与东道国之间的国际投资仲裁。仲裁庭援引了辛克莱尔关于 ICSID 国籍要求的相关文章。辛克莱尔在其文章中指出，ICSID 的判例越来越清楚地区分了 ICSID 管辖权的目的和外交保护案件中的国籍规则。在 ICSID 仲裁中，国籍的重要性似乎已沦为一种形式主义。[2]

基于上述理由，仲裁庭驳回了东道国关于 ICSID 案件适用"有效国籍"标准的主张。仲裁庭注意到，"Siag 诉埃及案"[3]的多数意见同意了 Champion Trading 的结论，即《华盛顿公约》第 25 条排除了有效国籍标准。仲裁庭认为，东道国区分这些案件的努力在《华盛顿公约》文本中没有得到支持。仲裁庭承认，这并不是说"有效国籍"标准在 ICSID 仲裁中就没有任何影响。[4]同样，布罗什承认，在特定情况下，国籍便利或投资者非自愿获得的国籍可能被忽略。[5]但是，这些都属于特殊情况，而仲裁庭认定本案不存在上述情形。

第二，另一缔约国的法人投资者：

《华盛顿公约》第 25 条第（2）款第（b）项第一部分

在"Tokios 诉乌克兰案"[6]当中，法人投资者 Tokios 是一家立陶宛公司，而 Tokios 根据乌克兰法律在乌克兰成立了一家全资子公司。投资者主张，乌克兰对其子公司采取的行为，构成违反乌克兰与立陶宛签订的《双边投资条约》的行为。2002 年，Tokios 及其乌

---

［1］ Mr. Franck Charles Arif v. Republic of Moldova（Award）ICSID Case No. ARB/11/23, para 69（2013）.

［2］ Anthony C. Sinclair, "ICSID's Nationality Requirement" in Todd J. Weiler Investment Treaty Arbitration and International Law（2008）86~87.

［3］ Waguih Elie George Siag and Clorinda Vecchi v. The Arab Republic of Egypt（Decision on Jurisdiction）ICSID Case No. ARB/05/15, para 198（2007）.

［4］ Saba Fakes v. Turkey（Award）ICSID Case No ARB/07/20, para 77（2010）.

［5］ Aron Broches, Selected Essays: World Bank, ICSID, and Other Subjects of Public and Private International Law（1995）, 204~205.

［6］ Tokios Tokelés v. Ukraine（Decision on Jurisdiction）ICSID Case No ARB/02/18（2004）.

克兰子公司向 ICSID 申请了投资仲裁。

乌克兰与立陶宛签订的《双边投资条约》将乌克兰的"投资者"定义为乌克兰法律规定的持有乌克兰国籍的自然人和在乌克兰设立的法人。而对于立陶宛的"投资者",也存在相同的定义。在乌克兰或立陶宛,还有一类被定义为"投资者"的国民就是,由乌克兰或立陶宛国民或由其所在地为乌克兰或立陶宛的实体直接或间接控制的,在任何第三国设立的任何实体。"控制"要求持有相当大的一部分的所有权。[1]Tokios虽然是立陶宛的一家公司,但其99%的股权均由乌克兰国民持有。乌克兰国民也占Tokios管理层的2/3。[2]乌克兰作为东道国主张,《华盛顿公约》的宗旨是促进解决国家与其他国家国民之间的投资争端,不适用于国家与本国国民之间的争端。因此,仲裁庭应"揭开公司面纱",并认定尽管投资者在立陶宛注册设立,但投资者的国籍应根据其主要所有权和管理权的国籍及其总部所在地来确定,而这将导致乌克兰国籍被确定,因此,应驳回Tokios作为投资者对乌克兰提起的 ICSID 国际投资仲裁。[3]

仲裁庭首先审议了《华盛顿公约》是否规定了任何评估法人实体国籍的方法。《华盛顿公约》没有相关规定,致使仲裁庭转而审议《双边投资条约》当中的相关定义。[4]除规定法人投资者基于立陶宛法律设立的规定以外,《双边投资条约》没有任何其他规定。此外,如果缔约国希望添加控制标准,它们可以这样做,事实上在第三国法人的情况下,缔约国就是这样规定的。[5]对于在两个缔约国

---

〔1〕 Tokios Tokelés v. Ukraine (Decision on Jurisdiction) ICSID Case No ARB/02/18, para 18 (2004).

〔2〕 Tokios Tokelés v. Ukraine (Decision on Jurisdiction) ICSID Case No ARB/02/18, para 21 (2004).

〔3〕 Tokios Tokelés v. Ukraine (Decision on Jurisdiction) ICSID Case No ARB/02/18, para 22 (2004).

〔4〕 Tokios Tokelés v. Ukraine (Decision on Jurisdiction) ICSID Case No ARB/02/18, para 24 (2004).

〔5〕 Tokios Tokelés v. Ukraine (Decision on Jurisdiction) ICSID Case No ARB/02/18, para 34 (2004).

设立的法人国民不存在适用控制标准判断国籍的问题，而且，《双边投资条约》的其他条款也支持扩大投资保护范围的概念。[1]

乌克兰作为缔约国的其他《双边投资条约》和《多边投资条约》规定，如果第三国国民拥有或控制的公司在其设立的缔约国没有实质性商业活动，则明确拒绝给予这些公司投资保护。仲裁庭审议了《能源宪章条约》第17（1）条的规定，而这些条约中的控制条款再次证明，如果适用基于所有权或控制权来判断国籍的限制，缔约国可以自由地将其包括在投资条约当中。然而，在本案当中，缔约国没有这样做。仲裁庭的多数意见强调，仲裁庭仅仅是根据其定义的一般含义，根据上下文的内容，并根据《华盛顿公约》对于公司的国籍概念来解释《双边投资条约》。而根据"Amco案"[2]的仲裁结果，根据法律和公司注册地确定法人的国籍是普遍做法。[3]

某些国际投资仲裁庭的裁决本身就可以制定或至少澄清投资条约中的相关规定，尤其是在《华盛顿公约》下，"Tokios案"对于明确上述传统规则可以被适用于投资保护领域具有至关重要的意义。可以明确的是，"Tokios案"的多数意见向投资者们提供了可预测性和稳定性的判例。只有在投资者对合理的投资保护持有信心时，他们才更有可能参与风险投资。

之后审理的"KT Asia诉哈萨克斯坦案"（以下简称"KT Asia案"）[4]更是明确表明，在符合《华盛顿公约》第25条第（2）款第（b）项第一部分的情形下，仍然适用"Tokios案"的多数意见来判断公司的国籍。在该案中，荷兰与哈萨克斯坦签订的《双边投资

---

[1] Tokios Tokeles v. Ukraine（Decision on Jurisdiction）ICSID Case No ARB/02/18, paras 31, 32, 73, 77, 79, 85（2004）.

[2] Amco Asia Corp v. Indonesia（Decision on Jurisdiction）ICSID Case No ARB/81/1, 1 ICSID Rep 376（1983）396.

[3] Tokios Tokelés v. Ukraine（Decision on Jurisdiction）ICSID Case No ARB/02/18, para 40（2004）.

[4] KT Asia Investment Group BV v. Kazakhstan（Award）ICSID Case No ARB/09/8（2013）.

条约》将"国民"定义为：①具有该缔约国国籍的自然人；②根据该缔约国法律成立的法人；③不根据该缔约国法律成立但是由①中定义的自然人或②中定义的法人直接或间接控制的法人。投资者是在荷兰注册成立的法人。哈萨克斯坦作为东道国主张，投资者的名义国籍是荷兰国籍，但其"真实有效的"国籍是哈萨克斯坦国籍。此外，应揭开投资者的公司面纱，以揭露真正的利害关系方，而上述利害关系方是无权根据《双边投资条约》提出索赔的自然人。

提出上述主张的依据是"真实有效国籍"原则在投资仲裁中的适用方式与在外交保护领域中的适用方式相同。由于投资者除了其注册地是荷兰之外，与荷兰没有任何联系，而且，决策权属于哈萨克斯坦国民。因此，不应将投资者视为荷兰国民。此外，由于《双边投资条约》和《华盛顿公约》涉及国籍多样性的基本假设，荷兰空壳公司没有提供国际资本流动，因此在 ICSID 案件中，不应将该空壳视为适当的投资者。

投资者主张，事实上，多数判例一贯反对东道国的主张，而东道国试图参照外交保护规则破坏投资条约中的公司国籍标准，除一个案例外，在其他所有案例下都以失败告终。[1]此外，投资者主张，当投资者的受益人与东道国有联系时，判例法不支持适用"真实有效国籍"原则。在重申"Tokios 案"的多数意见的同时，"KT Asia案"的仲裁庭分析到：第一，《华盛顿公约》没有对不具有东道国国籍的法人的国籍进行任何具体判断的标准；第二，缔约国在界定国籍（特别是公司国籍）方面有广泛的自由裁量权；第三，根据荷兰与哈萨克斯坦签订的《双边投资条约》，在缔约国注册成立的法人将被视为该国国民；第四，根据《维也纳条约法公约》，《双边投资条约》的一般含义是明确的，既然在荷兰注册成立，KT Asia 就是荷兰国民；第五，《双边投资条约》的任何其他条款均不影响"国民"的定义；第六，哈萨克斯坦本可以坚持对公司国籍作出更严格的定

---

〔1〕 KT Asia Investment Group BV v. Kazakhstan（Award）ICSID Case No ARB/09/8, para 104（2013）.

义，但它没有这样做；第七，"真实有效国籍"原则适用于拥有双重国籍的投资者的外交保护。在公司国籍的情况下，不存在双重国籍问题，而且，在一个具体的条约制度下，公司国籍就是一种法律构造；第八，判例法中有一个广泛共识就是，如果投资条约的特别法有不同规定，则不适用外交保护规则；第九，东道国错误地引用了"TSA Spectrum案"的裁决[1]，而该案是适用《华盛顿公约》第25条第（2）款第（b）项的第二部分的案件。在该案件中，投资者是东道国的国民，而该案的焦点问题是投资者是否受另一缔约国国民控制；第十，根据真实有效国籍原则，"Tokios案"的多数意见正确地拒绝适用揭开公司面纱，随后的案例也支持了上述意见；第十一，在投资条约范围内，没有任何依据来审查实际受益人来判断可否受理案件。否则，每一个判断公司国籍的仲裁庭都必须进行这样一次艰苦而完全未经授权的审查。[2]

在"Gold Reserve诉委内瑞拉案"[3]当中，东道国主张，尽管Gold Reserve是一家在加拿大正式注册的公司，但无权根据加拿大与委内瑞拉签订的《双边投资条约》提出索赔请求，因为它是一家空壳公司，管理层总部设在美国。仲裁庭驳回了东道国的主张，正如ICSID仲裁庭之前所主张的那样，国籍的标准是注册，而非基于控制的真正联系。

在基于意大利与阿尔巴尼亚签订的《双边投资条约》而发生的"Burimi诉阿尔巴尼亚案"[4]当中，东道国主张，在意大利注册成立的Burimi缺乏作为投资者的主体资格，因为，该公司是由持有意大利和阿尔巴尼亚双重国籍的Burimi先生所有。此外，东道国主张，根据《双边投资条约》的规定，一个法人的国籍由谁控制决定，而

---

〔1〕 TSA Spectrum de Argentina SA v. Argentina（Award）ICSID Case No ARB/05/5（2008）.

〔2〕 KT Asia Investment Group BV v. Kazakhstan（Award）ICSID Case No ARB/09/8, para 222（2013）.

〔3〕 Gold Reserve Inc v. Venezuela（Award）ICSID Case No ARB（AF）/09/1（2014）.

〔4〕 Burimi SRL v. Albania（Award）ICSID Case No ARB/11/18（2013）.

不是由公司的注册地决定。因此，为了适用《华盛顿公约》第 25 条第（2）款第（b）项第一部分的规定，应当刺穿法人面纱，以确定实际受益人的国籍。仲裁庭指出，东道国错误地理解适用《双边投资条约》第 8 条第 2 款第（c）项的揭开公司面纱规定，是为了确定一家已经拥有非争端缔约国国籍的公司的国籍。然而，上述第 8 条第 2 款第（c）项的规定是为了确定具有争端当事国（阿尔巴尼亚）国籍的公司是否可以被视为受外国控制。因此，应在《华盛顿公约》第 25 条第（2）款第（b）项的第二部分下，判断是否应被视为另一缔约国国民。仲裁庭的结论是，仅仅是基于投资者在意大利注册成立的事实，仲裁庭对"Burimi 诉阿尔巴尼亚案"拥有属人管辖权。

《华盛顿公约》第 25 条第（2）款第（b）项第二部分

一个复杂的问题是，一个在投资地（即在东道国）注册但由外国投资者实际控制的实体是否符合《华盛顿公约》作为"另一缔约国国民"的条件。在许多情况下，基于东道国法律或法规的强制性要求，外国投资者有时不得不在东道国设立一家子公司，作为其在东道国进行投资与经营的实体。那问题就来了，到底是这个在东道国设立的外国投资者的子公司的国籍是东道国，并因此不符合基于《华盛顿公约》的管辖条件；还是子公司的国籍与控制子公司的外国投资者一致，并因此符合《华盛顿公约》的管辖条件？

有些仲裁庭认定，即使没有基于外国投资者控制而明确国籍的内容，如果东道国知道在其国内设立的实体是由外国投资者实际控制[1]，或者如果东道国与在其国内设立的外国投资者的子公司签署的《投资合同》当中约定了同意在 ICSID 进行仲裁的仲裁条款[2]，就可以满足 ICSID 的管辖条件。但是，谁都不能保证其他仲裁庭也

---

〔1〕 https://www.italaw.com/sites/default/files/case-documents/italaw6357_ 0. pdf.

·〔2〕 Liberia Eastern Timber Corp.（LETCO）v. Republic of Liberia, ICSID Case No. ARB/83/2, Decision on Rectification（17 June 1986）, 2 ICSID Reports 346（1994）, 26 ILM 647, 653.

会有相同的解释。因此，为了防止夜长梦多，最好还是在《投资合同》中直接约定，投资者满足《华盛顿公约》有关外国投资者国籍的规定。[1]

为解决这一问题，《华盛顿公约》规定，"另一缔约国国民"也可以是由外国投资者实际控制，当事人同意，就本公约而言，应将其视为另一缔约国国民的任何法人。[2]因此，即使国际投资争端有可能发生在东道国和在东道国设立的子公司之间，如果当事人同意该子公司因为由一个外国投资者实际控制而视为另一缔约国国民，那么就当事人的争端，ICSID 享有管辖权。

在 ICSID 案件中，持有东道国国籍的公司有可能在针对东道国的仲裁案件当中成为投资者。根据《华盛顿公约》第 25 条第（2）款第（b）项第二部分的规定，持有东道国国籍的法人投资者必须根据投资文本规定的"外国控制"证明属人管辖权。这种投资文本可以是《双边投资条约》也可以是《投资合同》。尤其是考虑到最近的裁决[3]，在拥有东道国国籍并因此适用《华盛顿公约》第 25 条第（2）款第（b）项第二部分的规定进行的 ICSID 仲裁中，寻求属人管辖权的法人投资者根据相关《双边投资条约》中的国籍定义必须同时满足"主观标准"，并且，须根据《华盛顿公约》第 25 条第（2）款第（b）项第二部分的"外国控制"规定，满足"客观标准"。

在阿拉伯联合酋长国与埃及签订《双边投资条约》的背景下，"National Gas 诉埃及案"[4]的仲裁庭对主观标准作了如下解释。在本案中，一家埃及公司是索赔请求申请人：第一，《华盛顿公约》第 25 条第（2）款第（b）项规定了"为本公约的目的，当事人已同意应被视为另一缔约国的国民"这一主观标准；第二，《双边投资条

---

〔1〕 http://icsidfiles.worldbank.org/icsid/icsid/staticfiles/model－clauses－en/main－eng.htm.

〔2〕 《华盛顿公约》第 25 条第 2 款第 b 项。

〔3〕 National Gas SAE v. Egypt（Award）ICSID Case No ARB/11/7（2014）.

〔4〕 National Gas SAE v. Egypt（Award）ICSID Case No ARB/11/7（2014）.

约》规定，如果在争端发生之前，来自母国的投资者拥有东道国法人的多数股权，则就《华盛顿公约》而言，该东道国法人可被视为母国的投资者；第三，满足《双边投资条约》规定的持有多数股权的要求。[1]在这种情况下，法人投资者满足了主观标准。在"Vacuum Salt 案"[2]和"Autopista 案"[3]作出裁决之后，这种对主观标准的满足将构成一种可反驳的假设，即这只是一个可反驳的假设，还需适用客观标准。

"National Gas 诉埃及案"有效阐述了客观标准：第一，客观标准是由《华盛顿公约》第25条第（2）款第（b）项规定的"外国控制"提出的；第二，一旦确定东道国的法人符合《双边投资条约》的规定，就必须确定东道国的法人是否客观上由母国国民控制，第三，也就是说，仅仅有母国的同意不足以满足客观标准，必须审查东道国公司是否实际由第三方非缔约国国民或母国国民直接或间接控制。[4]因此，基于"National Gas 诉埃及案"的客观标准，在此必须要求刺破公司面纱。

在基于荷兰与阿根廷签订的《双边投资条约》而发生的"TSA Spectrum 诉阿根廷案"[5]当中，仲裁庭的多数意见是：《华盛顿公约》第25条界定了 ICSID 管辖权的范围，从而确定了其客观限度。因此，即使经双方当事人同意，也不能加以扩大或减损。[6]《华盛顿公约》第25条的目的是指明可将争端提交 ICSID 仲裁的外部界限。[7]"TSA Spectrum 案"的中心观点是，《华盛顿公约》第25条第（2）

〔1〕 National Gas SAE v. Egypt（Award）ICSID Case No ARB/11/7, para 132（2014）.

〔2〕 Vacuum Salt Products Ltd v. Ghana（Award）ICSID Case No ARB/92/1（1994）.

〔3〕 Autopista Concesionada de Venezuela CA v. Venezuela（Decision on Jurisdiction）ICSID Case No ARB/00/5（2001）.

〔4〕 National Gas SAE v. Egypt（Award）ICSID Case No ARB/11/7, para 133（2014）.

〔5〕 TSA Spectrum de Argentina SA v. Argentina（Award）ICSID Case No ARB/05/5（2008）.

〔6〕 TSA Spectrum de Argentina SA v. Argentina（Award）ICSID Case No ARB/05/5, para 134（2008）.

〔7〕 TSA Spectrum de Argentina SA v. Argentina（Award）ICSID Case No ARB/05/5, para 135（2008）.

款第（b）项第二部分提供了一个重大例外。因为，在一般情况下，《华盛顿公约》只处理不同国籍当事方之间的争端，而不包括缔约国与本国投资者之间的争端。[1]这一例外的基础就是外国控制。因此，外国控制是适用《华盛顿公约》第 25 条第（2）款第（b）项第二部分的决定性客观标准。它为扩大 ICSID 的管辖范围提供了正当理由，但同时也设定了例外的客观限度。由于外国控制的客观限制，ICSID 管辖权不能在此规定之外存在。"TSA Spectrum 案"的仲裁庭进一步解释说，《华盛顿公约》第 25 条第（2）款第（b）项第一部分与第二部分之间存在显著差异：第一部分适用了正式的法律标准，即国籍标准，而第二部分则适用了外国控制的客观标准，以便刺破法人面纱。因此，第一部分是国籍的正式法律概念，这是由公司所在地或注册地所决定的。没有提及控制或超越该国籍，也没有提及刺破法人面纱。然而，奇怪的是，"TSA Spectrum 案"仲裁庭的多数意见认为，"Tokios 案"仲裁庭针对第一部分的多数意见没有得到之后仲裁庭的普遍接受，而且也受到了持不同意见的"Tokios 案"仲裁庭庭长的批评。[2]不过，对于第二部分，"TSA Spectrum 案"的仲裁庭表示，不应存在任何争议。因为，文本本身允许各方刺破法人面纱，必须客观地证明这种外国控制的存在和重要性，以便他们通过协议确立 ICSID 管辖权。如果仲裁庭在确定是否存在外国控制时被指示刺破东道国的法人实体的面纱，在它遇到的第二个公司层面停止刺破工作，而不追求其对外国控制的客观认定直指真正来源，那么其就违背了第二部分的宗旨。[3]

"TSA Spectrum 案"的多数意见认为，以前的仲裁庭在确定外国控制权时对是否刺穿第二层公司层持有不同的态度，在"AMCO 诉

---

〔1〕 TSA Spectrum de Argentina SA v. Argentina（Award）ICSID Case No ARB/05/5, para 139（2008）.

〔2〕 TSA Spectrum de Argentina SA v. Argentina（Award）ICSID Case No ARB/05/5, para 146（2008）.

〔3〕 TSA Spectrum de Argentina SA v. Argentina（Award）ICSID Case No ARB/05/5, para 147（2008）.

印度尼西亚案"〔1〕和"Autopista 诉委内瑞拉案"〔2〕当中，仲裁庭拒绝在第二层公司层面上刺穿法人面纱。而在"SOABI 诉塞内加尔案"〔3〕和"African Holding Co 诉民主刚果案"〔4〕当中，仲裁庭愿意在第二层公司层面刺穿法人面纱。在所有这些案件中，焦点问题就是外国控制的国籍。大多数意见似乎赞成通过刺穿法人面纱来揭露真正的控制者。在"TSA Spectrum 案"当中，TSA Spectrum 是一家阿根廷法人，其股权由荷兰法人持有。但这家荷兰法人是由一名阿根廷自然人控制的。因此，在第二层公司层面的客观标准下，TSA Spectrum 不应被视为荷兰国民，也不存在属人管辖权。

在"National Gas 案"〔5〕当中，仲裁庭在审查阿联酋与埃及签订的《双边投资条约》下的埃及法人对属人管辖权的第二部分的主张时，采用了主客观标准。《双边投资条约》包含一项"外国控制"条款，因此，埃及公司由阿联酋国民持有多数股权时，确立了埃及公司是合格的阿联酋投资者的地位。然而，仲裁庭在适用客观标准时发现，一名埃及国民（拥有埃及和加拿大双重国籍的个人）通过阿联酋的几个中间人间接持有埃及公司 90% 的股权。因此，通过实际控制的客观标准，仲裁庭推翻了《双边投资条约》关于"外国控制"的推定。

然而，在"Swisslion 诉马其顿案"〔6〕中，仲裁庭拒绝在《华盛顿公约》第 25 条第（2）款第（b）项第二部分下适用客观标准。《双边投资条约》第 2 条将投资者和控制权界定为实际持有公司 50%

---

〔1〕 Amco Asia Corporation and others v. Republic of Indonesia (Decision on Jurisdiction) ICSID Case No. ARB/81/1 (1983).

〔2〕 Autopista Concesionada de Venezuela, C. A. v. Bolivarian Republic of Venezuela (Decision on Jurisdiction) ICSID Case No. ARB/00/5 (2001).

〔3〕 Société Ouest Africaine des Bétons Industriels v. Senegal (Decision on Jurisdiction) ICSID Case No ARB/82/1, 2 ICSID Rep 264 (1984).

〔4〕 African Holding Co of America Inc v. Democratic Republic of Congo (Award) ICSID Case No ARB/05/21 (2008).

〔5〕 National Gas SAE v. Egypt (Award) ICSID Case No ARB/11/7 (2014).

〔6〕 Swisslion DOO Skopje v. Macedonia (Award) ICSID Case No ARB/09/16 (2012).

以上的股权，或有权任命公司多数董事或以其他方式依法指导其行为。仲裁庭裁定，Swisslion 是一家马其顿公司，其 50% 以上的股权由一家瑞士公司 DRD Swisslion 实益持有，DRD Swisslion 也有权依法指导 Swisslion 的行为。在此基础上，仲裁庭认定，Swisslion 符合《双边投资条约》下外国控制的条件，而且，无论瑞士母公司 DRD Swisslion 最终所有人的国籍什么，Swisslion 都是在马其顿设立的瑞士投资者。因此，仲裁庭具有属人管辖权。[1]

最后，在"AdT 诉玻利维亚案"[2]当中，在荷兰与玻利维亚签订的《双边投资条约》下，仲裁庭多数意见采取了一种对投资者极为有利的做法，认定在《双边投资条约》下一家荷兰实体控制了作为索赔申请人的玻利维亚公司。仲裁庭特别指出，不应狭义地解释《双边投资条约》。相反，仲裁庭的任务是在具体文书中查明当事方的意图，同时考虑到当事方以创新的方式利用《双边投资条约》解决共同关心的问题。因此，仲裁庭开始对"直接或间接控制"进行广泛和深入的审查：首先，仲裁庭按照《维也纳条约法公约》第 31 条的规定，审查了文案中词语的含义；其次，根据《维也纳条约法公约》第 32 条的规定，在词语本身含义模棱两可或可能导致荒谬或不合理解释的情况下，仲裁庭应适用考虑背景情形的解释方式。最后，仲裁庭将这一解释方式适用于具体的案件。[3]"AdT 案"的仲裁庭认定，记录并未披露缔约国所使用的控制权的特殊含义，也不应假定这种意图。因为，仲裁庭认为，外国投资保护和公司活动监管的背景十分不同。[4]

《双边投资条约》并未将合格投资者的范围限定于"最终控制

---

〔1〕 Swisslion DOO Skopje v. Macedonia（Award）ICSID Case No ARB/09/16, para 132（2012）.

〔2〕 Aguas del Tunari SA v. Bolivia（Decision on Jurisdiction）ICSID Case No ARB/02/3（2005）.

〔3〕 Aguas del Tunari SA v. Bolivia（Decision on Jurisdiction）ICSID Case No ARB/02/3, para 225（2005）.

〔4〕 Aguas del Tunari SA v. Bolivia（Decision on Jurisdiction）ICSID Case No ARB/02/3, para 235（2005）.

人"。[1]"AdT 案"的多数意见认为，国家立法或投资条约中所载的对法人国籍的任何合理规定都应得到 ICSID 仲裁庭的接受。[2]多数意见认为这种解释符合《华盛顿公约》第 25 条第（2）款第（b）项第二部分的起草历史。在制定《华盛顿公约》第 25 条第（2）款第（b）项第二部分的"控制权"时，起草人对控制权作出了灵活的定义。这种灵活性不在于在审查"控制权"时可以进行广泛的审查，而在于承认《华盛顿公约》第 25 条第（2）款第（b）项第二部分将发挥门槛标准的功能，各方当事人完全可以对"外国控制"的含义作出广泛的约定。[3]因此，取而代之的是，应当给予当事人尽可能大的自由，以决定在何种情况下，一家公司可以被视为另一缔约国的国民。[4]最终，"AdT 案"的仲裁庭认定，根据投资者或东道国的解释，《双边投资条约》第 1 条是满足《华盛顿公约》第 25 条第（2）款第（b）项第二部分"外国控制"的灵活性的协议。[5]总之，如果《双边投资条约》的规定是合理的，就可以合理且非常灵活地进行，且主观标准是唯一适用于《华盛顿公约》第 25 条第（2）款第（b）项第二部分的标准。

（3）投资引起的法律纠纷。在大多数情况下，ICSID 仲裁庭对"投资"及"法律纠纷"这两个术语一般都作了扩大解释。"投资"基本上是具有经济价值的项目或交易。"法律纠纷"通常被认为适用于任何法律权利或义务的纠纷，或违反法律义务的任何救济。

ICSID 仲裁庭已将许多不同类型的资产、项目或交易视为投资，

---

〔1〕 Aguas del Tunari SA v. Bolivia（Decision on Jurisdiction）ICSID Case No ARB/02/3, para 237（2005）.

〔2〕 Aguas del Tunari SA v. Bolivia（Decision on Jurisdiction）ICSID Case No ARB/02/3, para 281（2005）.

〔3〕 Aguas del Tunari SA v. Bolivia（Decision on Jurisdiction）ICSID Case No ARB/02/3, para 283（2005）.

〔4〕 Aguas del Tunari SA v. Bolivia（Decision on Jurisdiction）ICSID Case No ARB/02/3, para 284（2005）.

〔5〕 Aguas del Tunari SA v. Bolivia（Decision on Jurisdiction）ICSID Case No ARB/02/3, para 285（2005）.

这不仅包括出资和其他股权投资，还包括非股权投资，如建设项目和基础设施项目、服务合同、技术转让合同甚至发行本票等行为。[1]

但是，不是所有具有经济价值的交易都会被认定为"投资"。单纯的商业买卖可能不属于投资。[2]此外，ICSID 仲裁庭也认定，投资者在对未实际开展的拟投资电力项目进行可行性研究报告时发生的费用不属于《双边投资条约》规定的投资。[3]

考虑到 ICSID 仲裁在投资仲裁领域具有举足轻重的地位，涉及《华盛顿公约》第 25 条的许多仲裁裁决和研究著作都会对其他国际投资条约下的"投资"定义产生巨大的影响。

《华盛顿公约》第 25 条将 ICSID 的管辖权限制在直接由"投资"引起的法律争端上。考虑到各方当事人合意的重要性，以及缔约国可以事先规定有关"投资"的定义，《华盛顿公约》对于"投资"没有做更详细的规定。因此，这意味着，在广泛的自由裁量权范围内，有关"投资"的详细定义可由当事人合意并最终由仲裁庭予以审查。

"Fedax 诉委内瑞拉案"[4]是最早深入讨论"投资"含义的仲裁裁决。根据荷兰与委内瑞拉签订的《双边投资条约》，作为委内瑞拉发行的票据的背书受益人，Fedax 在 ICSID 申请了仲裁。因此，在与委内瑞拉不存在任何关系或在委内瑞拉境内未进行任何直接投资的情形下，Fedax 持有了涉案的本票。委内瑞拉主张，Fedax 持有涉案本票的行为不符合"投资"要件。因为，Fedax 没有进行涉及长期金融资源转移的外国直接投资。仲裁庭驳回了东道国的主张。仲裁庭参考了克里斯托夫·施鲁尔教授在一篇文章中所提出的观点，即在定义"投资"时适用五个标准。投资的基本特征包含：第一，涉

---

[1] https://www.italaw.com/sites/default/files/case-documents/ita0738.pdf; https://www.italaw.com/sites/default/files/case-documents/ita0315_0.pdf.

[2] Redfern and Hunter on International Arbitration，§ 8.38 (6th ed. 2015).

[3] https://www.italaw.com/sites/default/files/case-documents/ita0532.pdf.

[4] Fedax NV v. Venezuela (Decision on Jurisdiction) ICSID Case No ARB/96/3 (1997).

及一定的期限；第二，利润和回报的某种规律性；第三，风险承担；第四，实质性承诺；第五，对东道国发展的重要性。[1]仲裁庭根据委内瑞拉法律审议了本票的地位，并得出结论认为，本票符合投资的基本特征。仲裁庭指出了交易与东道国发展之间存在"重要关系"。[2]

仲裁庭在随后的"Salini案"[3]中也适用了"Fedax案"的上述五个标准，而其经典性使后人将这种标准定名为"Salini标准"。"Salini案"的争端起因于一项在摩洛哥建设高速公路的协议。基于意大利与摩洛哥签订的《双边投资条约》，摩洛哥提出管辖权异议时主张，所涉交易应被定性为服务合同，而不是投资合同。[4]仲裁庭认定，投资包含：第一，出资；第二，一定期限的合同履行；第二，交易的风险参与；第四，投资对东道国经济发展的贡献（基于《华盛顿公约》的序言）。[5]在制定"Salini标准"时，仲裁庭只列出了4个标准，而省略了"Fedax案"仲裁庭采用的"利润和回报的某种规律性"标准。仲裁庭还认定，上述标准可能会相互依存，应在全球范围内加以评估判断。仲裁庭审议了每一个标准，包括一项交易的最短期限为2年~5年的声明[6]，然后得出结论，认为交易符合4个标准。因此，属于《华盛顿公约》第25条所规定的"投资"的定义。

---

[1] Fedax NV v. Venezuela (Decision on Jurisdiction) ICSID Case No ARB/96/3, para 43 (1997).

[2] Fedax NV v. Venezuela (Decision on Jurisdiction) ICSID Case No ARB/96/3, para 43 (1997).

[3] Salini Costruttori SpA v. Morocco (Decision on Jurisdiction) ICSID Case No ARB/00/4 (2001).

[4] Salini Costruttori SpA v. Morocco (Decision on Jurisdiction) ICSID Case No ARB/00/4, para 38 (2001).

[5] Salini Costruttori SpA v. Morocco (Decision on Jurisdiction) ICSID Case No ARB/00/4, para 52 (2001).

[6] Salini Costruttori SpA v. Morocco (Decision on Jurisdiction) ICSID Case No ARB/00/4, para 54 (2001).

在"Jan de Nul 诉埃及案"[1]当中，仲裁庭特别审查了"Salini标准"中的期限标准。本案中，"投资"涉及苏伊士运河的疏浚作业。虽然双方均认定项目的规模、复杂性和风险状况符合投资的定义，但对项目持续时间的重要性存在争议。双方同意，2 年的期限就足够了，但埃及指出，从合同签订之日到竣工之日的时间尺度将不到 2 年。投资者争辩说，应当将签订合同前花费的时间考虑在内。仲裁庭没有决定这一点，因为它认为，从签订合同之日起的 23 个月的期限是足够的。[2]

委内瑞拉在"Fedax 案"中提出的另一个反对意见是，争端并非直接由投资引起，因为产生争端的交易不是外国直接投资。然而，仲裁庭裁定，"直接"一词与"争端"有关，而与"投资"无关。因此，只要争端直接来自交易，即使是对未直接进入东道国经济的投资也可以存在管辖权。[3]

"Joy Mining Machinery Ltd 诉埃及案"[4]是适用"Salini 标准"认定不存在"投资"的第一个案例。根据英国与埃及签订的《双边投资条约》提出的索赔涉及投资者向埃及国有企业提供的履约担保。涉案基本合同与采矿设备供应（及相关活动）有关。因为重要的是对业务进行全球或整体评估，仲裁庭没有孤立地审查复杂业务的某一特定因素，而是从更广泛的角度判断了涉案交易。[5]根据适用"Salini 标准"的这种审查，仲裁庭认定不存在"投资"。仲裁庭将合同视为一个整体，并在某种程度上特别列出了投资者承担的具体义务。然而，仲裁庭得出的结论是，涉案合同就是一份在正常商业

---

〔1〕 Jan de Nul NV v. Egypt（Decision on Jurisdiction）ICSID Case No ARB/04/13
（2006）.

〔2〕 Jan de Nul NV v. Egypt（Decision on Jurisdiction）ICSID Case No ARB/04/13, paras
90~95（2006）.

〔3〕 Fedax NV v. Venezuela（Decision on Jurisdiction）ICSID Case No ARB/96/3, para 24
（1997）.

〔4〕 Joy Mining Machinery Ltd v. Egypt（Award）ICSID Case No ARB/03/11（2004）.

〔5〕 Joy Mining Machinery Ltd v. Egypt（Award）ICSID Case No ARB/03/11, para 54
（2004）.

条款下的销售合同,[1]而这必须与投资活动区分开来。涉案交易不符合"投资"下的每一项标准。

在"Mitchell 诉民主刚果案"[2]中,涉案资产是一家律师事务所。东道国主张,投资者的行为不符合《华盛顿公约》规定的"投资",因为,它对东道国经济的长期运行并不重要。并且,这些因素虽然经常出现在投资项目中,但是并不是正式要求认定某项特定活动或交易构成"投资"。[3]不过,最初的仲裁庭驳回了东道国的主张,因为,考虑到米切尔先生的动产、文件、专有技术和商誉,根据美国与民主刚果签订的《双边投资条约》,仲裁庭将其业务认定为"投资"。撤销临时委员会则持相反的观点,并提到了 ICSID 以前的案例所确定的投资特点[4],认为对东道国的经济发展做出贡献是至关重要的。[5]撤销临时委员会的结论是,投资者的律师事务所不属于《华盛顿公约》对"投资"的定义范围。虽然撤销临时委员会准备接受《双边投资条约》对于投资的定义,即包括服务和投资合同在内的各种投资,但这并没有延伸到将"所有的服务"都认定为"投资"。[6]

在"Malaysian Salvors 诉马来西亚案"[7]中,最初的仲裁庭和撤销临时委员会就船舶救助合同是否属于"投资"的问题达成了不同

---

[1] Joy Mining Machinery Ltd v. Egypt (Award) ICSID Case No ARB/03/11, para 56 (2004).

[2] Mitchell v. Democratic Republic of the Congo (Award) ICSID Case No ARB/99/7 (2004).

[3] Mitchell v. Democratic Republic of the Congo (Award) ICSID Case No ARB/99/7, para 56 (2004).

[4] Mitchell v. Democratic Republic of the Congo (Decision on Annulment) ICSID Case No ARB/99/7, para 27 (2006).

[5] Mitchell v. Democratic Republic of the Congo (Decision on Annulment) ICSID Case No ARB/99/7, para 33 (2006).

[6] Mitchell v. Democratic Republic of the Congo (Decision on Annulment) ICSID Case No ARB/99/7, para 37 (2006).

[7] Malaysian Historical Salvors Sdn Bhd v. Malaysia (Award) ICSID Case No ARB/05/10 (2007).

的结论。最初的仲裁庭的独任仲裁员根据"Salini 标准"对涉案交易进行了审查，发现涉案交易没有通过期限标准和重大贡献标准，因此不能被视为《华盛顿公约》下的"投资"。撤销临时委员会不同意这种观点，其认为"投资"一词的一般含义是：为了提供回报而投入的金钱或其他资产。在此背景下，根据《华盛顿公约》的目的和宗旨，该公约旨在通过提供一种促进私人投资流向缔约国的机制，这种机制通过使争端得到国际解决，保障此类投资的安全，因此"投资"一词是没有条件的。[1]撤销临时委员会批评了"Salini 标准"对《华盛顿公约》的定义施加了"外部限制"，而该定义并未出现在起草公约的准备工作文件中。[2]除了排除简单的销售合同外，其他任何的排除都没有准备工作文件的支持。撤销临时委员会认为，涉案合同完全属于《双边投资条约》所载"投资"的广泛定义范围。[3]

"Malaysian Salvors 案"的撤销临时委员会的意见是对"Salini 标准"予以坚决否定。在作出裁决时，撤销临时委员会受到了"Biwater 诉坦桑尼亚仲案"[4]的影响。在"Biwater 案"当中，东道国辩称，该水利项目是一个亏损项目，因此由于其固有的不盈利性，不能将其定性为一项"投资"。仲裁庭称"Salini 标准"存在问题：如一些仲裁庭所发现的那样，如果"Salini 标准"所确定的投资的"典型特征"被提升为一个固定和不灵活的文本，并且，除非满足每一项标准，否则交易会被推定排除在《华盛顿公约》之外，这有可能使某些类型的交易被任意排除在《华盛顿公约》范围之外，并且导致一个可能与个别合同及世界上某些地区对"投资"的含义正在

---

[1] Malaysian Historical Salvors Sdn Bhd v. Malaysia（Decision on Annulment）ICSID Case No ARB/05/10, para 57（2009）.

[2] Malaysian Historical Salvors Sdn Bhd v. Malaysia（Decision on Annulment）ICSID Case No ARB/05/10, paras 70, 106（c）and（e），107 and 111（2009）.

[3] Malaysian Historical Salvors Sdn Bhd v. Malaysia（Decision on Annulment）ICSID Case No ARB/05/10, paras 74（2009）.

[4] Biwater Gauff（Tanzania）Ltd v. Tanzania（Award）ICISD ARB/05/22（2008）.

形成的共识相抵触的定义。如果全世界相当多的《双边投资条约》比"Salini 标准"更广泛地规定了"投资"的定义，如果这构成了一种国际共识，那么就很难理解为什么应该更狭义地解读《华盛顿公约》。[1]仲裁庭最终认定，即使东道国能够证明在本案中不符合任何或全部的"Salini 标准"，这本身也不能足以否定 ICSID 管辖权。[2]

自"Biwater 案"和"Malaysian Salvors 案"之后，人们就很难预测仲裁庭将如何界定 ICSID 公约第 25 条所载之"投资"的含义。即使仲裁庭倾向于适用"Salini 标准"，它们也可能不适用所有标准。例如，在"Saba Fakes 诉土耳其案"当中，仲裁庭考虑了转让一家非常有价值的电信企业的所有权股份是否构成投资。仲裁庭提到，根据《华盛顿公约》，目前对"投资"概念有两种不同的解释方法。[3]它提到了对"Salini 标准"的反对意见，[4]但认为，"投资"的定义不能简单地参照当事人的合意，而是必须要存在一个客观的定义。然而，它将标准限制在三个方面：第一，出资；第二，一定期限；第三，风险因素。[5]在"Alps Finance 诉斯洛伐克案"当中，仲裁庭无视对"Salini 标准"的争议，支持了"Salini 标准"。仲裁庭描述了"投资"的特征包括出资、持续时间、分担风险及长期承诺。[6]

在其他案件当中，仲裁庭继续批评"Salini 标准"。在"Philip Morris 诉乌拉圭案"当中，Philip Morris 对乌拉圭旨在管制烟草的措施提出了质疑，而乌拉圭则试图依靠"Salini 标准"提出辩护。乌拉

[1] Biwater Gauff (Tanzania) Ltd v. Tanzania (Award) ICISD ARB/05/22, para 314 (2008).

[2] Biwater Gauff (Tanzania) Ltd v. Tanzania (Award) ICISD ARB/05/22, para 318 (2008).

[3] Saba Fakes v. Turkey (Award) ICSID Case No ARB/07/20, para 98 (2010).

[4] Saba Fakes v. Turkey (Award) ICSID Case No ARB/07/20, para 106 (2010).

[5] Saba Fakes v. Turkey (Award) ICSID Case No ARB/07/20, para 110 (2010).

[6] Alps Finance and Trade AG v. Slovakia (Award) IIC 489, para 241 (UNCITRAL, 2011).

圭主张，吸烟有害于经济发展，而不是有助于东道国的经济发展。仲裁庭完全否定了"Salini 标准"，对于仲裁裁决作为国际法渊源的相关性表示怀疑，并指出不能将公认的标准描述为一成不变的判例。[1] "Pantechniki 诉阿尔巴尼亚案"则是另一个东道国辩称建筑项目不能构成"投资"的案件。仲裁庭开始是对"Salini 标准"稍加赞扬，称其为描述"投资"特征的不错的尝试。然而，仲裁庭接着就开始批评这些标准的适用，称除非"Salini 标准"是具有约束力的规定，否则，即便是被广泛接受的观点也不能成为仲裁庭管辖的要件。[2] 相反，仲裁庭将"投资"定义如下：经济实质层面上的"投资"要求投资者承诺向东道国经济提供资源，从而承担风险，并期望获得商业回报。[3] 这一定义比"Salini 标准"的全面应用更容易得到满足。以后的仲裁庭可能会以稍有不同的语言来表述其适用的"投资"标准，但除了满足投资条约的正式要求外，有可能还需要对东道国的经济发展做出一些贡献。

从理论上讲，某一特定资产可能构成投资条约项下的"投资"，但并不一定会构成《华盛顿公约》第 25 条项下的"投资"。《华盛顿公约》并不意味着当事人享有无限的自由，"投资"的客观含义独立于当事人的合意。[4] "Petrobart 诉吉尔吉斯案"[5] 就是斯德哥尔摩商会根据《能源宪章条约》进行的仲裁，是一个根据投资条约发现存在投资的案件。但如果仲裁庭适用"Fedax 案"和"Salini 标准"，根据《华盛顿公约》就不会存在投资。"Petrobart 案"的争端源于一份在 12 个月内出售 20 万吨凝析油的合同。作为其推理的一

---

〔1〕 Philip Morris Brands Sàrl v. Uruguay (Decision on Jurisdiction) ICSID Case No ARB/10/7, para 204 (2013).

〔2〕 Pantechniki SA Contractors and Engineers v. Albania (Award) ICSID Case No ARB/07/21, para 43 (2009).

〔3〕 Pantechniki SA Contractors and Engineers v. Albania (Award) ICSID Case No ARB/07/21, para 36 (2009).

〔4〕 Christoph Schreuer, "*The ICSID Convention: A Commentary*" (Cambridge University Press, 2001) 117. paras 122~123.

〔5〕 Petrobart Ltd v. Kyrgyz Republic (Award) SCC Case 126/2003 (SCC, 2005).

部分，仲裁庭提到了"Salini 标准"，以支持"投资"可以具有广泛意义的主张。然而，它没有考虑"Salini 标准"中对于"投资"的具体标准。相反，仲裁庭发现，基于《能源宪章条约》的规定，"投资"的广泛定义为与能源材料和产品的勘探、开采、精炼、生产、储存、陆路运输、传输、分销、贸易、营销或销售有关的经济活动。因此，《能源宪章条约》对"投资"的定义明确涵盖了市场营销和销售。

投资在投资条约和《华盛顿公约》中都有定义这一事实使一些人认识到，如果同时适用上述两种规定，所涉资产必须在投资条约和《华盛顿公约》的条款范围内都构成一项投资。"Malicorp 诉埃及案"[1]就是同时适用两种规定的仲裁案件。这是一起由建造机场的特许权而引起的争端。仲裁庭认定：一方面，投资条约赋予术语的含义定义了国家合意的框架；另一方面，根据《华盛顿公约》所赋予的含义，该公约确定了 ICSID 在其主持下行事的仲裁庭的管辖权。[2]仲裁庭说，这两个方面实际上是相辅相成的，因为投资条约和《华盛顿公约》都是为了促进"投资"而存在的。[3]在非 ICSID 仲裁案件当中，仲裁庭在考虑小麦供应合同是否符合瑞士与乌兹别克斯坦签订的《双边投资条约》中的"投资"定义时，采用了 ICSID 的标准。投资者声称，仲裁庭可以简单地阅读《双边投资条约》所列投资类别的文字措辞。但是，仲裁庭认为，这种做法将剥夺"投资"一词的任何固有含义。它还将要求仲裁庭对《双边投资条约》进行解释，同时忽略序言及其提到的促进和保护外国投资以促进经济繁荣的必要性。机械地适用《双边投资条约》的字面措辞将产生明显荒谬或不合理的结果，排除了任何对于"投资"的限制，而这在国际法上是站不住脚的。[4]

---

〔1〕 Malicorp Ltd v. Egypt（Award）ICSID Case No ARB/08/18（2011）.

〔2〕 Malicorp Ltd v. Egypt（Award）ICSID Case No ARB/08/18, para 107（2011）.

〔3〕 Malicorp Ltd v. Egypt（Award）ICSID Case No ARB/08/18, para 110（2011）.

〔4〕 Romak SA v. Uzbekistan（Award）PCA Case No AA280, para 188（UNCITRAL, 2009）.

相反，在"Ros Invest 诉俄罗斯案"[1]中，仲裁庭通过将"投资"的条约定义视为"各种资产"来判断"投资"概念，并得出结论，在起草这一直截了当和非常宽泛的定义时，缔约国明确表示，任何资产都应包括在内。[2]此后，仲裁庭在"Anderson 诉哥斯达黎加案"[3]中采取了类似的做法。仲裁庭的结论是，导致偿还义务的资金存款属于《双边投资条约》规定的"投资"的文字范围，因此，符合条约对"投资"的定义。

在采用或拒绝双重标准的两个极端之间，一些仲裁庭试图采用中间标准，而没有必要将《华盛顿公约》第 25 条的投资概念设定为与缔约国在投资条约中可能达成的协议相冲突。在"Lemire 诉乌克兰案"[4]当中，仲裁庭建议，如果可以解释《华盛顿公约》，这种解释应该寻求兼容性而不是矛盾性。[5]

在"Abaclat 诉阿根廷案"[6]中，仲裁庭采用了不同的方式。仲裁庭宣布，意大利与阿根廷签订的《双边投资条约》和《华盛顿公约》第 25 条规定的"投资"定义不一定涵盖同一领域，因为它们各自侧重于"投资"的不同方面。《双边投资条约》的定义侧重点是对"投资"的保护，而《华盛顿公约》第 25 条的定义侧重点是对东道国的贡献。总之，只有通过特定出资而产生的价值才能受到保护。只有在出资产生价值时，才能受到保护，而只有投资者被剥夺这种价值的时候，才能触发争端解决。换言之，两种定义同时适用并不意味着投资条约当中的一种定义必须符合《华盛顿公约》中的

---

〔1〕 RosInvest Co UK Ltd v. Russia (Award) SCC Case No V079/2005 (SCC, 2010).

〔2〕 RosInvest Co UK Ltd v. Russia (Award) SCC Case No V079/2005, para 388 (SCC, 2010).

〔3〕 Anderson v. Costa Rica (Award) ICSID Case No ARB (AF) /07/3 (2010).

〔4〕 Lemire v. Ukraine (Decision on Jurisdiction and Liability) ICSID Case No ARB/06/18 (2010).

〔5〕 Lemire v. Ukraine (Decision on Jurisdiction and Liability) ICSID Case No ARB/06/18, para 93 (2010).

〔6〕 Abaclat v. Argentina (Decision on Jurisdiction and Admissibility) ICSID Case No ARB/07/5 (2011).

另一种定义。而是说，涉案的投资必须符合这两个规定的定义。[1]

到头来，还是要参考定义"投资"领域最为经典的"Mitchell 诉民主刚果案"和"Malaysian Salvors 诉马来西亚案"当中具体的"投资"定义来对每个个案进行分析。

2. ICSID 仲裁裁决的审查制度

通过 ICSID 进行的仲裁而得出的裁决不受限于法院的司法审查。ICSID 程序规定了与上诉类似的第二个仲裁庭制度，称为"撤销临时委员会"，以审查仲裁裁决。

行政理事会的主席任命的三名委员在对仲裁裁决进行审查后，可以撤销裁决，也可以部分撤销裁决，但不得作任何修改。在审查仲裁裁决时，撤销临时委员会不能考虑裁决的实体内容，而只有五种撤销仲裁裁决的理由：第一，仲裁庭的组成不合理；第二，仲裁庭越权仲裁；第三，仲裁庭的仲裁员存在受贿等腐败情形；第四，严重违反基本的程序规则；第五，仲裁裁决没有提供仲裁理由。[2]

在实践当中，当事人很少将仲裁庭的组成不合理作为挑战仲裁裁决的理由，也很少将仲裁员的腐败作为理由。相反，当事人申请撤销仲裁裁决通常是基于以下三个理由：①仲裁庭越权仲裁；②严重违反基本的程序规则；③仲裁裁决没有提供仲裁理由。

如果之前的仲裁裁决被撤销临时委员会撤销，各方可以将国际投资争端提交 ICSID，并另行组建一个仲裁庭，该仲裁庭的仲裁裁决也可由另一个撤销临时委员会进行审查。尽管在最初几年里，有人批评过这种有可能滥用撤销权力的仲裁制度，但随着时间的推移，撤销仲裁裁决的程序被证明是非常有必要的，以此可防止仲裁程序当中出现的任何违背诚实信用的严重问题。

---

〔1〕 Abaclat v. Argentina（Decision on Jurisdiction and Admissibility）ICSID Case No ARB/07/5, paras 350~351（2011）.

〔2〕《华盛顿公约》第 52 条第 1 款。

3. ICSID 仲裁裁决的承认和执行及强制执行

"承认"是正式承认仲裁裁决具有终局性和约束力，即具有既判力，"执行"会使仲裁裁决与一国的法院判决具有相同的效力。[1]因此，在 ICSID 制度下，承认和执行仲裁裁决是最终强制执行仲裁裁决的先决条件。

《华盛顿公约》区分了对仲裁裁决的承认和执行以及对仲裁裁决的强制执行。在许多司法管辖区，强制执行（即实际从被裁决债务人处收取所欠款项，或以其他方式确保遵守裁决）就是执行的同义词，而就 ICSID 仲裁裁决而言，两者之间存在差异。

"强制执行"是指实际获得仲裁裁决所支持的货币金额的行为。这种差异之所以重要，是因为虽然支付货币金额的仲裁裁决的"承认"和"执行"是自动的，但是，仲裁裁决的强制执行受制于执行地享有执行管辖权规定的制约。[2]因此，此时强制执行败方财产的仲裁裁决将受限于强制执行仲裁裁决的当地法律。

当一方采取步骤承认和执行 ICSID 的仲裁裁决时，如果该裁决是金钱给付的仲裁裁决，缔约国的执行法院应将其视为与该国法院的最终判决享有同等效力的法律文书。[3]因此，承认和执行是自动的。在承认和执行仲裁裁决时，法院不进行职权审查。但是，在强制执行阶段，胜方还是需要在缔约国申请强制执行，而法院则将根据强制执行地的法律对仲裁裁决进行审查。

然而，对于非金钱给付的仲裁裁决，情况就有所不同了。根据《华盛顿公约》的规定，只有涉及金钱给付的裁决才能得到强制执行，获得与当地法院的最终判决相同的效力。[4]然而，非金钱给付的仲裁裁决的强制执行受到《纽约公约》或其他条约或法律的限制。因此，申请人最好尽可能将其索赔请求界定为金钱给付，而不是确

---

[1] Lucy Reed, Jan Paulsson & Nigel Blackaby, *Guide to ICSID Arbitration*, 179～180 (2d ed. 2011).

[2] 《华盛顿公约》第 54 条第 3 款。

[3] 《华盛顿公约》第 54 条第 1 款。

[4] 《华盛顿公约》第 54 条第 1 款。

权判决或行为履行。[1]

基于主权豁免原则，我们需要注意实施强制执行的东道国对强制执行程序的法律规定。《华盛顿公约》也强调了对 ICSID 仲裁裁决的承认和执行在任何时候都不限制东道国在强制执行过程当中有关主权豁免的规定。[2]

外国投资者应尤其重视《华盛顿公约》第 55 条的规定。这个规定说白了就是投资者即便通过 ICSID 仲裁裁决拿到了有利的仲裁裁决，并得到了承认和执行，在对东道国的资产进行强制执行的时候，东道国也完全可以以主权豁免为由，拒绝强制执行。

值得注意的是，在许多国家，法律规定放弃国际投资仲裁的主权豁免并不意味着放弃强制执行仲裁裁决的主权豁免。投资者应尽可能提前从东道国取得一项对资产的强制执行放弃主权豁免的声明。[3]但是，这谈何容易。哪个国家会乖乖地向投资者提供放弃主权豁免的声明？

那么，ICSID 的仲裁裁决是不是没有一点用呢？不然。因为，实践证明，大多数在 ICSID 进行仲裁的《华盛顿公约》的缔约国都是会遵守 ICSID 出具的仲裁裁决的。[4]为什么呢？就如同我们之前所说的，ICSID 与世界银行集团有着千丝万缕的联系。试想一下，需要外国投资的东道国在很大程度上都是发展中国家，而发展中国家需要世界银行的持续贷款，以进行国家政策性的大型基建投资，而不遵守 ICSID 的仲裁裁决，对这个东道显然没有什么好处。

不仅如此，如果一个缔约国不遵守 ICSID 的仲裁裁决，外国投资者的母国也可以根据《华盛顿公约》的相关规定向国际法院提出

---

[1] Lucy Reed, Jan Paulsson & Nigel Blackaby, *Guide to ICSID Arbitration*, 183 (2d ed. 2011).

[2] 《华盛顿公约》第 55 条。

[3] Lucy Reed, Jan Paulsson & Nigel Blackaby, *Guide to ICSID Arbitration* (2d ed. 2011), at 189~190.

[4] Lucy Reed, Jan Paulsson & Nigel Blackaby, *Guide to ICSID Arbitration* (2d ed. 2011), at 186.

索赔请求。[1]

尽管大多数的国际仲裁都是保密的，但是 ICSID 仲裁裁决的基本信息、进行过程及最终结果都是可以在 ICSID 网站上查阅的。[2]如果双方当事人同意，ICSID 也可以公布裁决内容。不仅如此，无论双方当事人是否同意，ICSID 都必须立即公布仲裁庭出具的仲裁裁决的法律依据摘要。[3]此外，当事人也可以自行公布仲裁裁决的内容。因此，实际上，大多数 ICSID 的仲裁裁决都是公开的，这也促进了在《华盛顿公约》下投资者与国家间国际投资仲裁领域的发展。

4. ICSID 的《附加仲裁调解规定》

1978 年，ICSID 制定了《附加仲裁调解规则》，[4]对不属于《华盛顿公约》管辖的某些类型的案件进行管理。在一个东道国不是《华盛顿公约》的缔约国，或外国投资者不是缔约国的国民的情况下，可以适用《附加仲裁调解规则》进行审理。[5]然而，适用《附加仲裁调解规则》必须经 ICSID 秘书长的批准。[6]因此，计划适用《附加仲裁调解规则》的当事人应提前做好准备，并通过向 ICSID 提交其拟签订的协议草案，征求秘书长的批准。

根据《附加仲裁调解规则》进行的仲裁程序不受《华盛顿公约》的约束。因此，适用《附加仲裁调解规则》出具的仲裁裁决不受限于《华盛顿公约》关于仲裁裁决的承认和执行及强制执行的规定。

适用《附加仲裁调解规则》出具的仲裁裁决将根据《纽约公约》予以承认和执行。因此，《附加仲裁调解规则》规定的仲裁程

---

[1] 《华盛顿公约》第 64 条。

[2] https://icsid.worldbank.org/en/Pages/cases/searchcases.aspx.

[3] 《ICSID 仲裁规则》第 48 条第 4 款。

[4] Additional Facility Rules.

[5] https://icsid.worldbank.org/en/Pages/icsiddocs/ICSID－Additional－Facility－Rules.aspx.

[6] 《附加仲裁调解规则》第 4 条第 1 款。

序应在《纽约公约》的缔约国进行。[1]此外，由于《附加仲裁调解规则》下出具的仲裁裁决不受《华盛顿公约》的适用，因此，败方可以在仲裁地法院申请撤销仲裁裁决。[2]

（二）《双边投资条约》

越来越多的国家开始通过《自由贸易协定》（Free Trade Agreement）等方式签订《双边投资条约》（Bilateral Investment Treaties），而签订《双边投资条约》时会加入通过 ICSID 仲裁解决争端的约定，这也是现如今 ICSID 仲裁开始增加的原因之一。

正如《双边投资条约》所明示的"双边"一词，《双边投资条约》是由甲国和乙国两个国家签订的国际性条约。但是，甲国可以和其他 70 个国家各自签订《双边投资条约》。因此，已签订的《双边投资条约》的数量与日俱增。截止到 2020 年 5 月，世界范围内共签订了 2897 份《双边投资条约》，其中已发生效力的有 2340 份。[3]

每一份《双边投资条约》都是由两个主权国家通过长时间的协商、谈判才最终签订的。因此，不存在内容一致的《双边投资条约》。因此，任何一个投资者计划在特定的东道国基于其母国与东道国签订的《双边投资条约》进行投资时，都应仔细审查《双边投资条约》的相关内容。因为，《双边投资条约》可能会对被保护的投资者和受保护的投资有不同的定义。并且，在以国家为对象进行仲裁时，有可能对投资者申请仲裁的行为设置某些前提条件。在《双边投资条约》当中，各国也可以约定透明度、国内劳动法、信息披露及税收等内容。

1. 实体性权利

尽管《双边投资条约》之间会存在很大差异，但是，总的方针政策都是对投资者进行保护。以下是在《双边投资条约》当中针对

---

[1] 《附加仲裁调解规则》第 19 条。

[2] Jack J. Coe, Jr., "Domestic Court Control of Investment Awards: Necessary Evil or Achilles Heel within NAFTA and the Proposed FTAA", 19 (3) J. Int'l Arb. 185, 185~186, 194~196 (2002).

[3] https://investmentpolicy.unctad.org/international-investment-agreements.

保护投资者的利益而采取的措施。

第一，"国民待遇"[1]是指东道国必须像对待本国国民一样对待外国投资者。当然，某些限制或禁止投资类的行业可能会有例外。[2]第二，"最惠国待遇"[3]是指东道国必须像对待其他国家的任何投资者一样对待投资者。第三，"公平待遇"[4]要求各国提供一个符合投资者预期的合理、稳定的投资环境。[5]第四，"全面保护和安全"[6]规定投资者不应遭受财产的有形破坏，也不应受到涉及有形破坏的严重威胁。许多仲裁庭都对此项措施采取了扩大解释，即上述措施不限于免受有形破坏，而且，还包括免受任何构成不公平待遇的行为或措施。[7]第五，"资金自由转移"[8]是指与投资有关的资金可以自由进出东道国。第六，"防止无偿征收或国有化"[9]是指如果东道国征收或国有化投资者的投资，必须是出于公共目的而不是以歧视性的方式。投资者必须得到及时和充分的补偿，而实质上降低投资价值的国家行为也可以被视为征收。第七，"遵守特定投资承诺的义务"[10]（也被称为"保护伞条款"）要求东道国遵守其所有义务。对于根据"保护伞条款"的规定，东道国违反其与投资者签订的《投资合同》的行为是否也构成东道国违反其与投资者的母国签订的《双边投资条约》的行为这一问题，各仲裁庭也是众说纷纭，没有一致意见。

在投资条约仲裁中，投资者是主张自己的实体性权利，还是投

---

〔1〕　National Treatment.

〔2〕　就如同其他国家一样，在我国烟草、通信等领域，对外国投资者都是有限制的。

〔3〕　MFN：Most Favored Nation treatment.

〔4〕　Fair and Equitable Treatment.

〔5〕　Lucy Reed, Jan Paulsson & Nigel Blackaby, *Guide to ICSID Arbitration*, 74~78（2d ed. 2011）.

〔6〕　Full Protection and Security.

〔7〕　https://www.italaw.com/documents/VivendiAwardEnglish.pdf.

〔8〕　Free Transfer of Funds.

〔9〕　Protection against uncompensated expropriation or nationalization.

〔10〕　Obligation to observe specific investment undertakings（Umbrella Clause）.

资者代表其母国主张实体性权利？道格拉斯在《投资条约仲裁的混合基础》一文中首次提出了这一问题，并将这两种理论分别称为直接权利理论和派生权利理论。[1]

在国际公法领域中，直接权利理论似乎是一个不寻常的主张，因为条约将创造有利于非国家行为者（投资者）的权利。然而，其在人权领域是存在先例的。在"拉格朗案"[2]中，海牙国际法院认定《维也纳领事关系公约》[3]的一项规定，要求监狱当局毫不拖延地将其在本款下的权利通知有关人员，为个人创造了权利。同样，众所周知，如果一国违反《欧洲人权公约》，个人可以直接向欧洲人权法院提出索赔请求。

派生权利理论以外交保护的国际法理论为基础。根据国际法，一国应对其不法行为或不作为而对外国国民造成的伤害承担责任。受害国民的国家可以利用外交保护程序获得对上述行为的赔偿。[4]一国受理其一国民的案件，并代表他诉诸外交行动或国际司法程序，实际上是在维护其自身权利，即它有权亲自确保对于国际法规则的尊重。从受害国民的角度看，这一制度的弱点在于，其无法迫使母国采取行动保护其在这方面的利益。在国际法规定的范围内，一国可以采取它认为适当的任何手段行使外交保护，因为它主张的是它自己的权利。如果代表其行事的自然人或法人认为他们的权利没有得到充分保护，他们在国际法中就没有了补救办法。他们所能做的就是诉诸国内法，如果有办法的话，可以促使他们的投资获得补偿。国家被视为唯一的审判官，决定是否给予保护、给予保护的程度以及何时停止保护。因此，考虑到与特定案件无关的政治或其他性质，

---

[1] Zachary Douglas, "The Hybrid Foundations of Investment Treaty Arbitration" 74 BYIL, 151, 162~164 (2003).

[2] LaGrand (Germany v United States of America) [2001] ICJ Rep 466.

[3] Vienna Convention on Consular Relations.

[4] ILC, "Diplomatic Protection: Text of the Draft Articles with Commentaries Thereto" (Dugard, Special Rapporteur) [2006] 2 (2) YB ILC 22, 27.

国家保留是否行使权利的自由裁量权。[1]

派生权利理论直接将投资条约作为对传统外交保护概念的补充。然而，派生权利理论确实造成了一些理论上的困难。因为，如果这些权利属于国家而不是投资者，就很难解释投资者如何能够通过投资合同放弃这些权利，[2]也很难解释在不涉及国家所受损害的情况下如何计算赔偿金额。如果采用直接权利理论，投资者放弃其仲裁权和仲裁庭采用更接近国际商事仲裁的仲裁模式不会有任何困难。

主张派生权利理论的人经常提到仲裁庭在"Loewen 诉美国案"[3]中的裁决。在该案当中，仲裁庭特别指出，《北美自由贸易协定》适用于派生权利理论。私法下的诉讼权产生于国内法并通过国内仲裁庭和法院强制执行个人义务。《北美自由贸易协定》具有完全不同的性质，源于国际公法。仲裁庭正确地指出了商业仲裁和投资仲裁的理论基础之间经常存在的实质性差异。

英国上诉法院在审理"Occidental 诉厄瓜多尔案"时适用了直接权利分析法。[4]厄瓜多尔对根据美国与厄瓜多尔签订的《双边投资条约》对其作出的裁决提出了挑战。Occidental 基于英国法的不可裁判性概念对这一挑战提出了初步的反对意见。根据这一原则，英国法院不会对外国主权国家的交易作出审理。Occidental 认为，美国和厄瓜多尔之间的《双边投资条约》就是这样一种交易。因此，英国法院不应受理对仲裁裁决的挑战，因为这样做将不得不对美国和厄瓜多尔之间因其《双边投资条约》而存在的权利进行审理。在判断这一问题时，英国上诉法院讨论了 Occidental 在《双边投资条约》下行使的权利是属于它自己还是属于美国的问题。法院认定，投资

---

[1] Barcelona Traction, Light and Power Co Ltd (New Application: 1962) (Belgium v. Spain) [1970] ICJ Rep 3, 44.

[2] O Spiermann, "Individual Rights, State Interests and the Power to Waive ICSID Jurisdiction under Bilateral Investment Treaties", (2004) 20 Arb Int'l, 179.

[3] Loewen Group Inc v. United States of America (Award) ICSID Case No ARB (AF) / 98/3, 7 ICSID Rep 421, IIC 254 (NAFTA, 2003, Mason P, Mikva & Mustill).

[4] Ecuador v. Occidental Exploration and Production Co [2005] EWCA Civ 1116; [2006] QB 432 (CA).

条约制度的基本功能假设显然是，投资者提出的诉讼理由是维护自己的权利，而不是国家的权利。英国上诉法院还援引了 ICSID 的一些管辖权决定，其中涉及在对阿根廷提出的索赔请求当中，ICSID 仲裁庭允许股东就阿根廷对其持有股权的公司的违约提出索赔。

尽管关于投资仲裁和商业仲裁之间在多大程度上可以保持类比存在争论，但国内法院始终认为，根据《纽约公约》第 1 条第 3 款和联合国贸易法委员会《仲裁示范法》的规定，非 ICSID 仲裁可被视为商业仲裁。在加拿大不列颠哥伦比亚省最高法院就仲裁裁决提起的诉讼中，[1]墨西哥主张，《北美自由贸易协定》裁决不符合加拿大对商业仲裁的定义，因为它产生于监管而非商业关系。法院驳回了这一论点，理由是仲裁产生于投资关系，这是一个商业问题。[2]

2. 前提条件

很多《双边投资条约》都规定了通过仲裁解决国际投资争端的条款。但是，在申请仲裁之前，投资者需要满足各种前提条件。在某些情况下，《双边投资条约》会规定，在仲裁前，双方需要大约 3 个月到 6 个月的时间努力通过协商和谈判解决争议。通常，投资者会通过向东道国发送书面通知的方式启动协商期限。这种书面通知应该发给东道国的领导官员，而不仅仅是当初签署《投资合同》的下级相关机关的负责人。

一些《双边投资条约》会规定一个先行诉讼的前提条件，即投资者必须首先在东道国的法院解决投资纠纷。[3]东道国法院在规定的时间内未能解决投资争议，则会被要求进行仲裁。如果没有满足先在东道国法院审理案件的先决条件，投资者便直接申请仲裁，仲裁裁决则可能会不予承认和执行。

---

〔1〕 Mexico v. Metalclad Corp〔2001〕BCSC 664；5 ICSID Rep 236（S Ct of BC）.

〔2〕 Mexico v. Metalclad Corp〔2001〕BCSC 664；5 ICSID Rep 236, para 44（S Ct of BC）.

〔3〕 Argentina-Netherlands Bilateral Investment Treaty.

在第一起美国联邦最高法院审理的投资者与东道国间的仲裁案 "BG Group PLC 诉 Republic of Argentina 案" [1]（以下称 "BG Group 案"）中，BG Group 在没有遵守英国与阿根廷签订的《双边投资条约》规定的先花 18 个月的时间在阿根廷法院解决争议的情形下申请了仲裁。最终，美国联邦最高法院支持了地方法院对仲裁裁决的承认。美国联邦最高法院同意，仲裁员认为 18 个月的要求不是同意仲裁的先决条件，并且，该要求不影响管辖权的实质性问题，而只影响程序性问题。程序性问题都是可以由仲裁员自行决定的，而且，条约中没有约定如果不满足 18 个月的条件将禁止仲裁庭管辖。[2]有证据表明，当时在阿根廷法院即便进行诉讼，在 18 个月内也不可能作出任何判决。而且，在任何情况下，即使作出了判决，根据条约的规定，也不可能是终局判决，缔约方仍可以进行仲裁。[3]

大多数《双边投资条约》都规定有一个前提条件，即要求当事人在开始仲裁之前协商解决争端。美国与韩国签订的《自由贸易协定》就规定，发生投资纠纷的，申请人和被申请人应当首先协商解决。荷兰与埃塞俄比亚签订的《双边投资条约》规定，缔约方与另一缔约方的国民或公司之间发生的任何有关投资的争端，应由当事人友好解决，并规定在提交法院或 ICSID 仲裁之前有一个 6 个月的协商期限。[4]

在早期的 "Goetz 诉布隆迪案" [5]和 "Enron Corp 诉阿根廷案" [6]这两个案件当中，仲裁庭都认定，协商期限就是一项管辖权的前提条件，而不仅仅是一项程序要求。在这两个案件中，投资方

---

[1] BG Group PLC v. Republic of Argentina, 134 S. Ct. 1198 (2014).

[2] BG Group PLC v. Republic of Argentina, 134 S. Ct. 1198, 1207~1208, 1210~1212 (2014).

[3] BG Group PLC v. Republic of Argentina, 134 S. Ct. 1198, 1205 (2014).

[4] Ethiopia-Netherlands BIT (2003), Article 9.

[5] Goetz v. Burundi (Award) ICSID Case No ARB/95/3, 6 ICSID Rep 3, Paragraph 93 (1999, Weil P, Bedjaoui & Bredin).

[6] Enron Corp v. Argentina (Decision on Jurisdiction) ICSID Case No ARB/01/3, Paragraph 82~88 (2004, Orrego Vicuña P, Gros Espiell & Tschanz).

都就其索赔的部分内容发出了通知，但后来在仲裁申请当中扩大了请求范围。仲裁庭认为遵守 6 个月协商期限是一项管辖权的前提条件，而对原始索赔请求的期限也满足了额外索赔请求相关的前提条件。

在"Alps Finance 诉斯洛伐克案"中，仲裁庭认定，投资方发出的任何通知都不需要满足任何特定的正式要求。投资方明确提到了东道国违反《双边投资条约》的行为，并提到了有可能申请仲裁，从而使斯洛伐克有机会在仲裁开始前解决这一问题。[1]

在"Murphy 诉厄瓜多尔[2]案"（以下称"Murphy 案"）中，被申请人厄瓜多尔主张，Murphy 没有遵守美国与厄瓜多尔签订的《双边投资条约》中的 6 个月的协商前提条件，[3]因为 Murphy 于 2008 年 2 月 29 日发出了索赔通知，并在几天后于 2008 年 3 月 3 日申请了仲裁。

仲裁庭认为，当事人应花费 6 个月的时间寻求通过协商和谈判解决其争议的要求，并不是当事人可以有权选择跳过的程序规则。相反，它构成了一项前提条件，在根据 ICSID 规则提交仲裁请求之前，投资方必须强制性地遵守该要求。[4]因为申请人没有遵守上述前提条件，所以仲裁庭驳回了申请人的仲裁请求。

"Murphy 案"的裁决与其他更为宽泛地解释前提条件的裁决形成了鲜明对比。在"Bayindir 诉巴基斯坦案"[5]中，巴基斯坦对仲裁庭的管辖权提出了反对意见，因为，Bayindir 没有就其索赔请求发出任何通知，因此无权将争端提交仲裁。巴基斯坦辩称，Bayindir 未

---

〔1〕 Alps Finance and Trade AG v. Slovakia（Award）IIC 489, Paragraph 209（UNCI-TRAL, 2011, Crivellaro C, Klein & Stuber）.

〔2〕 Murphy Exploration and Production Co International v. Ecuador（Award）ICSID Case No ARB/08/4（2010, Oreamuno Blanco P, Grigera Naón & Vinuesa）.

〔3〕 Ecuador-United States of America BIT（1993）, Article 6.

〔4〕 Murphy Exploration and Production Co International v. Ecuador（Award）ICSID Case No ARB/08/4, Paragraph 157（2010, Oreamuno Blanco P, Grigera Naón & Vinuesa）.

〔5〕 Bayindir Insaat Turizm Ticaret Ve Sanayi AS v. Pakistan（Decision on Jurisdiction）IC-SID Case No ARB/03/29（2005, Kaufmann-Kohler P, Berman & Böckstiegel）.

能履行土耳其与巴基斯坦签订的《双边投资条约》第 7 条的规定，[1] 该条款要求投资方在开始仲裁前提供 6 个月的争端通知期限，并努力、真诚地解决争议。仲裁庭驳回了巴基斯坦的主张。仲裁庭同意了之前很多仲裁庭的观点，即发出通知并不是一项行使管辖权的要求，与巴基斯坦的立场相反，不满足这一要求对投资方来说不是致命的。

另一个前提条件是需要在国内法院进行一段时间的诉讼。阿根廷与韩国签订的《双边投资条约》规定，缔约方与另一缔约方的国民或公司之间发生的任何有关投资的争端，当事人应进行 6 个月的友好解决，无法解决纠纷的，在提交仲裁之前，应在投资发生地的东道国法院进行 18 个月的法院诉讼。[2]

阿根廷与西班牙签订的《双边投资条约》第 10 条规定，争端自一方提出之日起 6 个月内不能解决的，经任何一方请求，应提交东道国的主管仲裁庭。有下列情形之一的，可以将争议提交国际仲裁庭：① 应争端任何一方的请求，在本条规定的司法程序开始后 18 个月仍未就实质内容作出决定时，或虽然法院作出判决，但当事人之间的争议仍然存在的；② 当争端双方都同意时。[3]

在"Philip Morris 诉乌拉圭案"[4] 中，仲裁庭考虑了瑞士与乌拉圭签订的《双边投资条约》当中 18 个月的国内诉讼要求。仲裁庭适用了国际法院的做法，认定在国际公法领域，形式问题的重要性较之其在国内法中的重要性要低。投资方已在乌拉圭国内法院提起了诉讼。尽管申请仲裁时还没有经过 18 个月，但当仲裁庭开始审理时，已经经过了 18 个月。仲裁庭认为，要求投资方重新开始并重新提交仲裁是浪费时间和资源。

要求投资方在开始仲裁前协商讨论索赔请求的规定，有助于东

---

[1] Turkey-Pakistan BIT (1995), Article 7.

[2] Argentina-Korea, Republic of BIT (1994), Article 8.

[3] Argentina-Spain BIT (1991), Article 10.

[4] Philip Morris Brands Sàrl v. Uruguay (Decision on Jurisdiction) ICSID Case No ARB/10/7 (2013, Bernardini P, Born & Crawford).

道国在收到索赔通知后，在可能的情况下允许其有一段时间寻求协商解决。不是说所有的仲裁程序都要求申请仲裁前必须在东道国法院提起诉讼。但是，如果条约中存在这种规定，仲裁庭就应要求投资方首先提起诉讼。然而，仲裁庭通常不允许形式问题被上升为实质性障碍。将诉讼的前提条件视为程序性要求的危害要比由于东道国的不诚信给投资方的索赔请求设置障碍而不能进行条约仲裁的危害要小。一个明智的投资方将努力遵守提起诉讼的前提条件。

3. 择一规定

有时，《双边投资条约》将为双方提供解决争端的选择。《双边投资条约》可以规定，给予当事人选择在 ICSID 进行仲裁，或在不同的仲裁机构进行仲裁，或进行临时仲裁，或在缔约国当地法院提起诉讼的权利。在规定上述争议解决方式的同时，《双边投资条约》也会规定一旦一方选择了某个争端解决方式，就不可再适用其他选项。[1]当《双边投资条约》存在此类条款时，投资者在向国内法院提出诉讼之前应谨慎行事，因为该诉讼可能排除了在 ICSID 进行仲裁或在其他仲裁机构进行仲裁的机会。

许多《双边投资条约》都规定，一旦选择了某一特定的争端解决机制，投资者就丧失了选择任何其他争端解决机制的可能性。这种规定通常被称为"择一规定"。择一规定与外交保护程序不同，在外交保护下，投资者在其国家代表其主张债权之前，必须用尽所有可用的替代索赔措施。如果适用择一规定，在国内法院寻求索赔将导致投资者丧失其在《双边投资条约》下申请仲裁的权利。

美国与韩国签订的《自由贸易协定》附件 11-E 规定，如果投资者在韩国法院或行政仲裁庭的任何诉讼中主张索赔，投资者将不得再提起仲裁。[2]

---

[1] Pantechniki S. A. Contractors & Engineers v. The Republic of Albania, ICSID Case No. ARB/07/21, Award, at 13 para 53 (July 30, 2009); H & H Enterprises Investments v. The Arab Republic of Egypt, ICSID Case No. ARB/09/15, Tribunal's Decision on Respondent's Objection to Jurisdiction, 21 para 69 (June 5, 2012).

[2] US-Republic of Korea BIT (2012), Annex 11-E.

（三）《多边投资条约》

在《多边投资条约》（Multilateral Investment Treaties）下，对于国际投资引起的争端，签约国也倾向于通过国际仲裁解决。而因为 ICSID 在国际投资领域相对成熟地发展，在《多边投资条约》下，各国也比较倾向于通过 ICSID 进行仲裁。

《多边投资条约》的很多内容都近似于《双边投资条约》，只是签订条约的当事人数量多了而已。现阶段，在国际社会比较有名的《多边投资条约》有《北美自由贸易协定》（NAFTA）[1]、《全面与进步跨太平洋伙伴关系协定》及《东盟综合投资协定》。[2]

《北美自由贸易协定》（NAFTA）[3]是由加拿大、美国和墨西哥于 1992 年 12 月 17 日签署的《多边投资条约》，生效于 1994 年 1 月 1 日。[4]《北美自由贸易协定》第 1120 条规定，可以根据《华盛顿公约》（如果当事人都是《华盛顿公约》的缔约国）、《附加仲裁调解规则》及《联合国国际联合国贸易法委员会仲裁规则》提起仲裁申请。

在《北美自由贸易协定》的三个缔约国当中，目前只有美国和加拿大是《华盛顿公约》的缔约国，因此，涉及墨西哥的国际投资纠纷只能是根据《附加仲裁调解规定》或《联合国国际联合国贸易法委员会仲裁规则》提起仲裁。因为许多《北美自由贸易协定》的规定在很多实体和程序上均与《双边贸易条约》相似。因此，在《北美自由贸易协定》下进行的仲裁案件也在很多层面上增进了国际投资仲裁法理及实务的发展。

特朗普上台之后，在美国政府的强压下，美国、墨西哥及加拿

---

〔1〕 https://www.nafta-sec-alena.org/Home/Texts-of-the-Agreement/North-American-Free-Trade-Agreement.

〔2〕 http://investasean.asean.org/index.php/page/view/asean-agreements.

〔3〕 当然，特朗普上台后，签订了 USMCA 以取代 NAFTA。USMCA 于 2020 年 7 月 1 日生效。

〔4〕 https://nyulaw.libguides.com/c.php? g=773833&p=5551612.

大签订了《美墨加贸易协定》，[1]并于 2020 年 7 月 1 日生效。比起《北美贸易协定》，《美墨加贸易协定》在争端解决规定上有了较大的改变。根据《美墨加贸易协定》第 14 章的规定，加拿大将不再适用通过 ICSID 的仲裁解决条款，只有美国和墨西哥受此限制。[2]然而，根据 2018 年 12 月 30 日生效的《全面与进步跨太平洋伙伴关系协定》的相关规定，[3]作为缔约国的加拿大和墨西哥仍在上述协定的范围内受到 ISCID 仲裁的约束。

不仅如此，在美国与墨西哥之间，如果要进行有关投资争端的 ICSID 仲裁，还需要满足一个前提条件，即在东道国的司法或行政机关至少要进行 30 个月的诉讼。[4]

根据《全面与进步跨太平洋伙伴关系协定》第 9 章的规定，如果投资纠纷在被申请人（东道国）收到书面申请后 6 个月内仍未解决，根据《华盛顿公约》及 ICSID 仲裁规则，或根据《ICSID 附加仲裁调解规则》，或根据联合国贸易法委员会仲裁规则，或双方商定的任何其他仲裁形式，申请人可以提交仲裁。[5]

《东盟综合投资协定》（以下称 ACIA），是由东南亚国家联盟（东盟）于 2012 年签署的《多边投资条约》。[6]根据 ACIA 第 33 条的规定，在发生国际投资争端时，投资者可以有以下选择：第一，投资者可以选择向当地法院提出诉讼；第二，投资者可以选择根据《华盛顿公约》或《附加仲裁调解规定》向 ICSID 提起仲裁；第三，投资者可以根据《联合国国际联合国贸易法委员会仲裁规则》提起仲裁；第四，投资者可以根据《吉隆坡地区仲裁中心规则》提起仲

---

〔1〕 USMCA：The Agreement between the United States of America, the United Mexican States, and Canada.

〔2〕 USMCA, Article 14. D. 3.

〔3〕 CPTTP：Comprehensive and Progressive Agreement for Trans-Pacific Partnership.

〔4〕 USMCA, Article 14. D. 5.

〔5〕 CPTTP Article 9. 19.

〔6〕 http://investasean. asean. org/files/upload/Doc%2005%20-%20ACIA. pdf.

裁；第五，当事人同意的，可在任何其他仲裁机构提起仲裁。[1]

《双边投资条约》也好，《多边投资条约》也罢，其目的都是鼓励外国投资者在东道国进行投资。那么，外国投资者最担心的问题是什么？就是怕自己的投资被东道国征收为国有。因此，这些条约往往在纠纷解决机制上排除了东道国的司法管辖，从而让中立的仲裁机构进行仲裁，以此向投资者表达作为东道国的诚意，以吸引外国投资者的投资。

（四）投资保护立法

一些国家为了吸引外国投资，制定了保护外国投资者的国内法律。这些法律一般都规定了一些与《双边投资条约》近似的保护规定，如提供国民待遇、禁止无补偿征收或国有化等。此外，上述法律通常会包含提交 ICSID 仲裁的要约。潜在的外国投资者应仔细阅读东道国的此类立法，了解投资者必须采取什么措施才能承诺有关东道国在 ICSID 进行仲裁的要约。

通常，外国投资者的承诺必须是以书面形式作出的。外国投资者最好是越早接受东道国的要约越好，否则东道国很有可能以修改或废止相关国内立法的方式撤回同意在 ICSID 进行国际投资仲裁的要约。[2]

随着国家间签订的《双边投资条约》的增加，外国投资者与东道国之间的国际投资仲裁也在与日俱增，其涉及的金额可达到数十亿美元。在这一过程中，对于《双边投资条约》有关内容的批评之声也是此起彼伏。这也促进了国际投资领域的一些改革。

比方说，以前在签订《双边投资条约》时，当事人最关心的主要问题是东道国如何保护外国投资者的合法利益不受东道国侵犯，而其他问题可能会变得无足轻重。但是，过去三四年当中进行的《双边投资条约》的谈判重点已经转移到了如何保障劳动者的健康与

---

[1] 《东盟综合投资协定》第 33 条。

[2] Lucy Reed, Jan Paulsson & Nigel Blackaby, *Guide to ICSID Arbitration*, 54（2d ed. 2011）.

安全、防止环境污染及如何采取维护可持续发展的措施。这种改革更有可能完善有关投资的定义，澄清什么是间接征收，删除"保护伞条款"，将公平待遇等同于国际习惯法规定的对外国人的最低待遇标准，并且，明确规定各方当事人不应忽略甚至放弃健康、安全或环境标准以吸引外国投资。[1]

二、《国际投资条约》与《国际投资合同》的区别

虽然投资者无法重新起草相关条款，但在日后的谈判和起草《国际投资合同》中的纠纷解决条款时应非常小心。如果投资者有足够多的筹码，就应该避免同意在当地法院解决合同纠纷，并尝试适用国际仲裁，而仲裁条款最好指向《国际投资条约》。

如果一家跨国企业可以选择其在不同国家设立的众多子公司作为投资者中的一个，则有必要仔细研究每一个可能适用的《国际投资条约》，然后将一家位于最有利的《国际投资条约》国家的子公司用作投资者，使该公司在适用的《国际投资条约》范围内受到最佳的保护。[2]比方说，跨国企业 A 公司在甲国、乙国、丙国及丁国都设立了子公司。A 公司现在打算对戊国进行投资。通过研究，甲国与戊国，乙国与戊国，丙国与戊国，丁国与戊国都签订了各自的《双边投资条约》。A 公司发现，甲国与戊国的《双边投资条约》对投资者最有利，那么，A 公司可以将设立在甲国的子公司作为投资者，进行对戊国的投资。

不管怎样，最重要的是，在计划投资某一东道国时，投资者及其法律顾问应仔细研究任何可适用的《双边投资条约》或《多边投资条约》，以便了解该条约的范围和内容，确定如何保护投资者，以此决定如何进行投资。

---

[1] UNCTAD World Investment Report 2019. UNCTAD 主张更为系统性的可持续发展的改革措施。

[2] Dana H. Freyer, Barry H. Garfinkel & Hamid G. Gharavi, "Bilateral Investment Treaties and Arbitration", *in American Arbitration Association Handbook on International Arbitration & ADR* (Thomas Carbonneau & Jeanette A. Jaeggi, eds., 2006), 289.

（一）权利来源

在许多投资纠纷当中，东道国不仅根据《国际投资合同》承担合同义务，也根据《国际投资条约》承担条约义务。外国投资者通常会与国家或国家下级机构签订《国际投资合同》，该合同将约定双方的合同权利义务。如果东道国也受东道国与投资者的母国签订的《国际投资条约》的约束，那么，投资者基于合同的权利将不同于基于条约的权利。

通常来说，比起《国际投资条约》，《国际投资合同》所约定的权利内容会更具体一些，而且，合同和条约可能会规定不同的争端解决方法。例如，《国际投资合同》可能会约定由东道国法院解决国际投资纠纷，并且，会进一步约定东道国法院对任何争端都享有专属管辖权。而另一方面，《国际投资条约》很有可能会规定以 ICSID 提起仲裁的方式解决国际投资纠纷。

在《国际投资条约》规定了通过国际仲裁解决纠纷，而《国际投资合同》当事人却约定了在东道国通过诉讼解决纠纷的情况下，外国投资者的选择是什么？外国投资者当然希望根据《国际投资条约》主张违约责任，以此将国际投资争端带到国际仲裁领域。但是，东道国会希望将纠纷定义为《国际投资合同》项下的合同纠纷，以便东道国的法院行使专属管辖权。

在这种情况下，投资者可能希望将任何相关行为都定义为违反《国际投资条约》的行为，因为他们更愿意通过国际仲裁解决争议。东道国则可能希望将相同的行为定义为《国际投资合同》项下的行为。仲裁庭有时会采纳投资者的观点，有时会采纳缔约国的观点，这取决于相关《国际投资条约》和相关《国际投资合同》的措辞内容以及其他考虑因素。

《国际投资条约》和《国际投资合同》权利的主要区别在于权利的来源不一样。合同请求基于合同内容，而条约请求则基于条约内容。合同权利往往是针对所涉及的个别特定投资的权利，而条约权利一般是通用的，往往是由国际法界定的权利（如国民待遇、最惠国待遇或征收时的补偿等内容)。

重要的是要仔细考虑《国际投资条约》和《国际投资合同》的缔约方是谁以及条约索赔请求和合同索赔请求的对象是谁。《国际投资条约》的缔约国是两个主权国家。然而，根据条约的索赔请求，一方当事人是投资者，并且，该投资者有权向国家而不是国家机构提出索赔请求。如果《国际投资条约》主张是基于较低级别的国家官员在较低级别事务当中进行的政府行为，投资者必须证明，根据国际法规定的国家责任原则，国家对该行政人员的行为负有责任。

另一方面，《国际投资合同》当中的当事人很可能是投资者的子公司或附属公司和缔约国的下级机构，而不是缔约国本身。因此，很有可能是，投资者的子公司向国家下级机构提出合同索赔请求，而在基于条约的索赔请求下，由投资者向国家提出索赔请求。

此外，合同索赔请求或条约索赔请求可适用的法律不同。在一般情况下，根据《国际投资条约》，除适用《国际投资条约》的相关规定外，还可以适用缔约国法律和国际法。根据《国际投资合同》，很有可能仅适用缔约国的国内法，当然，这还是要看合同主体的约定。

(二) 保护伞条款

保护伞条款规定，缔约国有义务遵守其对另一缔约国投资者所承担的所有义务。如果在《国际投资条约》中规定了一个保护伞条款，投资者可能会主张任何违反《国际投资合同》的义务都将触发《国际投资条约》的保护。

一个典型的保护伞条款规定，每一缔约国都应履行其对另一缔约国投资者在其领土内的投资所承诺的任何义务。[1]问题是，如果该国违反了《国际投资合同》某项具体规定，上述保护伞条款是否意味着，即使该国不违反国际法，投资者也可以提出基于《国际投资条约》的索赔请求？换言之，一个保护伞条款是否会使每一个违

---

[1] http://www.oecd.org/daf/inv/investment-policy/WP-2006_3.pdf.

反《国际投资合同》的行为都成为违反《国际投资条约》的行为？仲裁庭对这个问题也有不同的认识。

在"SGS 诉巴基斯坦案"中，[1]ICSID 仲裁庭裁决，保护伞条款不允许投资者根据投资条约通过国际仲裁寻求基于违反投资合同的赔偿。在"SGS 诉菲律宾案"中，[2]ICSID 仲裁庭裁决，保护伞条款确实提供了仲裁管辖权，将合同的违约视为对条约的违约，但随后拒绝行使司法管辖权，因为投资合同中有一条款约定了通过诉讼解决合同纠纷。随后，许多案件都涉及保护伞条款，但其结果各不相同。[3]

有些人认为，保护伞条款的起源和历史非常清楚地表明，该条款的目的实际上就是将违反投资合同的行为转变为违反投资条约的行为，最终通过投资条约获得追索权。[4]基于投资条约当中的保护伞条款，东道国违反投资合同当中的承诺的行为将可以通过条约予以纠正。[5]对保护伞条款的更合理和有效的解释是，它适用于相关投资者与东道国在投资合同下产生的义务。因此，投资条约下的仲裁庭可以对合同的违约索赔行使管辖权，即便该合同包含一个排他

---

〔1〕 SGS Société Générale de Surveillance S. A. v. Islamic Republic of Pakistan, ICSID Case No. ARB/01/13. Decision on Jurisdiction (August 6, 2003).

〔2〕 SGS Société Générale de Surveillance S. A. v. Philippines, Decision of the Tribunal on Objections to Jurisdiction, ICSID Case No. ARB/02/6 (2004) in 8 ICSID Rep. 518 (2005).

〔3〕 Pan American Energy LLC and BP Argentina Republic v. Argentine Republic, ICSID Case No. ARB/03/13 Decision on Preliminary Objections, 31, para 100 (2006). (仲裁庭沿袭了"SGS 诉巴基斯坦案"的裁决，认为合同违约不当然导致条约违约。) Eureko BV v. Republic of Poland, Ad Hoc Proceedings, Partial award, 84, para 257 (2005). (仲裁庭沿袭了"SGS 诉菲律宾案"的裁决，认为合同违约已上升到条约违约。).

〔4〕 Jarrod Wong, "Umbrella Clauses in Bilateral Investment Treaties: Of Breaches of Contract, Treaty Violations and the Divide between Developing and Developed Countries in Foreign Investment Disputes", 14 Geo. Mason L. Rev. 135, 166 (2006).

〔5〕 Jarrod Wong, "Umbrella Clauses in Bilateral Investment Treaties: Of Breaches of Contract, Treaty Violations and the Divide between Developing and Developed Countries in Foreign Investment Disputes", 14 Geo. Mason L. Rev. 135, 150 (2006).

性的管辖条款。[1] 因为《国际投资条约》的主要意义在于，允许直接针对国家进行仲裁，当仲裁庭否认保护伞条款的效力时，其结果可能是限制了对投资者的保护。

尽管如此，仲裁庭仍避免对保护伞条款做过于扩大性的解释，即反对将任何违反投资合同的行为都上升到对投资条约的违反。[2] 仲裁庭倾向于认为一个国家的违反投资合同的行为不会当然地被视为违反投资条约的行为，除非该行为已超出了一个普通的缔约方可以采取的正当行为，并且，涉及国家干预合同的履行。[3]

（三）投资合同主张与投资条约主张

仲裁庭在试图区分《国际投资合同》或《国际投资条约》主张时，主要会引用 "Compañía de Aguas del Aconquija, S. A.（以下称 'CAA'）与 Vivendi Universal 诉阿根廷共和国案"（以下称 "Vivendi 案"）[4]。"Vivendi 案" 涉及一家法国公司 Compagnie Générale des Eaux（以下称 CGE）（1998 年上述公司名称变更为 "Vivendi"）的阿根廷子公司 CAA 和阿根廷的 Tucumán 省之间就 30 年《特许权合同》而引起的纠纷。《特许权合同》的目的是将 Tucumán 省级主管部门运营的水利和污水设施私有化。

当《特许权合同》提前解除时，根据阿根廷和法国签订的《双边投资条约》，申请人 CAA 和 CGE 以阿根廷政府为被申请人向 ICSID 申请了仲裁。[5]

ICSID 仲裁庭裁决，由于《特许权合同》约定阿根廷 Tucumán

〔1〕 Jarrod Wong, "Umbrella Clauses in Bilateral Investment Treaties: Of Breaches of Contract, Treaty Violations and the Divide between Developing and Developed Countries in Foreign Investment Disputes", 14 Geo. Mason L. Rev. 135, 174 (2006).

〔2〕 www. italaw. com/cases/382.

〔3〕 George K. Foster, "Striking a Balance between Investor Protections and National Sovereignty: The Relevance of Local Remedies in Investment Treaty Arbitration", 49 Colum. J. Transnat'l L. 201, 256 (2011).

〔4〕 Compañía de Aguas del Aconquija, S. A. & Vivendi Universal v. Argentine Republic (Annulment) ICSID Case no. ARB/97/3 (July 3, 2002).

〔5〕 www. wipo. int/wipolex/en/details. jsp? id=12139.

省的行政法院对涉案纠纷享有专属管辖权,对 Tucumán 省的索赔请求必须在法院以诉讼的方式解决。ICSID 仲裁庭进一步裁决,仲裁庭无法确定 Tucumán 省的哪些行为是基于主权行使的,而哪些行为是基于《特许权合同》行使的。[1]

换句话说,仲裁庭认为其无法区分基于《双边投资条约》的权利和基《特许权合同》的权利。仲裁庭认为,区分这两者的唯一方法是对《特许权合同》进行详细的解释和适用,这是《特许权合同》的当事人留给具有专属管辖权的 Tucumán 省行政法院的一项任务。[2]

因此,仲裁庭认定,除非解释和适用《特许权合同》,否则不可能将潜在的违反投资合同与违反投资条约的行为区分开来。然而,根据当事人的协议,ICSID 仲裁庭认为这项职权仅限于具有专属管辖权的阿根廷的地方法院。

在撤销仲裁裁决的审理当中,ICSID 的临时委员会认为,仲裁庭享有对 Tucumán 省索赔请求案件的管辖权,而仲裁庭未能裁决上述请求案件。因此,基于《华盛顿公约》,仲裁庭超出了第 52(1)(b)条所规定的权力范围。[3]

撤销临时委员会明确表示,条约的权利独立于合同的权利。一个国家可以在不违反合同的情况下违反条约,反之亦然。[4] ICSID 撤销临时委员会试图提供判断投资合同请求或投资条约请求的标准,即根据索赔请求的基本依据来判断是否基于投资合同[5]或基于投资

---

[1] Award(November 21, 2000), 28, para 79, https://www.italaw.com/cases/309.

[2] Award(November 21, 2000), 28, para 79, https://www.italaw.com/cases/309.

[3] Annulment Decision(July 3, 2002), 124~125, para 86, https://www.italaw.com/cases/309.

[4] Annulment Decision(July 3, 2002), 127~128, para 95, https://www.italaw.com/cases/309.

[5] Annulment Decision(July 3, 2002), 130, para 98, https://www.italaw.com/cases/309.

条约。[1]

在实践当中，这一标准不是特别有帮助，因为在大多数情况下，当事人都可以提出任何一种论点。尽管如此，在"Vivendi 案"中，撤销临时委员会似乎非常支持基于投资条约的权利。ICSID 撤销临时委员会明确拒绝了之前仲裁庭认定的当事人在投资合同中约定的专属管辖权优先于投资条约权利的观点。

对于一项基于投资条约的索赔请求，基于投资条约行使管辖权的 ICSID 仲裁庭无权以该索赔请求可以或应该由地方法院专属管辖为由驳回该索赔请求。在这种情况下，ICSID 仲裁庭应当进行的审查规定于《华盛顿公约》、条约和可适用的国际法当中。这种审查原则不是由任何地方法律所能决定或排除的。[2]

因此，根据 ICSID 撤销临时委员会的说法，如果一个仲裁庭基于投资条约对于索赔请求享有管辖权，当事人基于投资合同的管辖权条款不能优先于基于投资条约的管辖权。ICSID 撤销临时委员会还强调，一国不能以投资合同中的专属管辖权条款为借口，避免其基于投资条约在国际上被定义为非法行为而带来的责任。[3]

进行上述判断时，ICSID 撤销临时委员会没有依赖保护伞条款。ICSID 撤销临时委员会确实依赖于投资条约中的特定语言，这赋予了仲裁庭对合同索赔请求的管辖权。阿根廷与法国签订的《双边投资条约》第 8（4）条规定，仲裁机构的裁决应以本条约的规定及作为争议一方的缔约国的立法为依据，包括法律冲突规则、就投资达成的任何私人合同以及有关国际法原则。[4]

由于投资条约特别规定了仲裁庭可以根据双方签订的投资合同

---

[1] Annulment Decision（July 3, 2002），131, para 101, https://www.italaw.com/cases/309.

[2] Annulment Decision（July 3, 2002），131, para 102, https://www.italaw.com/cases/309.

[3] Annulment Decision（July 3, 2002），131, para 103, https://www.italaw.com/cases/309.

[4] Annulment Decision（July 3, 2002），113~114 para 53, https://www.italaw.com/cases/309.

条款作出裁决，ICSID 撤销临时委员会表示，根据《双边投资条约》
第 8 (4) 条的规定，至少在必要的情况下，仲裁庭有权根据《特许
权合同》作出裁决，以确定是否违反了投资条约的实质性约定。[1]

因此，从 ICSID 临时委员会的角度来看，基于投资合同的针对
Tucumán 省的索赔请求应在仲裁中进行审查，以确定其是否违反了
投资条约第 3 条或第 5 条的规定。该条规定了公平待遇原则、充分
保护和保障，以及除非出于公共目的，在没有歧视的情况下，在支
付及时和充分补偿后，不得征收或国有化。[2]

ICSID 撤销临时委员会承认，由于申请人已根据《双边投资条
约》第 8 (2) 条的规定，[3]选择仲裁而非当地诉讼的"择一原
则"，[4]如果申请人不能证明索赔请求的相对方的行为已构成违反
投资条约，他们便将失去其条约索赔请求和合同索赔请求。[5]

在部分撤销仲裁裁决后，Vivendi 将该案件重新提交给 ICSID 的
第二个仲裁庭。第二个仲裁庭于 2007 年 8 月作出不利于阿根廷政府
的裁决。[6]第二个仲裁庭遵循了撤销临时委员会的意见，确认仲裁
庭可以考虑双方在投资合同项下的行为背景，以此确定是否存在基
于投资条约的违约行为，[7]第二个撤销临时委员会拒绝撤销第二个
仲裁庭的仲裁裁决。[8]

考虑到在同一事实情况下，既存在投资条约的适用，也存在投
资合同的适用，律师可以采取一些步骤来减少未来争议解决过程中

〔1〕 Annulment Decision (July 3, 2002), 133~134, para 110, https://www.italaw.com/cases/309.

〔2〕 Annulment Decision (July 3, 2002), 94~98, para 11, https://www.italaw.com/cases/309.

〔3〕 Annulment Decision (July 3, 2002), 113~114, para 53, https://www.italaw.com/cases/309.

〔4〕 Fork in the Road.

〔5〕 Annulment Decision (July 3, 2002), 135, para 113, https://www.italaw.com/cases/309.

〔6〕 https://www.italaw.com/sites/default/files/case-documents/ita0215.pdf.

〔7〕 https://www.italaw.com/sites/default/files/case-documents/ita0215.pdf.

〔8〕 https://www.italaw.com/sites/default/files/case-documents/ita0221.pdf.

的不必要的麻烦。因为全球范围内已经签订了 2500 多个《双边国际条约》，所以在许多情况下，修改诸多投资条约以便明确意图是不太可能的。然而，在新的投资条约当中，我们可以更好地起草相关内容。一些投资条约比较清晰地规定了在什么情形下可以通过合同的权利提起条约规定的仲裁。美国示范性《双边投资条约》规定，申请人可以代表其自身或代表其控制的企业，向仲裁提交一份索赔请求，说明被申请人违反了条约、投资授权或投资合同项下的义务。[1]

但是，对于违反投资合同的索赔请求，有一项限制性条款。只有索赔请求的标的物和索赔的损害结果直接来自根据投资合同而建立、获得、寻求建立或寻求获得的投资，才可将该请求提交仲裁。[2]

首先，在一个复杂的投资项目中，可能存在一些间接而非直接与投资相关的抵押合同。违反间接合同不会引起投资条约下的索赔请求。其次，如果投资者在建立一项从未完全发挥作用的投资时发生了大量费用，如果由于违反条约而导致无法完成投资，则这些费用应可收回。

三、法律适用

投资条约并不总是规定仲裁庭可以适用于实体内容的法律。那些确实载有适用法律条款的投资条约往往既规定了国际法，又规定了国内法，而没有说明哪一个法律优先适用。英国与阿根廷签订的《双边投资条约》第 8 条规定，仲裁庭应根据本条约的规定、包括有关法律冲突规范在内的争端所涉缔约国的法律，与投资条约相关的任何具体协定的条款和适用的国际法原则，对争端作出裁决。[3]

投资条约对适用法律没有规定的，其他文书可以提供参考。联合国贸易法委员会《仲裁规则》第 35 条第 1 款规定，如果当事各方

---

〔1〕 United States Model BIT 2012, Article 24（1）.
〔2〕 United States Model BIT 2012, Article 24（1）.
〔3〕 UK-Argentina BIT（1993）, Article 8.

未指定适用法律，仲裁庭应适用其认为适当的法律。[1]《华盛顿公约》第 42 条规定，在没有就适用法律达成协议的情况下，仲裁庭应适用争端缔约国的包括法律冲突规范在内的法律和可能适用的国际法规则。[2]

无论投资条约是否具体规定了适用于实体问题的法律，仲裁庭都将优先适用国际法。因为投资条约是国际法文书，而根据 1969 年《维也纳条约法公约》的规定，条约受国际法的管辖，必须根据任何可适用的国际法规则解释条约。[3]

在"AAPL 诉斯里兰卡案"[4]中，根据斯里兰卡与英国签订的《双边投资条约》[5]的规定，仲裁庭认为《双边投资条约》是适用法律规则的主要来源，而《双边投资条约》不是一个封闭的法律系统，必须在国际法的更广泛的司法背景下予以解释。这导致仲裁庭采用一般国际法来补充《双边投资条约》的规定。

在"Vivendi 案"[6]中，撤销临时委员会认为，基于阿根廷与法国签订的《双边投资条约》实体性条款的索赔请求，仲裁庭进行审查时必须适用《华盛顿公约》《双边投资条约》和相关国际法。

国际法规定了判断东道国行为合法性的标准。[7]国际法委员会关于国家责任的条款草案第 3 条[8]明确规定，适用国家法判断一国的行为是否应被定性为国际法上的不法行为。因此，也有必要参照国际法来解释投资条约的内容。虽然投资条约一般都包括有关国家征

---

[1] UNCITRAL Arbitration Rules, Article 33 (1).

[2] ICSID Convention (1966), Article 42.

[3] VCLT: Vienna Convention on the Law of Treaties (1969).

[4] Asian Agricultural Products Ltd v. Sri Lanka (Award) ICSID Case No ARB/87/3, 4 ICSID Rep 245, para 21 (1990, El-Kosheri P, Goldman & Asante (dissenting)).

[5] UK-Sri Lanka BIT (1980).

[6] Compañía de Aguas del Aconquija, S. A. & Vivendi Universal v. Argentine Republic (Annulment) ICSID Case no. ARB/97/3 (July 3, 2002).

[7] Parra, "Applicable Law in Investor-State Arbitration", in Rovine (ed.), *Contemporary Issues in International Arbitration and Mediation: The Fordham Papers* (Brill, 2008).

[8] International Law Commission's Draft Articles on State Responsibility.

收投资的规定，但它们通常不界定"征收"一词。因此，仲裁庭可以参照习惯国际法下的征收概念，解释投资条约的范围和内容。[1]然而，国际法的适用不允许投资者根据习惯国际法主张作为独立诉讼理由的索赔请求。

投资合同或引起争端的其他协议中当事人约定的法律并不排除适用国际法。在"Wena Hotels Ltd 诉埃及案"[2]中，审理仲裁裁决的撤销临时委员会驳回了 Wena Hotels 与埃及之间的租赁协议选择的埃及法律适用于《双边投资条约》争端的主张。租约协议相关的法律问题实质上是商业性问题。《双边投资条约》处理的问题基本上是政府性质的，即国家给予外国投资者的待遇标准。因此，就租赁协议下的商业问题，投资者同意适用特定合同、适用法律和争端解决方式。同样的道理，作为缔约国国民的投资者也可以援引《双边投资条约》来解决国际投资争端，即埃及对待外国投资者的问题。每一种机制有不同的争端解决安排，可能包括不同的法律适用条款，也可能完全没有法律适用条款。因此，临时委员会认定，租赁协议下适用埃及法律的实体问题与《双边投资条约》下适用 ICSID 仲裁的实体问题是完全不同的审查对象。[3]

《华盛顿公约》的起草主要是考虑到投资者与东道国之间的投资合同，在这些合同中，国内法将发挥关键作用，即便不是排他性的作用。[4]然而，对于《双边投资条约》的解释，需要适用不同的方法。因为，如果只有一个国内法律制度适用于争端解决，那么一个国家就可以简单地通过立法使自己的行为在任何情形下都不违反投资条约，而这种方式是有悖于《维也纳条约法公约》第 27 条的规定

---

〔1〕 Accession Mezzanine Capital LP v. Hungary, Decision on Respondent's Objection under Arbitration Rule 41 (5), ICSID Case No. ARB/12/3, paras 68~70 (2013).

〔2〕 Wena Hotels Ltd v. Arab Republic of Egypt, Decision on Annulment Application, ICSID Case No. ARB/98/4 (2002).

〔3〕 Wena Hotels Ltd v. Arab Republic of Egypt, Decision on Annulment Application, ICSID Case No. ARB/98/4, paras 31~36 (2002).

〔4〕 Autopista Concessionada de Venezuela CA v. Bolivarian Republic of Venezuela, Award, ICSID Case No. ARB/00/5, para 336 (2003).

的，即一个国家不得援引其国内法的规定作为其不履行条约的理由。

这并不意味着东道国的国内法不能发挥作用。在确定东道国是否根据投资条约承担违约责任而需要分析的相关事实时，可以参考东道国的国内法。在确定所称投资的特定资产或权利是否存在及其归属时，仲裁庭可以适用国内法。同样，东道国的国内法通常构成被指控违反条约的国家所采取措施的证据，因为东道国的不当行为通常会通过国内法律行为表现出来。然而，在分析东道国的这些行为或措施是否构成根据条约承担的责任时，将适用条约和国际法的规定。

条约在国际法层面上的原则已经确立，因此，东道国违反条约的行为表面上是受国际法管辖的。尽管如此，在外国投资争端中出现的复杂问题，不能简单地只适用国际法来予以判断。国际投资与东道国的国内法有着内在的联系。可以说，关于一项投资是否适当作出或一国采取的措施或条例是否达到违反条约的门槛的问题，如果不彻底审查该国的国内法，就不可能得到解决。即使有关条约没有规定实体法的选择，仲裁员仍有义务考虑东道国的相关国内法。但要注意的是，如果这类法律违反了该国根据条约承担的义务，即一国不能依靠其国内法来减损或修改其条约义务，则这类国内法将可能得不到适用。

对于国际法之间存在的冲突，在"Achmea BV 诉斯洛伐克案"[1]中，斯洛伐克主张，由于斯洛伐克加入了欧盟，荷兰与斯洛伐克签订的《双边投资条约》被终止。其争端解决条款不再适用，因为《双边投资条约》不符合斯洛伐克根据欧盟法律承担的义务。仲裁庭不接受上述主张，认为《双边投资条约》确立的权利既不重复，也不违反欧盟法律，并认为仲裁庭有义务在适用法律中包含欧盟法律，但是，这一事实本身并没有剥夺仲裁庭的管辖权。

---

〔1〕 Achmea BV（formerly known as Eureko BV）v. Slovak Republic（Award on Jurisdiction, Arbitrability and Suspension），UNCITRAL, PCA Case No. 2008–13（2010），paras 244～246（2010）.

最后，我们要指出，投资条约仲裁中没有判例法原则。因此，虽然投资条约判例法可能是确定国际法规则的辅助手段，但是，仲裁庭不受其他仲裁裁决的约束。在"SGS 诉菲律宾案"[1]中，仲裁庭指出：如果判例是指一项决定具有约束力的规则，则国际法不存在判例法原则。仲裁庭没有等级制度，即使有，也没有充分的理由允许之前的仲裁庭及时解决所有之后仲裁庭审理的问题。

而无法确定适用法律的后果可能是非常惨痛的。它可能使仲裁庭的裁决面临挑战，甚至被撤销。事实上，在 ICSID 仲裁下，撤销临时委员会撤销了"Enron 诉阿根廷案"[2]和"Sempra 诉阿根廷案"[3]的裁决，理由是仲裁庭超出了其权力范围，没有适用适当的法律。

第三节　国家间仲裁

尽管所涉及的许多程序性的内容都是相似的，两个主权国家之间的争端将国家间仲裁与其他两种形式的国际仲裁区别开来。国家间仲裁与国际商事仲裁和国际投资仲裁既存在相同之处，也存在不同之处。当两个国家间发生纠纷时，它们有两种选择：第一种是进行仲裁；第二种是通过由 15 名法官组成的联合国国际法院[4]的审判解决纠纷。[5]如果他们选择仲裁而不是联合国国际法院，可能是因为在仲裁当中，当事人可以更灵活地选择自己的仲裁员、仲裁程序和仲裁管理方式。

很多国家间仲裁案件是由海牙常设仲裁法院[6]进行管理的，但

---

〔1〕　SGS Société Générale de Surveillance S. A. v. Philippines（Decision of the Tribunal on Objections to Jurisdiction）ICSID Case No. ARB/02/6（2004）in 8 ICSID Rep. 518（2005）.

〔2〕　Enron Corp v. Argentina（Decision on the Application for Annulment of the Argentine Republic）ICSID Case No ARB/01/3（2010）.

〔3〕　Sempra Energy International v. The Argentine Republic（Decision on the Argentine Republic's Application for Annulment of the Award）ICSID Case No. ARB/02/16（2010）.

〔4〕　ICJ：The International Court of Justice.

〔5〕　https：//www. icj-cij. org.

〔6〕　The Permanent Court of Arbitration.

其他国家间仲裁案件一般都是临时仲裁（Ad hoc Arbitration），或者在已经存在的仲裁机构进行仲裁，或者有时在相关国家设立类常设机构（如伊朗–美国索赔仲裁庭）进行仲裁。国家间的、仲裁案件所涉及的争端一般包括关于陆地和海上边界的争端，涉及战后的索赔和违反国际人道主义法，或有关两国之间条约的解释。这些争端通常根据专门为国家间仲裁而制定的规则进行，如海牙常设仲裁法院的仲裁规则。大多数的国家间仲裁均由 3 名仲裁员组成仲裁庭，但在某些情况下会有 3 名以上的仲裁员组成仲裁庭。例如，《联合国海洋法公约》[1]赋予缔约国选择权，即缔约国可以要求 5 名仲裁员组成仲裁庭进行仲裁。[2]国家间仲裁适用的法律几乎都是国际法，因为很少有主权国同意受另一主权国国内法律的管辖。

虽然国家间进行的仲裁裁决被认为是终局的和有约束力的，但它们不会或不可能在一国法院执行。例如，如果仲裁裁决设定了新的边界线，执行该边界线通常取决于败方的善意履行。在很大程度上，国家间进行的仲裁裁决的执行取决于外交、善意和国际压力等多重因素。随着主权国家之间、主权国家与其他主权国家公民之间的经济互动越来越频繁，由这些相互作用引起的争端也不可避免地增加，使得现如今需要有效、和平和合理的争端解决机制去进行处理。尽管发生争端的问题往往很复杂，但当事人仍然认为进行国际仲裁比在一个国家的国内法院提起诉讼更为有利、公正。然而，随着全球化和外国投资的持续增长，仲裁将不可避免地发生变化或改革，使之成了解决国际争端更公平、更有效和更透明的方式。

尽管国际仲裁目前是解决大量国际争端的最具吸引力的方式，但是，这并不是说它就是最为完美的方式。即便国际仲裁存在着诸多的问题，但到目前为止，好像也无法找到能够代替国际仲裁的更有效的解决国际投资争端的方式。我们只能寄望于随着国际仲裁的

---

[1] UNCLOS: The United Nations Convention on the Law of the Sea.

[2] https://www. un. org/depts/los/convention_ agreements/texts/unclos/unclos_ e. pdf; UNCLOS, Article 3（a）.

不断发展，国际仲裁本身能够得到补充和完善。而在中国政府大力开展"一带一路"倡议的今天，在"一带一路"倡议和 AIIB 的框架下，如何建立一个有效的争端解决机制已经被提上议事日程。望中国和周边国家一同协作，在"一带一路"倡议和 AIIB 的框架下，建立一个与 ICSID 相媲美，或者可以超过 ICSID 名声的国际投资仲裁机制。

第二章

当事人最关心的问题

——承认和执行仲裁裁决；撤销仲裁裁决与
拒绝承认和执行仲裁裁决

第一节　前　言

胜方：

对于国际商事仲裁的胜方而言，如果最终的仲裁裁决不能在败方的财产所在地得到顺利的承认和执行，即便胜方拿到了有利的仲裁裁决，那也是一文不值，空欢喜一场。

在国际商事仲裁中胜利的一方希望裁决立即执行，这是一个合理的预期。不同于调解和大多数其他替代性争端解决机制，仲裁的目的是就争端达成具有约束力的决定。一旦以裁决的形式作出了这一决定，当事人执行最终的仲裁裁决便是每一项仲裁程序最为关键的组成部分。毫无疑问，这一点在国际仲裁机构的仲裁规则中已有明确规定。联合国贸易法委员会仲裁规则就规定，裁决应是终局的，对双方当事人都具有约束力，双方当事人承诺及时执行裁决。[1]

我们如此重视国际商事仲裁，努力准备仲裁相关证据材料，并试图在国际商事仲裁中获得有利的裁决结果，也是为了最终在法院

---

〔1〕　UNCITRAL Arbitration Rules，Article 34（2）.

更顺利地得到仲裁裁决的承认和执行。[1]

无救济则无权利。

国际商事仲裁是一裁终局，而且，对于仲裁当事人具有约束力。仲裁裁决一经出具，在很大程度上，败方就不能从实体法层面去挑战仲裁裁决的效力，而只能以程序上的瑕疵或仲裁员的不当行为作为挑战仲裁裁决的理由。因此，仲裁的败方想挑战仲裁裁决的效力，试图说服法院撤销仲裁裁决或拒绝承认和执行仲裁裁决是一件极其困难的事情。在大部分情形下，法院也很少推翻仲裁裁决。

仲裁的优势之一就是裁决的终局性，仲裁法律和规则就是通过使仲裁裁决难以被撤销或被拒绝承认和执行，来维护仲裁裁决终局性这一特征。尽管如此，败方如果看到了希望，或自认为看到了一线微弱的希望，也都会尝试推翻仲裁裁决。因此，对于胜败双方而言，仲裁裁决的承认和执行是最终成败的关键。

仲裁裁决在一国的承认和执行直接与该国的司法主权相关。因此，外国仲裁机构出具的仲裁裁决的承认和执行应该以各国参与的国际公约为基础。如果在大部分情形下，仲裁裁决无法得到一国的承认和执行，将带来各国出于狭隘的国家保护主义，拒绝承认和执行外国仲裁机构出具的仲裁裁决的恶性循环。而这种恶性循环所导致的结果是，没有人愿意通过仲裁的方式解决国际商事纠纷。而大部分人均不大信任他国的司法制度，因为，他们认为自己在他国通过法院的诉讼程序起诉该国的企业，很有可能会受到不公待遇。而仲裁的执行难与对他国司法制度的不信任将会极大地挫败国际投资积极性，不利于各国之间的经贸往来，不利于健康的经济发展。2020 年开始，我国大力开展优化营商环境也是为了更好地吸引外国投资，而法院的执行问题是其中的关键环节。[2]

---

〔1〕《纽约公约》（1958 年）第 1 条；《中华人民共和国仲裁法》（1994 年）第 72 条，《中华人民共和国民事诉讼法》（2017 年）第 283 条；《韩国仲裁法》（2016 年）第 39 条，《韩国民事诉讼法》（2017 年）第 217 条；U. S. Federal Arbitration Act, 9 U. S. C. § 201；Singapore International Arbitration Act（2002），Article 29.

〔2〕《优化营商环境条例》（2020 年）。

最终，为了更有效地承认和执行仲裁裁决，也为了促进国际贸易的顺利进行，许多国家均同意适用有利于承认和执行仲裁裁决的国际公约，[1]以此提高仲裁裁决的执行。

败方：

对于国际商事仲裁的败方而言，经过跌宕起伏的仲裁程序，最终还是败下阵来。说实话，纠纷走到了这里，败方所能做的已经很有限了。但是，败方还是会抱有一线希望。

此时，败方握有挑战仲裁裁决的两种方式：第一种是在仲裁地的法院对仲裁裁决提起撤销仲裁裁决的申请；[2]第二种是于胜方在败方的财产所在地的法院申请承认和执行仲裁裁决的时候，向法院提出拒绝承认和执行仲裁裁决的抗辩。[3]

那么，败方能否力挽狂澜，挽回败局？希望还是比较渺茫的。但是，通过这种程序，败方还可以与胜方达成和解或调解，以便将自己的损失降到最低。而且，通过这种挑战仲裁裁决的程序，也会让胜方客观地认识到真正要完成对仲裁裁决的全部执行不仅需要时间，还需要金钱和精力。这些多重因素有可能会促使胜方和败方心平气和地来到谈判桌前，客观地讨论真正有效的解决方式。

胜方与败方再次协商时，在仲裁上败下阵的败方的侥幸心理已经大打折扣，而在仲裁当中取胜的胜方前期高傲的期望可能也现实了很多。在这种背景下，双方可以更理智、更现实、更合理地拿出一个解决问题的有效方案，真正实现双赢。

第二节　胜方最关心的问题——承认和执行仲裁裁决

一国法院的民事判决带有很强的该国主权色彩。因此，一个国

---

〔1〕　主要就是《纽约公约》（1958 年）。
〔2〕　《中华人民共和国仲裁法》（1994 年）第 58 条。
〔3〕　《纽约公约》（1958 年）第 5 条；《中华人民共和国仲裁法》（1994 年）第 63 条、第 71 条。

家基于自身的主权保护，都不愿意承认和执行其他国家的司法机关出具的法院判决。但是，国际商事仲裁作为国际商事活动中解决纠纷的有效手段，从仲裁机构的设立到仲裁员的组成均带有很强的中立、客观、非国家公权力机构的色彩。因此，在1958年《承认和执行外国仲裁裁决公约》（以下称《纽约公约》）对国际仲裁裁决的保驾护航下，有越来越多的国际商事纠纷当事人愿意通过国际商事仲裁（而非一国法院的司法判决）解决纠纷。

截至2020年2月份，包括中国在内，有161个国家是《纽约公约》的缔约国。[1]《纽约公约》要求缔约国的法院承认和执行当事人之间的仲裁协议和仲裁机构出具的仲裁裁决。《纽约公约》的存在使得国际商事仲裁的当事人可以事先确定，如果他们在国际商事仲裁中获胜，他们的仲裁裁决将获得《纽约公约》缔约国的救济与保护。选择仲裁而非诉讼解决纠纷的最主要的理由也是国际商事仲裁裁决的可执行性远强于一国法院的民事判决。

《纽约公约》第3条规定，各缔约国应承认仲裁裁决具有拘束力，并按照符合《纽约公约》规定的本国法律予以执行。[2]虽然"承认"和"执行"这两个术语往往会被同时使用，但是，它们的含义是不一样的。[3]当"承认"仲裁裁决时，法院承认该仲裁裁决是有效的，并具有约束力。同时，仲裁裁决中确定的事项将在"承认"仲裁裁决的缔约国具有排除效力。同时，被承认的仲裁裁决确定的事项可以作为其他诉讼或仲裁中的抗辩事项。仲裁裁决一旦获得法院的"承认"，申请人便可以利用执行法院的公权力对被申请人的财产采取诸如查封、扣押、冻结等限制措施，以此最终获得救济。[4]

被法院"承认"的仲裁裁决在该法院的缔约国具有了正式的法

---

〔1〕 http://www.newyorkconvention.org/list+of+contracting+states.

〔2〕《纽约公约》（1958年）第3条。

〔3〕 我国也是区分国际商事仲裁裁决的承认和执行。《最高人民法院关于适用〈中华人民共和国民事诉讼法〉的解释》（2015年）第546条。

〔4〕《中华人民共和国民事诉讼法》（2017年）第三编"执行程序"。

律地位，因此，该仲裁裁决所确定的事项通常不能再次通过诉讼或仲裁进行审理。[1]假设在仲裁中获胜的一方是被申请人，仲裁裁决只是简单地认定被申请人不承担任何法律责任，被申请人可能也希望缔约国对该仲裁裁决予以"承认"，以便在其他法院或仲裁庭进行的诉讼或仲裁中，驳回对方当事人对其提起的相同事实的索赔请求。

如果仲裁裁决认定被申请人（败方）对申请人（胜方）承担赔偿责任，但是被申请人却迟迟不支付或明确拒绝支付仲裁裁决的金额，胜方可以在败方的财产所在地的法院寻求对仲裁裁决的"承认"和"执行"。在某些司法管辖区，仲裁裁决必须首先得到"承认"，申请人才可以申请"执行"仲裁裁决的法院行使公权力，强制执行仲裁裁决。根据《最高人民法院关于适用〈中华人民共和国民事诉讼法〉的解释》第546条的规定，外国仲裁裁决，需要中华人民共和国法院执行的，当事人应当先向人民法院申请承认。人民法院经审查，裁定承认后，再根据《中华人民共和国民事诉讼法》第三编的规定予以执行。当事人仅申请承认而未同时申请执行的，人民法院仅对应否承认进行审查并作出裁定。[2]

一、承认和执行仲裁裁决的管辖

当胜方在《纽约公约》的一缔约国申请对于仲裁裁决的承认和执行时，败方的财产处在该缔约国的事实本身通常就足以为承认和执行仲裁裁决提供法院的管辖基础。

在中国大陆地区，不存在基于属人管辖权或"不方便法院"原则[3]而拒绝承认和执行仲裁裁决的情形。《中华人民共和国民事诉讼法》第283条明确规定，当事人可直接向被执行人住所地或者其财产所在地的中级人民法院申请承认和执行仲裁裁决。[4]

---

[1] Gary B. Born, *International Commercial Arbitration*, 3732, 3732~3733 (2d ed. 2014).

[2] 《最高人民法院关于适用〈中华人民共和国民事诉讼法〉的解释》（2015年）第546条。

[3] Forum Non Conveniens.

[4] 《中华人民共和国民事诉讼法》（2017年）第283条。

然而，在美国，一些法院拒绝承认和执行外国仲裁机构出具的仲裁裁决，其理由就是法院对被申请人不享有属人管辖权，或者根据"不方便法院"原则，拒绝承认和执行外国仲裁裁决。

在"Base Metal Trading Ltd. 诉 OJSC 'Novokuznetsky Aluminum Factory'案"[1]（以下称"Base Metal 案"）中，美国联邦第四巡回上诉法院认定其对该案没有属人管辖权。因为，被认定为管辖权基础的被申请人的财产与申请人的仲裁事由无关。相比之下，在"Glencore Grain Rotterdam B. V. 诉 Shivnath Rai Harnarain Co. 案"[2]（以下称"Glencore 案"）中，美国联邦第九巡回上诉法院认定，不仅仅是与申请人仲裁事由相关的财产，任何被申请人的财产都可以成为法院行使属人管辖权的基础。

一些专家学者批评"Base Metal 案"的法院判决是错误的。美国联邦第四巡回上诉法院基于《纽约公约》拒绝承认仲裁裁决违反了美国在《纽约公约》下的条约义务。[3]根据美国法律，比起在诉讼中根据案情确定案件的司法管辖权的标准，承认和执行仲裁裁决的司法管辖权的标准应当更为宽松。因此，在"Base Metal 案"中，根据《纽约公约》的规定，法院应当就承认和执行外国仲裁裁决行使管辖权。

在美国，根据《纽约公约》承认和执行仲裁裁决的另一个障碍是"不方便法院"原则。该原则源于法院固有的权力。[4]法院认定存在比自己更为适合行使管辖权的另一个替代法院，并且，法院认为存在公共或私人利益，使得仲裁裁决更有必要在另一个替代法院被承认和执行时，基于"不方便法院"原则，法院就会拒绝承认和

---

〔1〕 Base Metal Trading Ltd. v. OJSC "Novokuznetsky Aluminum Factory", 283 F. 3d 208（2002）, cert. denied, 537 U. S. 822（2002）.

〔2〕 Glencore Grain Rotterdam B. V. v. Shivnath Rai Harnarain Co. , 284 F. 3d 1114（2002）.

〔3〕 William W. Park & Alexander A. Yanos, "Treaty Obligations and National Law: Emerging Conflicts in International Arbitration", 58 Hastings L. J. 251, 279~281（2006）.

〔4〕 Monegasque de Reassurances v. Nak Naftogaz of Ukraine and State of Ukraine 311 F. 3d 488, 498（2002）.

执行仲裁裁决。

尽管这一原则不应成为拒绝承认和执行《纽约公约》下的仲裁裁决的正当理由，但在"Monegasque de Reassurances 诉 Nak Naftogaz of Ukraine and State of Ukraine 案"（以下称"Monegasque 案"）中，美国联邦第二巡回上诉法院以"不方便法院"原则为由，支持了地方法院拒绝承认或执行仲裁裁决的裁定。虽然，基于"不方便法院"原则拒绝承认和执行仲裁裁决的案件相对罕见，但是，在"Monegasque 案"中，"不方便法院"的理由可能是相对合理的。因为，涉及该案的答辩在很大程度上取决于如何解释乌克兰的法律规定。美国法院认为，比起自己，乌克兰法院可以更方便地做出这一判断。

几年之后，在审理"Figueiredo Ferraz Consultoria e Engenharia de Projeto Ltda 诉 Republic of Peru 案"（以下称"Ferraz 案"）时，美国联邦第二巡回上诉法院就压根没有重新审查法院之前在"Monegasque 案"中作出的裁定是否正确，而是直接指示地方法院以"不方便法院"为由驳回承认和执行仲裁裁决的申请。[1]强烈反对"Ferraz 案"判决的意见认为适用《纽约公约》的规定承认和执行仲裁裁决不应受到诸如"不方便法院"原则等理由的限制，并引用了美国法律研究所[2]的观点，主张在适用《纽约公约》的规定承认和执行仲裁裁决的案件中，就不应适用"不方便法院"原则。[3]

一些法院以"不方便法院"原则为由拒绝承认和执行仲裁裁决的事实表明，如果在美国适用《纽约公约》寻求对仲裁裁决的承认和执行，最为明智的选择就是，当事人在仲裁条款中事先解决这一问题。纽约市律师协会国际商事纠纷委员会[4]建议，当事人可以在

---

〔1〕 Figueiredo Ferraz Consultoria E. Engenharia de Projeto Ltda. v. Republic of Peru，665 F. 3d 384（2d Cir. 2011）.

〔2〕 American Law Institute.

〔3〕 Restatement of the Law Third，The U. S. Law of International Commercial Arbitration，Tentative Draft No. 2（2012），§ 4-29（a）.

〔4〕 The International Commercial Disputes Committee of the Association of the Bar of the City of New York.

仲裁协议中约定，当事人同意承认和执行任何仲裁机构出具的任何仲裁裁决，并放弃对承认和执行仲裁裁决的申请提出任何基于对其个人或财产缺乏管辖权或基于"不方便法院"原则的抗辩。[1]

二、承认和执行仲裁裁决的程序

在大部分情况下，缔约国都将适用本国的法律法规进行承认和执行仲裁裁决的程序，因此，承认和执行仲裁裁决的程序因管辖地区的不同而有所不同。[2]但是，适用《纽约公约》申请承认和执行的仲裁裁决，不应比承认和执行[3]国内仲裁裁决附加更加苛刻的条件或收取过多的费用。[4]

《纽约公约》唯一具体的规定是，申请承认和执行的一方当事人必须向法院提供仲裁裁决的正本或经公证的副本，[5]以及仲裁协议的正本或经公证的副本。[6]此外，如果仲裁裁决或仲裁协议使用的语言与承认和执行仲裁裁决的管辖法院地区使用的语言不同，申请人必须提供经公证的翻译件。[7]

虽然承认和执行仲裁裁决的程序因管辖法院地区不同而有所不同，但是，通常与该缔约国执行国内法院判决的程序相似。中国大陆地区对承认和执行外国仲裁机构的仲裁裁决的程序没有特别规定，但是，只要是承认了外国仲裁机构的仲裁裁决，其执行就是参照执行国内法院判决的程序进行。根据《最高人民法院关于适用〈中华人民共和国民事诉讼法〉的解释》第546条的规定，对外国仲裁机

---

〔1〕 15 Am. Rev. Int'l Arb. 407, 411 (2004).

〔2〕 《纽约公约》（1958年）第3条。

〔3〕 我国对于国内仲裁机构出具的仲裁裁决，只存在对仲裁裁决的执行，而不存在承认程序。

〔4〕 《纽约公约》（1958年）第3条。

〔5〕 在我们国家进行国际仲裁裁决的承认和执行时，最好是提供原件或经公证认证的复印件。《纽约公约》（1958年）第4条。

〔6〕 在我们国家进行国际仲裁裁决的承认和执行时，最好是提供原件或经公证认证的复印件。《纽约公约》（1958年）第4条。

〔7〕 在我们国家进行国际仲裁裁决的承认和执行时，最好是提供原件或经公证认证的复印件。《纽约公约》（1958年）第4条。

构的仲裁裁决，需要中华人民共和国法院执行的，当事人应当先向人民法院申请承认。人民法院经审查，裁定承认后，再根据《中华人民共和国民事诉讼法》第三编有关执行程序的规定予以执行。当事人仅申请承认而未同时申请执行的，人民法院仅对应否承认仲裁裁决进行审查并作出裁定。[1]对于承认和执行外国仲裁裁决的案件，人民法院应当组成合议庭进行审查。人民法院应当将申请书送达被申请人。被申请人可以陈述意见。人民法院经审查作出裁定，而上述裁定一经送达即发生法律效力。[2]

在此要特别注意的是，中国包含中国内地（大陆）、香港特别行政区、澳门特别行政区及台湾省。因此，中国内地（大陆）与香港特别行政区、澳门特别行政区及台湾省不适用国与国之间签订的国际公约，自然而然，彼此之间也不适用以国家为主体签署的《纽约公约》的规定。对于香港特别行政区、澳门特别行政区及台湾省的仲裁机构出具的仲裁裁决，适用中国内地（大陆）与香港特别行政区、澳门特别行政区及台湾省签订的特别规定，在中国内地（大陆）申请认可与执行仲裁裁决[3]，而非承认和执行仲裁裁决。

三、承认和执行仲裁裁决的范围

1986 年 12 月 2 日，中国第六届全国人民代表大会常务委员会第十八次会议正式批准了国务院关于加入 1958 年《承认和执行外国仲裁裁决公约》（《纽约公约》）的议案，该公约于 1987 年 4 月 22 日起在中国生效，从此，中国正式成为《纽约公约》的缔约国。《纽约公约》明确规定其适用于申请承认和执行的国家以外的国家作出

---

〔1〕《最高人民法院关于适用〈中华人民共和国民事诉讼法〉的解释》（2015 年）第 546 条。

〔2〕《最高人民法院关于适用〈中华人民共和国民事诉讼法〉的解释》（2015 年）第 548 条。

〔3〕《最高人民法院关于内地与香港特别行政区相互执行仲裁裁决的安排》（2000 年）、《最高人民法院关于香港仲裁裁决在内地执行的有关问题的通知》（2009 年）、《最高人民法院关于内地与澳门特别行政区相互认可和执行仲裁裁决的安排》（2007 年）、《最高人民法院关于认可和执行台湾地区仲裁裁决的规定》（2015 年）。

的仲裁裁决。但是，《纽约公约》也适用于被申请承认和执行的法院认为是"非国内"的仲裁裁决。[1]因为，《纽约公约》没有对"非国内"作出定义，该定义必须由每个缔约国自行作出。[2]大多数国家只执行根据《纽约公约》在外国仲裁机构作出的仲裁裁决。

在我国，判断一个仲裁裁决是国内裁决还是国外裁决是由判断仲裁机构所在地决定的。因此，在 2009 年，对于处在法国的国际商会（ICC）在中国大陆地区进行仲裁审理后出具的仲裁裁决，宁波市中级人民法院判定为"非国内"的仲裁裁决。最终，在 2009 年 12 月，中国法院承认和执行了该仲裁裁决。[3]

但是，在实践当中，除非仲裁裁决是由处在中国大陆地区以外的仲裁机构作出，否则中国大陆地区的法院一般将拒绝承认和执行涉外的仲裁裁决。因此，多一事不如少一事，如果确实要在外国仲裁机构（比如 ICC、SIAC 及 LCIA）进行仲裁，并希望在中国大陆地区顺利地获得法院的承认和执行，那么，审理仲裁的时候就不要在中国大陆地区进行审理，去法国、新加坡或伦敦进行审理就可以了。

《纽约公约》允许缔约国对《纽约公约》的适用范围采取两项保留。

第一项保留是互惠原则。[4]缔约国可以规定，《纽约公约》只适用于在另一缔约国领土内的仲裁机构作出的裁决。因此，如果在一个对互惠原则作出保留的缔约国（A 国）申请了仲裁裁决的承认和执行，而涉案的仲裁裁决是由一个非缔约国（B 国）的仲裁机构出具的，那么，即便双方仲裁当事人的营业地点都设在缔约国，A 国的法院也完全可以拒绝承认和执行 B 国的仲裁机构出具的仲裁裁

---

〔1〕 《纽约公约》（1958 年）第 1 条。

〔2〕 UNCITRAL Secretariat Guide on the Convention on the Recognition and Enforcement of Foreign Arbitral Awards, 23（2016 ed.）.

〔3〕 学术当中，对于国际商会在中国作出的仲裁裁决是"外国仲裁"还是"非国内仲裁"还是存在分歧。参见《ICC 在我国作成裁决的承认与执行》。

〔4〕 《纽约公约》（1958 年）第 1 条第 3 项。

决。包括中国在内的约有半数以上的缔约国均做出了这一保留。[1]

重要的是，缔约国的公民身份和所在地都不是适用《纽约公约》的决定性依据。仲裁机构的地点才是最重要的判断依据。因此，在起草仲裁条款时，可以通过选择一个缔约国境内的仲裁机构的方式，避免抵触互惠原则。

第二个保留是一个缔约国可以声明，不论是否是合同关系，根据该国法律，只有当涉案法律关系被认定为商事法律关系时，该国才会对因该法律关系而产生的仲裁裁决适用《纽约公约》，进而承认和执行仲裁裁决。包括中国在内的至少 44 个国家已经做出此项声明。[2]

这就意味着，只有当涉案法律关系被缔约国的法律认定为商事纠纷时，才会适用《纽约公约》。然而，《纽约公约》并没有对"商事"一词作出一个明确的定义。所以，承认和执行仲裁裁决的缔约国的法律决定何为"商事"。[3]在诸多缔约国之间，对"商事"的含义似乎没有一个统一的理解。但是，一般而言，刑事纠纷和婚姻家庭纠纷（如离婚、监护和收养以及遗嘱等纠纷），都不会被认定为商事纠纷。

第三节　败方最关心的问题——撤销仲裁裁决与拒绝承认和执行仲裁裁决

败方申请撤销仲裁裁决与败方提出拒绝承认和执行仲裁裁决的抗辩之间是有区别的。通过撤销申请而对仲裁裁决提出的挑战发生在仲裁地的法院，败方试图根据仲裁地的仲裁法所规定的法定理由

---

〔1〕　我们国家也做出了基于互惠原则的保留。http://www.newyorkconvention.org/list+of+contracting+states.

〔2〕　《纽约公约》（1958 年）第 1 条第 3 项。

〔3〕　我们国家也做出了基于商事关系的保留。http://www.newyorkconvention.org/list+of+contracting+states.

申请撤销仲裁裁决。相反，拒绝承认和执行仲裁裁决的抗辩可以发生在胜方寻求承认和执行仲裁裁决的任何司法管辖区。在这一点上，只要执行国是《纽约公约》的缔约国，被强制执行的败方就有机会根据《纽约公约》第 5 条有限的例外情形来试图阻止仲裁裁决的强制执行。

根据国内法对仲裁裁决提出撤销申请的法定理由往往与《纽约公约》第 5 条规定的拒绝承认和执行仲裁裁决的理由非常相似。因此，对仲裁结果不满意的一方当事人至少有两种方法可以挑战仲裁裁决：第一种方式是，在仲裁地的法院提起撤销仲裁裁决的申请；第二种方式是，在胜方向败方的财产所在地法院申请承认和执行仲裁裁决时，在法院提起拒绝承认和执行仲裁裁决的抗辩。[1]

仲裁机构所在地的法院对仲裁程序享有监督管辖权，以此来杜绝仲裁机构及仲裁员的腐败问题，并确保仲裁机构以公平、公正的方式进行仲裁程序。因此，仲裁机构出具仲裁裁决后，最常见的败方挑战仲裁裁决效力的第一种方式是向仲裁地的法院提起"撤销仲裁裁决"的申请。[2]

要特别注意的是，与在法院进行撤销仲裁裁决的申请不同，欧洲仲裁法院采用了一个有趣的方法，那就是对于原先的仲裁裁决，败方可以向由 3 名仲裁员组成的仲裁庭提出上诉。但是，如果要提出上诉，败方必须先将仲裁裁决认定的金额预存到仲裁机构指定的银行。因此，如果仲裁裁决在上诉时没有被撤销，裁决金额将被立即支付给胜方。[3]根据《华盛顿公约》的规定，在 ICSID 进行的国际投资争端相关的仲裁，仲裁裁决的败方只能向 ICSID 的撤销临时

---

〔1〕 本案是在我国法院进行的典型的不予承认和执行外国仲裁裁决的裁定。https://www.chinacourt.org/article/detail/2017/08/id/2981751.shtml.

〔2〕 在我国就是在仲裁委员会所在地中级人民法院提起。《中华人民共和国仲裁法》（1994 年）第 58 条。对位于北京的中国国际经济贸易仲裁委员会出具的仲裁裁决的撤销申请，申请人可在北京市第四中级人民法院进行。在韩国也是在法院提起撤销仲裁裁决的申请（《韩国仲裁法》（2016 年）第 36 条）。在新加坡也是在法院提起撤销裁决的申请（Singapore International Arbitration Act〔2002〕，Article 24）.

〔3〕 Arbitration Rules of The European Court of Arbitration（2015），Article 28.

委员会仲裁庭提起仲裁，以此申请上诉。[1]如果第二个仲裁庭（撤销临时委员会）撤销了原先出具的仲裁裁决，任何一方当事人都可以要求 ICSID 另组一个仲裁庭，再次审理国际投资仲裁争端事项，并出具仲裁裁决。[2]

　　然而，在由国际商事纠纷引起的大多数国际商事仲裁中，一般都是由仲裁地的法院审理对仲裁裁决的挑战。败方可以根据程序或公共政策等理由申请撤销仲裁裁决。如果败方再一次在撤销仲裁裁决申请上失败，败方仍有一个拒绝执行的方式。那就是当胜方向败方的财产所在地法院申请承认和执行仲裁裁决的时候，败方可以在法院提起拒绝承认和执行仲裁裁决的抗辩。[3]

---

　　[1]　《华盛顿公约》第 52 条。

　　[2]　《华盛顿公约》第 55 条。

　　[3]　在中国大陆地区，对于外国仲裁机构出具的仲裁裁决，根据《纽约公约》第 5 条的规定，拒绝承认和执行。

　　第五条（拒绝承认和执行）

　　一、裁决仅在受裁决援用的一方当事人向申请承认及执行地的主管机关提出证据证明有下列情形之一时，才可以根据该当事人的请求拒绝承认和执行：（甲）第二条所提到的协议的当事人根据对其适用的法律处于某种无行为能力情形，或根据当事人约定的准据法协议无效，或未约定准据法时，依裁决地所在国法律协议无效；或

　　（乙）作为裁决执行对象的当事人没有收到关于指定仲裁员或仲裁程序的适当通知，或由于其他情况而不能申辩案件；或

　　（丙）裁决涉及仲裁协议所没有提到的，或者不包括仲裁协议规定之内的争议，或者裁决含有对仲裁协议范围以外事项的裁定。但如果仲裁协议范围以内的事项可以和仲裁协议范围以外的事项分开，则裁决中关于提交仲裁事项的部分决定可以承认及执行；或

　　（丁）仲裁庭的组成或仲裁程序与当事人间协议不符，或当事人间没有协议时同仲裁地所在国法律不符者；或

　　（戊）裁决对当事人尚无拘束力，或裁决已经由作出裁决的国家或据其法律作出裁决的国家的有权机关撤销或者停止执行。

　　二、被请求承认和执行地所在国的主管机关如果查明有下列情形之一，也可以拒不承认和执行仲裁裁决：

　　（甲）依据该国法律，争议事项不能以仲裁解决；

　　（乙）承认或执行裁决违反该国公共政策。

　　在中国大陆地区，对于国内仲裁机构出具的涉外仲裁裁决，根据《中华人民共和国民事诉讼法》第 274 条的规定，申请不予执行。

　　第二百七十四条　对中华人民共和国涉外仲裁机构作出的裁决，被申请人提出证据证明仲裁裁决有下列情形之一的，经人民法院组成合议庭审查核实，裁定不予执行：

　　（一）当事人在合同中没有订有仲裁条款或者事后没有达成书面仲裁协议的；

　　（二）被申请人没有得到指定仲裁员或者进行仲裁程序的通知，或者由于其他不属于

　　仲裁地的法院有时可能会撤销仲裁裁决，申请承认和执行仲裁裁决的法院也可能拒绝承认和执行仲裁裁决，但这些都是偶然事件。在大多数情况下，败方挑战仲裁裁决的难度是相当大的。因为，成功挑战仲裁裁决的理由屈指可数。

　　不仅如此，试想一下，当事人是付出了极大的时间及金钱才最终获得了仲裁裁决的，如果随意撤销仲裁裁决，那么仲裁裁决的公信力将不复存在。因此，对仲裁裁决有不同意见的一方当事人，必须在规定的期限内迅速申请撤销仲裁裁决。在中国是 6 个月，[1]在韩国是 3 个月，[2]在新加坡也是 3 个月。[3]

（接上页）被申请人负责的原因未能陈述意见的；

　　（三）仲裁庭的组成或者仲裁的程序与仲裁规则不符的；

　　（四）裁决的事项不属于仲裁协议的范围或者仲裁机构无权仲裁的。

　　人民法院认定执行该裁决违背社会公共利益的，裁定不予执行。

　　在中国大陆地区，对于国内仲裁机构出具的国内仲裁裁决，根据《中华人民共和国民事诉讼法》第 237 条的规定，申请不予执行。

　　第二百三十七条　对依法设立的仲裁机构的裁决，一方当事人不履行的，对方当事人可以向有管辖权的人民法院申请执行。受申请的人民法院应当执行。

　　被申请人提出证据证明仲裁裁决有下列情形之一的，经人民法院组成合议庭审查核实，裁定不予执行：

　　（一）当事人在合同中没有订有仲裁条款或者事后没有达成书面仲裁协议的；

　　（二）裁决的事项不属于仲裁协议的范围或者仲裁机构无权仲裁的；

　　（三）仲裁庭的组成或者仲裁的程序违反法定程序的；

　　（四）裁决所根据的证据是伪造的；

　　（五）对方当事人向仲裁机构隐瞒了足以影响公正裁决的证据的；

　　（六）仲裁员在仲裁该案时有贪污受贿，徇私舞弊，枉法裁决行为的。

　　人民法院认定执行该裁决违背社会公共利益的，裁定不予执行。

　　裁定书应当送达双方当事人和仲裁机构。

　　仲裁裁决被人民法院裁定不予执行的，当事人可以根据双方达成的书面仲裁协议重新申请仲裁，也可以向人民法院起诉。

　　〔1〕《中华人民共和国仲裁法》（1994 年）第 59 条：当事人申请撤销裁决的，应当自收到裁决书之日起 6 个月内提出。

　　〔2〕《韩国仲裁法》（2016 年）第 36 条：③，중재판정 취소의 소는 중재판정의 취소를 구하는 당사자가 중재판정의 정본을 받은 날부터 또는 제34조에 따른 정정·해석 또는 추가판정의 정본을 받은 날부터 3개월 이내에 제기하여야 한다.

　　〔3〕 International Arbitration Act（2002），Article 24，UNCITRAL MODEL LAW ON IN-TERNATIONAL COMMERCIAL ARBITRATION Article 34（3），An application for setting aside may not be made after three months have elapsed from the date on which the party making that application had received the award or, if a request had been made under Article 33, from the date on which that request had been disposed of by the arbitral tribunal.

就撤销仲裁裁决而言，对于律师来说，撤销仲裁裁决并不是一件容易的事情。不仅撤销仲裁裁决的理由非常有限，而且对作出最终有约束力裁决的仲裁庭进行二次审理也存在司法上的阻力。如果不存在仲裁程序的缺陷或仲裁员的行为中存在实质性缺陷的证据，撤销仲裁裁决确实是一件比较有难度的工作。

就拒绝承认和执行仲裁裁决而言，《纽约公约》是最成功的国际性公约之一。《纽约公约》的存在促使国际商事仲裁成为解决商事纠纷的首选方案。当事人愿意参与国际商事仲裁，就是因为他们对仲裁裁决的承认和执行充满信心。如果其获得了有利的仲裁裁决，便几乎可以在世界上任何一个能找到败方资产的缔约国申请承认和执行仲裁裁决。

一、撤销仲裁裁决

（一）撤销仲裁裁决的事由

因为仲裁裁决是一裁终局的，并且对当事人具有约束力，在大多数司法管辖区，仲裁员即便犯了法律或事实上的错误，当事人也没有机会进行挽救。相反，当事人只能根据少数有限的理由提出撤销仲裁裁决的申请。一般是管辖撤销仲裁裁决案件的法院所处国的仲裁法律规定了可适用于撤销仲裁裁决审理的理由。[1]

基于以下四种情形，仲裁裁决有可能在仲裁所在地的法院受到撤销仲裁裁决的挑战：第一，仲裁裁决可能因管辖权的理由而受到

---

[1] 《中华人民共和国仲裁法》（1994 年）第 58 条规定：当事人提出证据证明裁决有下列情形之一的，可以向仲裁委员会所在地的中级人民法院申请撤销裁决：

（一）没有仲裁协议的；

（二）裁决的事项不属于仲裁协议的范围或者仲裁委员会无权仲裁的；

（三）仲裁庭的组成或者仲裁的程序违反法定程序的；

（四）裁决所根据的证据是伪造的；

（五）对方当事人隐瞒了足以影响公正裁决的证据的；

（六）仲裁员在仲裁该案时有索贿受贿，徇私舞弊，枉法裁决行为的。

人民法院经组成合议庭审查核实裁决有前款规定情形之一的，应当裁定撤销。

人民法院认定该裁决违背社会公共利益的，应当裁定撤销。

挑战，即不存在有效和有约束力的仲裁协议，或仲裁庭裁定的索赔事项超过了其职权范围。第二，仲裁裁决可能会因程序性的理由而受到挑战，例如未能给予当事人平等的阐述意见的机会。第三，极为罕见的是，仲裁裁决可能会因实体法原因而受到挑战。第四，法院可以依职权以违反社会公共利益为由挑战仲裁裁决。

1. 基于管辖权的撤销

基于管辖权而对仲裁裁决的挑战主要分两种：第一种是以仲裁协议不存在为由，申请撤销仲裁裁决；第二种是以越权仲裁为由，申请撤销仲裁裁决。

第一种：无仲裁协议。[1]

无仲裁协议意味着当事人之间不存在通过仲裁解决纠纷的合意，仲裁机构也就对纠纷事项无管辖权。当然，没有管辖权却出具了仲裁裁决，并且走到撤销仲裁裁决的程序本身就有点奇怪。可见，除非被申请人压根就没有参加仲裁程序并提出了无仲裁协议的抗辩，而这样的案子显然不会很多。并且，这种主张通常应在仲裁程序开始时就要提出，而不是在仲裁裁决作出后提出。

在一些国家，如果一方当事人在仲裁开始时不提出有关管辖权的质疑，就可能会丧失之后提出质疑的权利。[2]因此，如果一方当事人在参与仲裁程序后，等到仲裁裁决出具才到法院主张不存在仲裁协议，其很可能已经失去了挑战仲裁裁决的机会。例如，在中国，如果在仲裁程序中当事人没有对仲裁协议的效力提出异议，在仲裁裁决作出后，以仲裁协议无效为由主张撤销仲裁裁决的，法院不予支持。[3]

并且，对当事人来说，以不参加仲裁程序的方式抵制仲裁也是不可取的，因为，即使允许不参加仲裁的当事人提出有关管辖权的

---

[1]《韩国仲裁法》（2016 年）第 36 条：②1 가.

[2] English Arbitration Act of 1996, § § 31, 73.

[3]《最高人民法院关于适用〈中华人民共和国仲裁法〉若干问题的解释》（2006 年）第 27 条。

质疑，仲裁裁决最终还是很有可能在法院进行强制执行。[1]因此，在大多数情况下，当事人最好在仲裁程序开始时就对管辖权问题提出质疑。

第二种：越权仲裁。[2]

除了以无仲裁协议为由对仲裁裁决提出的挑战外，还存在以仲裁庭裁决的事项不属于仲裁协议的范围或者仲裁庭越权仲裁为由，对仲裁裁决提出的挑战。根据仲裁协议，仲裁庭可能会享有管辖权，但即便如此，仲裁庭也可能作出越权的仲裁裁决。这一挑战理由考虑到了这样一种情况，即仲裁裁决是由一个确实有权处理纠纷的仲裁庭作出的，但该仲裁庭通过处理未提交给它的事项而进行了越权裁定。[3]

例如，法国巴黎上诉法院就裁定，如果一方当事人只要求一定数额的损害赔偿，而仲裁庭的裁决超过了该数额，则仲裁庭的裁决可能已超出其管辖权。[4]如果仲裁庭决定了超出其审理范围的某些问题，或者没有审理摆在其面前的所有问题，则仲裁庭的裁决也有可能受到挑战。在某些情况下，如果法院发现仲裁庭已超出其职权范围进行仲裁，越权仲裁决定的裁决内容可能会从其他仲裁裁决内容当中被割裂开，以便其他裁决事项继续有效。[5]

如果仲裁庭没有审理申请人提交其裁定的所有问题，通常会认为，仲裁庭所审理的问题至少应当是有效的。[6]然而，这也许把问题想得过于简单了。对于仲裁庭没有审理的问题，必须结合整个裁决内容考虑其重要性。例如，不难想象这样一种情况，那就是，仲

---

[1]　Redfern and Hunter on International Arbitration 305, § 5. 120 (6th ed. 2015).

[2]　《韩国仲裁法》（2016年）第36条：②1다。

[3]　Liebscher, *The Healthy Award : Challenge in International Commercial Arbitration* (Kluwer Law International, 2003), ch. V (6).

[4]　Paris Lapeyre v. Sauvate [2001] Rev. Arb. 806.

[5]　Gary B. Born, *International Commercial Arbitration*, 3179～3180 (2d ed. 2014).

[6]　Van Den Berg, *The New York Arbitration Convention* (Kluwer International Law, 1981), p. 318.

裁庭没有审理的问题如此重要，如果审理了被忽视的问题，整个仲裁裁决的平衡就会改变，其结果也会不同。在这种情况下，被影响的一方当事人对整个仲裁裁决享有撤销权似乎是公平的。这种撤销权在许多国家法律制度中都有规定。[1]此外，根据1927年《日内瓦公约》的规定，没有审理所申请仲裁事项似乎是拒绝承认和执行仲裁裁决的理由，但是，在替代《日内瓦公约》的《纽约公约》当中却不存在相关规定。

2. 基于程序法的撤销

仲裁裁决出具后，在现实当中，以管辖权为由对仲裁裁决发出挑战毕竟难度很大，因此，大部分仲裁裁决通常是在程序上受到挑战的。

大多数国家的仲裁法均规定，仲裁程序必须满足某些正当程序的标准。[2]例如，①当事人没有收到适当的通知[3]（如受理案件[4]、仲裁员的选定[5]及开庭的通知[6]），并且，当事人未能够陈述与辩论案件[7]；②仲裁庭组成不符合当事人的约定。[8]而提出挑战的一方当事人应当承担举证责任，以证明存在上述理由。

在公正地进行国际商事仲裁时，必须遵守某些最低的程序标准。这些程序标准的目的是确保仲裁庭的组成合法，仲裁程序符合当事人的仲裁协议，并向当事人发出有关程序、审理和裁决的适当通知。简言之，其目的是确保各方当事人受到平等对待，得到公平的审理，并有适当的机会陈述与辩论各自的案件。

---

〔1〕 The Netherlands Arbitration Act 1986, s. 1065.

〔2〕《中华人民共和国仲裁法》（1994年）第58条第1款第3项；Swiss PILA, Chapter 12, Article 190; U. S. FAA, § 10.

〔3〕《韩国仲裁法》（2016年）第36条：②1 나.

〔4〕《中国国际经济贸易仲裁委员会仲裁规则》（2015年）第13条。

〔5〕《中国国际经济贸易仲裁委员会仲裁规则》（2015年）第26条。

〔6〕《中国国际经济贸易仲裁委员会仲裁规则》（2015年）第37条。

〔7〕《中国国际经济贸易仲裁委员会仲裁规则》（2015年）第35条。

〔8〕《中国国际经济贸易仲裁委员会仲裁规则》（2015年）第25条；《韩国仲裁法》（2016年）第36条②1 라。

然而，我们可能会发现，就一套具体的程序性规则，在执行过程中很难达成一致意见。一些国家的法律体系虽然正确地坚持仲裁各方都必须得到公正的审理，但是，却几乎没有或根本没有具体指导当事人或仲裁庭。在实践中，由法院根据具体案件来决定是否构成公正审理。这可能要求听取当事人的意见，允许他们参加任何口头审理，并由他们选择的代理人提供帮助。不遵守这些程序性规则可能会成为对仲裁裁决提出挑战的理由。然而，对通过程序性理由挑战仲裁裁决的方式，许多国家的法院往往持谨慎态度，因为败方往往会利用这些理由避免执行仲裁裁决。

美国法院认为，在当事人被要求进行口头审理时，未能进行口头审理是违反正当程序的行为，它们承认这是撤销仲裁裁决或根据《纽约公约》拒绝承认和执行仲裁裁决的理由。[1]在欧洲，《欧洲人权公约》第 6（1）条规定："在确定其公民权利和义务或对其提出的任何刑事指控时，每个人都有权在合理时间内由依法设立的独立和公正的法庭进行公正和公开的审理。"而仲裁协议构成对《欧洲人权公约》第 6 条的有效放弃，因为仲裁没有规定公开审理的权利，而且，仲裁庭在第 6 条的意义上不被视为"依法设立的法庭"。[2]基于这些原因，瑞士联邦最高法院认为，第 6 条不适用于仲裁程序。[3]然而，在作出此种判决的同时，法院也认为仲裁庭必须尊重正当程序的基本规则。在"Mousaka 诉 Golden Seagull Maritime 案"[4]中，法院认为，英国的 1998 年《人权法》的触角伸向了一些意想不到的地方。即使在行使仲裁监督规则时，商事法院也受其约束。仲裁协议可以构成对诉诸法院的权利的放弃，但在考虑以违反"正当程序"为由对仲裁裁决提出挑战时，仲裁协议并不意味着全面放弃

---

〔1〕 Parsons Whittemore Overseas Co. Inc. v. Société Générale de l'Industrie du Papier（RAKTA）508 F. 2d 969（2nd Cir. 1974）.

〔2〕 Liebscher, *The Healthy Award*：*Challenge in International Commercial Arbitration*（Kluwer Law International, 2003）, pp. 61ff.

〔3〕 Swiss Federal Supreme Court, 11 June 2001〔2001〕ASA Bulletin 566.

〔4〕 〔2001〕2 Lloyd's Rep 657.

《欧洲人权公约》第 6 条规定的"公平审理"的保证。

因此，当判断仲裁是否根据合法的程序规定进行时，每个国家的法院都会从其本国的特定立场来审理这个问题。这是可以理解的，但是，这也会导致一些问题。因为，仲裁程序可能是由来自不同法律背景、习惯于不同程序和职业道德的律师作为仲裁员进行的。主要仲裁机构的规则本身在应遵循何种程序的问题上含糊不清。

如果仲裁庭的组成和仲裁所采用的程序不符合当事人的仲裁协议或不符合法律规定，则仲裁裁决也有可能受到挑战。举例来说，不遵守当事人关于指定仲裁庭的协议可能包括仲裁员不符合仲裁协议中规定的特定资格的情况；不遵守所需程序可能包括无理由地作出仲裁裁决。如果当事人之间没有就仲裁庭的组成达成具体协议，如果仲裁员是按照适用的仲裁规则或法律规定的方法选出的，则不得提出挑战。同样，如果当事人之间没有就仲裁程序达成协议，如果所遵循的程序是由仲裁庭根据其权力实施的，只要遵守公平审理等正当程序原则就不能提出挑战。但是，如果当事人就仲裁庭的组成或应遵循的程序已有仲裁协议予以约定，则只有在上述仲裁协议与仲裁地法律的强制性规定相冲突时才可无视上述协议。在这种情况下，仲裁庭最好向当事方通报和解释这一冲突，以便当事人在放弃协议的约定之前发表相关意见。

并非所有程序上的违规行为都等于或足以撤销仲裁裁决的理由。在"Chantiers de l'Atlantice SA 诉 Gaztransport & Technigaz SAS 案"[1]中，伦敦商事法院认为，即使仲裁程序中存在欺诈行为，也不一定是撤销仲裁裁决的正当理由。法院认为，Gaztransport 的一名证人故意误导了仲裁庭。然而，尽管法院同意申请人在仲裁程序中存在欺诈行为，但是，法院认为，欺诈性证词并不能证明撤销仲裁裁决的正当性，因为即使向法庭披露了真实情况，这也很可能不会影响仲裁结果。[2]

---

〔1〕 ［2011］EWHC 3383.

〔2〕 ［2011］EWHC 3383, at［369］.

3. 基于实体法的撤销

某种纠纷的仲裁或审理通常包含事实认定与法律适用。而在撤销仲裁裁决的案件审理当中，法院行使考虑事实认定的权限是对仲裁一裁终局的一种限制。因此，是否要把有关判断证据的内容加到撤销仲裁裁决的事由当中还有待商榷。

允许就法律适用问题对仲裁庭的裁决提出挑战的主要理由是：为了公共利益，法律应当是明确的，特别是不同的仲裁庭不应就合同中相同词语的含义和效力作出不同的裁决。然而，就事实认定部分，某个仲裁庭在某一案件中的事实认定很难与公共利益相关，只影响双方当事人的利益。因此，几乎所有的仲裁法都拒绝规定因仲裁庭事实认定问题而提出撤销申请。

《中华人民共和国仲裁法》规定了有关伪造证据或隐瞒证据而撤销仲裁裁决的事由。[1]如果要考虑证据是否是伪造的或隐瞒了足以影响公正裁决的证据，法院就要对实体性事实部分的内容进行审查，而这有可能对仲裁一裁终局的特性产生不利影响。

在美国，一些法院将"明显无视法律"原则作为撤销仲裁裁决的一个非法定理由。[2]这一原则要求一方当事人需证明仲裁员知道并理解法律，但故意无视法律。[3]提出这一主张的当事人都很难出示证据满足这个条件。因为，当事人很难证明一名仲裁员在知道并理解相关法律的前提下故意无视这些法律规定。

不仅如此，各界对上述事由也是众说纷纭，没有一个统一的看法。[4]在"Hall Street Assoc. 诉 Mattel 案"（以下称"Hall Street 案"）中，[5]美国联邦最高法院似乎否决了"明显无视法律"作为撤销仲

〔1〕《中华人民共和国仲裁法》（1994 年）第 58 条第 1 款第 4、5 项。

〔2〕 Jock v. Sterling Jewelers, Docket No. 10-3247, c. v. note 1 (2d Cir. July 1, 2011).

〔3〕 Prudential-Bache, 72 F. 3d 234, 240 (1st Cir. 1995).

〔4〕 Judge Posner's decision in Baravati v. Josephthal, Lyon & Ross, Inc. , 28 F. 3d 704, 706 (7th Cir. 1994).

〔5〕 Hall Street Assoc. v. Mattel, 552 U. S. 576 (2008).

裁裁决事由的主张。[1]但是，在随后的" Stolt-Nielsen SA 诉 Animal Feeds International 案"（以下称"Stolt-Nielsen 案"）中，[2]美国联邦最高法院对否定"明显无视法律"原则产生了动摇。多数大法官主张，最高法院不判断在"Hall Street 案"中的"明显无视法律"原则是独立的抗辩事由，还是作为法院对法律规定的解释。因此，由下级法院自行判断是否适用"明显无视法律"原则。[3]

如果当事人希望通过协议扩大法院对仲裁裁决的审理监督范围，应该怎么办？对于当事人能否通过合意扩大法院对仲裁裁决的审查监督范围，不同的美国法院之间仍然存在意见分歧。[4]然而，在"Hall Street 案"当中，美国联邦最高法院确认，当事人不能通过合意的方式扩大对仲裁裁决的司法审查范围。

4. 基于法院职权的撤销

另外，法院也可以依职权行使对仲裁裁决的撤销权。法院依职权撤销仲裁裁决的理由有以下几点：第一种理由是仲裁的标的不可被仲裁；[5]第二种理由是仲裁裁决违背了社会公共利益。[6]在实践当中，法院很少会适用第一种理由撤销仲裁裁决。因为，现如今很少有事项会被认为是不可仲裁的。法院依职权行使的一般都是第二种理由，即违背社会公共利益。

社会公共利益在不同的司法管辖区有不同的定义，但在大多数情况下，如果一项仲裁裁决违反正义、诚实和公平的基本原则，仲裁裁决很有可能会被法院撤销。因为，腐败、欺诈或缺乏公平正义可被视为违反社会公共利益。就如同一位英国法官在近二百年前发出的警告：公共政策是一匹很难驾驭的马，你一旦骑上它，你就永

---

〔1〕 Hall Street Assoc. v. Mattel, 552 U. S. 576, 586 (2008).

〔2〕 Stolt-Nielsen SA v. Animal Feeds International, 130S. Ct. 1758 (2010).

〔3〕 Stolt-Nielsen SA v. Animal Feeds International, 130S. Ct. 1758, 1768 (2010).

〔4〕 Gateway Tech. Inc. v MCI Telecomms Corporation 64 F. 3d 993 (5th Cir. 1995); Bowen v. Amoco Pipeline Co. 254 F. 3d 925 (10th Cir. 2001).

〔5〕 《韩国仲裁法》（2016 年）第 36 条：②2 가。

〔6〕 《中华人民共和国仲裁法》（1994 年）第 58 条第 3 款；《韩国仲裁法》（2016 年）第 36 条：②2 나；UNCITRAL Model Law, Article 34.

远不知道它会把你带到哪里去。它可能会引导你脱离健全的法律。直到其他观点失败之前，它从来没有被争论过。[1]

在大多数国家，腐败很可能会被视为以违反社会公共利益挑战仲裁裁决的理由。中国对违反社会公共利益与仲裁员的腐败分别进行了规定。当事人提起撤销仲裁裁决申请的事由当中包含了仲裁员腐败的事由；而对法院依职权撤销仲裁裁决的事由仅规定了违反社会公共利益。[2]我们可以理解为，如果存在腐败问题，不仅当事人可以提起撤销仲裁裁决的申请，法院也可以依职权撤销仲裁裁决。《美国联邦仲裁法》明确规定，法院撤销裁决的理由包括：①裁决是通过腐败、欺诈或不正当手段获得的；②仲裁员存在明显的偏袒或腐败；③仲裁员犯有不当行为或其他不当行为，损害任何当事人的合法权利。[3]

对于在欧盟审理的仲裁而言，欧盟的公共政策的概念越来越重要。欧盟法院确认，欧盟成员国在审查仲裁裁决时，不仅要考虑自己的国家公共政策，而且必须考虑欧盟的公共政策。如果能找到"国际公共政策"的可行定义，它将提供一种有效的方法，防止国际仲裁中的裁决因纯粹的国内政策考虑而被撤销。国际公共政策不关心形式问题，也不关心纯粹的国内问题。相反，它将着眼于诚实和公平处理这一更广泛的公共利益。国际法协会国际商事仲裁委员会[4]在其关于公共政策妨碍执行国际仲裁裁决的报告中审查了20世纪后半叶公共政策概念的发展情况。[5]它指出，除了纯粹的国内公共政策，狭义的国际公共政策范畴仅限于违反有关国家法律秩序的真正基本概念。国际法协会确定了"真正的国际性"或"跨国性"

---

〔1〕　Richardson v. Mellish（1824）2 Bing 229, at 252, 〔1824-34〕All ER 258, per Burrough J.

〔2〕　《中华人民共和国仲裁法》（1994 年）第 58 条。

〔3〕　U. S. Federal Arbitration Act, 9 U. S. C. § 10（a）.

〔4〕　The Committee on International Commercial Arbitration of the International Law Association.

〔5〕　ILA, Interim Report on Public Policy as a Bar to Enforcement of International Arbitral Awards（2000）.

公共政策。它认为，公共政策具有普遍适用性，包括自然法基本规则、普遍正义原则、国际公法中的强制法等被所谓的"文明国家"所接受的一般道德原则。[1]这些定义无疑是有益的，但目前仍有待获得广泛接受。

(二) 成功撤销仲裁裁决

假设一方当事人说服仲裁地的法院成功撤销了仲裁裁决，此时，除少数例外情形，仲裁裁决将不再具有法律效力。接下来会发生什么？如果仲裁裁决因为仲裁协议无效而被法院撤销，当事人应能够就相同问题提起法院诉讼。荷兰法律规定，如果仲裁裁决因为缺乏有效的仲裁协议而被撤销，并且法院的上述决定成为最终决定，国家法院对于相关案件的管辖权将自动恢复。[2]但是，仲裁裁决因为其他原因被撤销的，仲裁协议继续有效，除非当事人另有约定。德国法律规定，如果没有任何相反的内容，撤销仲裁裁决将导致仲裁协议再次发生效力。[3]

但是，中国的规定有所不同。仲裁裁决被法院依法裁定撤销的，当事人就该纠纷可以根据双方重新达成的仲裁协议申请仲裁，也可以向法院起诉。[4]可见，在中国，仲裁裁决被撤销就将被自动视为仲裁协议不再生效。而这样的规定是否合理还有待商榷。因为，仲裁裁决被撤销的理由有很多种，不能因为仲裁裁决被撤销了就自动认为当事人之间的仲裁协议不再发生效力。

如果仲裁裁决因为程序上的一些重大瑕疵而被撤销，问题在于是否将案件重新发回仲裁庭？如果是，那么是否将案件发回同一个仲裁庭或另一个仲裁庭？法院可能会更倾向于简化程序，这样当事人就不会重新再走一遍整个仲裁程序，浪费时间和精力。

在撤销仲裁裁决的情况下，大多数法院将尝试选择一种不要求

---

[1]　ILA, Interim Report on Public Policy as a Bar to Enforcement of International Arbitral Awards, pp. 6 and 7 (2000).

[2]　Netherlands Arbitration Law, Article 1067.

[3]　German Arbitration Act, § 1059 (5).

[4]　《中华人民共和国仲裁法》(1994 年) 第 9 条。

双方当事人重新启动仲裁程序的解决方案。这样就不需要在时间和金钱上发生不必要的浪费，也有利于当事人。《英国仲裁法》明确规定，法院不得撤销仲裁裁决或宣布一项仲裁裁决全部或部分无效，除非法院认为将仲裁事项重新发回仲裁庭审理是不适当的。[1]根据我国仲裁法的规定，人民法院在受理撤销仲裁裁决的申请后，认为可以由仲裁庭重新仲裁的，通知仲裁庭在一定期限内重新仲裁，并裁定中止撤销程序。仲裁庭拒绝重新仲裁的，人民法院应当裁定恢复撤销程序。[2]

如果仲裁裁决存在的问题是有关仲裁员的偏见或某种不当行为，那么，合理的结论就是，法院不应将仲裁案件发回给同一个仲裁庭。尽管美国大多数州都通过了《统一仲裁法》，[3]但是，只有不到一半的州通过了修订后的《统一仲裁法》[4]（以下称 RUAA）。[5]

RUAA 于 2000 年颁布，旨在更清楚地规定法院撤销仲裁裁决的结果。根据 RUAA 的规定，如果法院不是因为仲裁协议无效，而是根据其他事由撤销了一项仲裁裁决，法院可以命令重新仲裁。[6]但是，如果仲裁裁决是基于腐败、欺诈、仲裁员的不当行为或偏袒而被撤销的，必须重新组织新的仲裁员进行审理。[7]如果撤销的理由是违反程序，或者仲裁员的行为超出了职权范围，那么，可以由作出仲裁裁决的仲裁员或仲裁员的承继人重新审理。[8]

RUAA 清楚规定了撤销仲裁裁决后，如何处理因此而发生的不同情形？仲裁裁决被撤销后，该案件是否被发回给之前的仲裁庭，或者由新组建的仲裁庭重新审理当事人的仲裁案件，取决于法院所

---

〔1〕　English Arbitration Act of 1996, § 68 (3) (c).

〔2〕　《中华人民共和国仲裁法》（1994 年）第 61 条。

〔3〕　Uniform Arbitration Act.

〔4〕　RUAA: Revised Uniform Arbitration Act.

〔5〕　www. uniformlaws. org/LegislativeFactSheet. aspx? title = Arbitration% 20Act% 20 (2000).

〔6〕　Revised Uniform Arbitration Act, § 23 (c).

〔7〕　Revised Uniform Arbitration Act, § 23 (c).

〔8〕　Revised Uniform Arbitration Act, § 23 (c).

适用的法律规定和仲裁裁决被撤销的理由。

如果基于国家保护主义，一国法院违法撤销仲裁裁决的决定可能会违反该国在双边或多边投资条约下的义务，这反过来又可能为受挫的裁决债权人提供一个通过投资仲裁获得救济的渠道。例如，在"Saipem 诉孟加拉国案"[1]当中，作为东道国的孟加拉国因违法撤销仲裁裁决而对索赔请求人承担了责任。在该案中，ICSID 仲裁庭认为，孟加拉国法院非法干预并最终撤销了 ICC 作出的仲裁裁决。孟加拉国法院根据仲裁庭在接受证据方面作出的某些程序性决定，溯及既往地撤销了该仲裁庭的权力。ICSID 仲裁庭的结论是，ICC 在确定证据的可采性方面完全在其管辖范围内行使了权力，并认定孟加拉国法院滥用了对仲裁程序的监督管辖权。因此，孟加拉国应对非法征收 Saipem 的 ICC 仲裁裁决负责。

二、拒绝承认和执行仲裁裁决

如果败方在撤销仲裁裁决的挑战当中失败了，该怎么办？败方还可以在胜方在败方财产所在地的法院申请仲裁裁决的承认和执行时，对仲裁裁决提出挑战。但是，我们要说，在仲裁程序和撤销仲裁裁决申请当中均失败的败方，基本上已穷途末路，到了奄奄一息的境地，即便对承认和执行仲裁裁决提出挑战，未来可能也很不乐观。为鼓励并支持仲裁裁决的承认和执行，《纽约公约》仅为败方提供了有限的抗辩事由，使败方可以对仲裁裁决发起挑战。不仅如此，执行法院对此也应进行有限解释，不得以败方的抗辩事由为借口，实则进行保护主义。

《纽约公约》第 5 条第 1 款规定了 5 种抗辩事由，第 5 条第 2 款规定了 2 种额外抗辩事由。第 5 条第 1 款的抗辩事由是：第一，无行为能力和仲裁协议无效；第二，缺乏通知或公平；第三，仲裁员越权裁决；第四，仲裁庭或程序不符合双方的协议；第五，仲裁裁

---

[1] Saipem SpA v. People's Republic of Bangladesh, (Award) ICSID Case No. ARB/05/07 (2009).

决尚未具有约束力或已被撤销。第 5 条第 2 款的额外抗辩事由是：第一，缺乏可仲裁性；第二，违反公共政策。[1]

抗辩事由最重要的特点是它们不是基于实体性问题而提出的。根据《纽约公约》的规定，法院不能因为仲裁员在事实认定或法律适用上存在的错误而拒绝执行仲裁裁决。抗辩事由集中在程序性问题上，包括对当事人的公平性和是否给予当事人合理的抗辩机会。有经验的仲裁员进行的仲裁程序不太可能产生被拒绝执行仲裁裁决的情形。事实上，据统计，自愿履行或法院强制执行使得 98% 的国际仲裁裁决得以最终被履行或以其他方式被执行。[2]对于第 5 条第 1 款的任何一项抗辩，主张拒绝执行的被申请人均负有举证责任。对于第 5 条第 2 款所述的 2 项额外抗辩事由，可由执行法院依职权行使。但是，在大部分情形下，这些抗辩事由也是由被申请人提出的。

（一）无行为能力和仲裁协议无效

尽管挑战仲裁裁决的执行而成功的可能性微乎其微，但是，一些败方还是会尽最大努力主张其抗辩事由。因此，了解《纽约公约》规定的抗辩事由是非常有必要的。

《纽约公约》第 5 条第 1 款第 1 项规定了 2 种抗辩事由：①当事人无行为能力；②根据当事人选择的法律，或如果当事人没有选择适用法律则根据仲裁裁决被执行的所在国的法律，涉案的仲裁协议无效。[3]

无行为能力问题可能涉及主权豁免，[4]或仲裁协议是否由无权代表公司的人签署的问题。仲裁协议的无效问题可能就是一个涉及法律形式要求的问题，这种法律可能是当事人选择的法律或仲裁地的法律。一般来说，对于进行仲裁的同意必须是明确的，而且大多数国家的法律均要求仲裁协议采取书面形式。

〔1〕《纽约公约》（1958 年）第 5 条。

〔2〕Gary B. Born, International Commercial Arbitration, 4309 (2d ed. 2014).

〔3〕《纽约公约》（1958 年）第 5 条。

〔4〕Jasper Finke, "Sovereign Immunity: Rule, Comity or Something Else?", 21 Eur. J. Int'l L. 853, 858 (2010).

《纽约公约》第2条规定了书面形式的要求，该条要求缔约国承认书面形式的仲裁协议，并进一步规定，这包括当事人签署的仲裁协议或载于交流的信件或电报当中的仲裁协议。[1]但是，《纽约公约》第2条有关仲裁协议书面形式的要求，是否也应成为《纽约公约》第4条至第7条规定的仲裁裁决的承认和执行的条件？可以说，《纽约公约》第4条中至少有一项书面要求的规定。《纽约公约》第4条规定，为了获得对仲裁裁决的承认和执行，一方必须向法院提供仲裁裁决和仲裁协议的原件或经公证的副本。[2]上述规定从侧面表明仲裁协议必须是书面的。

但是，问题仍然在于，《纽约公约》第2条的书面形式要求是否也适用于根据《纽约公约》确定仲裁裁决可执行性的要求，或是否遵守更为宽松的国内法就能够满足仲裁裁决可执行性的要求。《纽约公约》第5条第1款第1项中所用的"协议"具体指的就是《纽约公约》第2条规定的仲裁协议。[3]因此，为了使仲裁裁决具有可执行性，仲裁协议是否应该是在主合同当中当事人签署的仲裁协议或载于交流信件或电报当中的仲裁协议？还是，即便该仲裁协议不符合《纽约公约》第2条的标准，根据申请执行仲裁裁决的国家的法律法规，该仲裁协议有效的话，仍然可以执行仲裁裁决？

比方说，甲方向乙方发送包含仲裁条款的采购订单（要约）。乙方以向甲方发送货物的方式同意（承诺）了订单内容，但是，双方从未签订书面的仲裁协议。在某些司法管辖区，即便双方没有签订合同或交换文件，仲裁协议仍然是有效的。但是，因为该仲裁协议不符合《纽约公约》第2条的规定，根据该仲裁协议作出的裁决也是很有可能被当事人挑战的。[4]

从《纽约公约》第2条和第5条的相互关系当中，我们可以得

---

〔1〕《纽约公约》（1958年）第2条。

〔2〕《纽约公约》（1958年）第4条。

〔3〕《纽约公约》（1958年）第5条第1款第1项。

〔4〕 Spain, Tribunal Supremo, 16 September, 1996, Actival International, S. A., v. Conservas El Pilas S. A., XXVI Yearbook Commercial Arbitration 528（2002）.

出的合理解释是，第 2 条规定的书面形式是最高标准，即如果满足这个标准，则仲裁协议应当有效。例如，一个缔约国不能规定如果仲裁条款包含在交换的信函中，仲裁条款无效，从而对仲裁协议的有效性提出了更严格的要求。[1]如果第 2 条是最高标准，而不是最低标准，那么，执行法院的国内法应能够规定更为宽松的标准，以判断仲裁协议的有效性。这一解释也符合《纽约公约》的初衷，使仲裁协议和仲裁裁决易于执行。因为，对仲裁协议的有效性采取更为宽松的做法，将使仲裁裁决更容易得到执行。因此，联合国联合国贸易法委员会对于如何解释第 2 条第 2 款的"书面形式"的定义并没有给出穷尽的严格建议，这似乎也符合第 2 条的书面解释和《纽约公约》的立法目的。

根据联合国联合国贸易法委员会的第二项建议，《纽约公约》第 7 条第 1 款的"更有利的权利"规定应适用于仲裁协议和仲裁裁决，这种解释也支持了在执行法院的国家法律下被认定有效的仲裁协议也应被执行的观点。此外，根据执行仲裁裁决的国家的法律或出具仲裁裁决的国家的法律，对于基于认定有效的仲裁协议而出具的仲裁裁决，如果执行法院拒绝执行该仲裁裁决，似乎也违反了《纽约公约》的立法目的。

法院遵循联合国贸易法委员会的建议，将大大提高执行仲裁裁决的可能性，并应尽量避免发生根据形式化的书面要求而拒绝执行仲裁裁决的情形。如果根据执行法院的国家法律，法院将《纽约公约》第 2 条第 2 款的书面文件定义为非穷尽的规定，那么，法院就应认定该仲裁协议有效，并判定第 7 条第 1 款"更有利的权利"条款适用于仲裁协议和仲裁裁决。那么，法院就不应该以仲裁协议不符合第 2 条第 2 款的狭义解释为由，拒绝执行仲裁裁决。

（二）缺乏通知或程序正义

一般来说，法院不会试图对仲裁庭如何处理特定证据，或对证

---

〔1〕　Julian D. M. Lew, Loukas A. Mistelis, Stefan Kröll, Comparative International Commercial Arbitration, 113~114, § 6~39 (2003).

人人数或证词范围如何限制另行审查。但是，仲裁员关于当事人如何陈述案件方式的决定，如果被视为本质上存在程序上的不公正，可能会使法院因当事人在仲裁程序当中被拒绝了正当程序而拒绝执行仲裁裁决。

《纽约公约》第 5 条第 1 款第 2 项的主旨就是，在仲裁审理当中，仲裁庭应当注意形式问题。该条款是要确保正当程序在仲裁审理当中得到体现，使当事人得到公正的审理。如果要使来自不同国家的当事人对仲裁充满信心，就必须以公平、公正的方式进行审理。法院地国法院自然会对什么是"公平审理"有自己的概念。在一起成功适用上述抗辩的案件当中[1]，一家美国公司在被告知无需提交详细的发票之后，其索赔请求被伊朗-美国索赔法庭[2]驳回了。原因是这家美国公司未能提交详细的发票。因此，美国法院拒绝执行针对这家美国公司的仲裁裁决。

德国法院认为，基于当事人或仲裁庭在仲裁程序中没有提出的论点而作出的仲裁裁决，由于当事人没有机会就上述论点发表意见，因此违反了正当程序和当事人的陈述权。[3]在法国法院审理的一起海外矿业投资案件当中[4]，胜诉的索赔请求人没有就仲裁庭认为对其有利的理由提出请求。在这种情况下，法国最高上诉法院认为，法庭未能邀请双方当事人就有关理由发表意见，这违反了正当程序。同样，在"Kanoria and ors 诉 Guinness 案"[5]当中，英国上诉法院裁定，当申请人在审理过程当中提出关键的法律论点时，被申请人因严重疾病无法出席而没有机会陈述其观点。在这种情况下，法院裁定这是一个潜在不公正的极端案件，并决定拒绝执行仲裁裁决。

---

〔1〕　Iran Aircraft Industries v. Avco Corporation 980 F. 2d 141 (2nd Cir. 1992).

〔2〕　https://en. wikipedia. org/wiki/Iran%E2%80%93United_ States_ Claims_ Tribunal.

〔3〕　Liebscher, *The Healthy Award*: *Challenge in International Commercial Arbitration* (Kluwer Law International, 2003), p. 406.

〔4〕　Société Overseas Mining Investments Ltd v. Société Commercial Caribbean Nique, Case No. 08-239011, Paris Cour de Cassation, Ch. 1ere, 25 March 2010.

〔5〕　[2006] EWCA Civ 222, [2006] Arb LR 513.

《纽约公约》第 5 条第 1 款第 2 项规定了拒绝执行仲裁裁决的第二个理由，即没有适当地通知对方当事人或缺乏程序正义。对方当事人必须有机会接收指定仲裁员及仲裁程序的通知。各方当事人还必须有充分的机会在仲裁程序当中主张自己的意见。因此，如果一方当事人没有收到适当的通知，或者仲裁员阻止一方当事人陈述其意见，即如果一方当事人被拒绝了公平的仲裁审理程序，那么仲裁裁决很有可能将不会被法院执行。

（三）仲裁员越权裁决

如果仲裁协议的起草过于狭隘，仅适用于当事人合同中约定的特定纠纷，那么，仲裁庭可能无法就不是从合同中产生的不正当竞争行为出具仲裁裁决。因为，仲裁员的权力来自当事人的合意。根据《纽约公约》的规定，如果仲裁员超出了当事人在仲裁协议中特别赋予仲裁员的权力，由此产生的仲裁裁决将不具有强制执行力。

《纽约公约》第 5 条第 1 款第 3 项规定，如果仲裁庭的仲裁裁决决定了当事人仲裁协议未合意的争议，或仲裁庭出具的仲裁裁决适用于仲裁协议范围以外的事项，仲裁裁决将不被执行。《纽约公约》第 5 条第 1 款第 3 项中的保留条款规定，如果某些仲裁事项超出仲裁协议范围，而某些仲裁事项在仲裁协议范围内，则法院可以承认和执行未超出仲裁协议范围内的裁决事项。

对于仲裁裁决决定了当事人仲裁协议未合意的争议的抗辩，法院几乎总是拒绝接受。[1]德国法院就驳回了仲裁庭裁决了当事人仲裁协议未合意的争议的抗辩。[2]美国联邦哥伦比亚特区上诉法院也驳回了这一抗辩。当事人主张，当事人之间的合同明确排除了有关间接损失的损害赔偿金，但是，仲裁庭就间接损失裁定了相当数额

---

〔1〕　Van Den Berg, "Court decisions on the New York Convention", in Blessing（ed.）*The New York Convention of 1958: A Collection of Reports and Materials Delivered at the ASA Conference Held in Zurich 2 February 1996（ASA, 1996）*, 86.

〔2〕　Decision of the Court of Appeal of Hamburg, 30 July 1998,（2000）XXV YBCA 714.

的损害赔偿金。[1]法院主张，在不深入审查合同法的情况下，法院无法认定违反合同是否会废除排除间接损失的条款。然而，美国法院对仲裁裁决的审查标准极为狭窄，《纽约公约》没有批准法院行使自由裁量权审查仲裁员对当事人协议的解释，法院也不适合篡夺仲裁员的角色行使权力。[2]因此，法院最终裁定执行仲裁裁决。

对于仲裁庭出具的仲裁裁决适用于仲裁协议范围以外的事项的抗辩，即使能够证明部分越权，裁决书中涉及的提交仲裁的事项部分是可以保留并得到执行的。在意大利法院审理的一起案件当中，法院审查了仲裁裁决，以确定仲裁庭是否超出了其管辖范围。[3]最终，在仲裁庭审理了管辖范围内的事项的前提下，意大利法院准许执行部分仲裁裁决。

因此，现实是，当事人有关仲裁员越权行为的抗辩很少会成功。[4]然而，到了最近，美国联邦最高法院就《联邦仲裁法》下[5]的有关"仲裁员的越权行为"出具了新的意见。在"Stolt-Nielsen 诉 Animal Feeds 案"中，[6]当双方当事人就集体诉讼未有合意时，当事人要求仲裁庭决定是否允许集体诉讼，而仲裁庭出具了可以集体诉讼的仲裁裁决。反对集体诉讼的美国联邦最高法院多数派认为，仲裁员超出了他们的权限。因为，根据美国联邦最高法院的多数意见，仲裁员的任务是解释和执行合同，而不是制定公共政策。[7]下级法院明确认为，仲裁员没有超出他们的权限，因为他们准确地决定了

---

〔1〕 Libyan American Oil Co. (Liamco) v. Socialist People's Libyan Arab Yamahirya, formerly Libyan Arab Republic (1982) Ⅶ YBCA 382.

〔2〕 Libyan American Oil Co. (Liamco) v. Socialist People's Libyan Arab Yamahirya, formerly Libyan Arab Republic (1982) Ⅶ YBCA 382, 388.

〔3〕 General Organization of Commerce and Industrialisation of Cereals of the Arab Republic of Syria v. SpA SIMER (Società delle Industrie Meccaniche di Rovereto) (Italy) (1983) Ⅷ YBCA 386.

〔4〕 Fertilizer Corp. of India v. IDI Management, Inc., 517 F. Supp. 948, 958 ~ 960 (S. D. Ohio 1981).

〔5〕 9 U. S. C. § 10 (a) (4).

〔6〕 Stolt-Nielsen v. Animal Feeds, 130 S. Ct. 1758 (2010).

〔7〕 Stolt-Nielsen v. Animal Feeds, 130 S. Ct. 1758, 1767 (2010).

当事人要求他们决定的问题。[1]但美国联邦最高法院却撤销了下级法院的上述裁定。美国联邦最高法院的判决预示着，在未来，一些法院将以"仲裁员越权"为理由，以类似的方式来推翻他们不喜欢执行的仲裁裁决。

（四）仲裁庭的组成或仲裁程序不符合双方的协议

《纽约公约》第5条第1款第4项规定，如果仲裁庭的组成或仲裁程序与当事人的仲裁协议不一致，则拒绝执行仲裁裁决。如果当事人没有就这两个问题达成协议，那么仲裁庭的组成和仲裁程序必须符合仲裁所在国的法律。

在1994年香港最高法院审理的案件当中，有人主张，仲裁庭的组成不符合当事人的仲裁协议，因此，应当拒绝执行中国内地出具的仲裁裁决。[2]被任命的仲裁员在深圳仲裁员名单上，但不在仲裁协议约定的北京名单上。主审法官认定，很明显，可以拒绝执行仲裁裁决的唯一理由是那些具体的理由，而且证明责任在于被申请人。此外，很明显，即使一个理由已被证明，法院仍保留自由裁量权。[3]主审法官在考虑相关事实后认定，从技术上讲，仲裁员没有管辖权来裁决这一争端，而且在本案的所有情况下，裁决所述的理由都已被当事人提出。因为，双方确实同意由CIETAC进行仲裁，而这正是他们得到的结果，尽管仲裁是在合同未约定的中国内地的地点进行的，而且仲裁员显然不在北京名单上。[4]

虽然已经存在拒绝执行仲裁裁决的理由，但是，法官还是允许继续执行仲裁裁决，理由是反对执行的一方当事人毕竟还是参加了仲裁程序，并且，当时知道从技术上讲，仲裁员不是被从正确的名

---

[1] Stolt-Nielsen v. Animal Feeds, 548 F. 3d 85 (2d Cir. 2009).

[2] China Nanhai Oil Joint Service Corporation v. Gee Tai Holdings Co. Ltd (1995) XX YBCA 671.

[3] China Nanhai Oil Joint Service Corporation v. Gee Tai Holdings Co. Ltd (1995) XX YBCA 671, 672.

[4] China Nanhai Oil Joint Service Corporation v. Gee Tai Holdings Co. Ltd (1995) XX YBCA 671, 673.

单中选出的。当事人自己在明知上述信息的前提下继续参加仲裁程序，现在已无法从这一错误中获利。法官审议了将禁反言原则适用于《纽约公约》的问题，认定如果禁反言原则可以被适用于根据《纽约公约》第 2 条第 2 款对仲裁协议的书面形式的争论，那么，为什么禁反言原则就不能成为适用第 5 条规定的反对理由？一方当事人认识到仲裁庭的组成可能有问题，没有就其管辖权向仲裁庭提出任何正式意见，或向组成仲裁庭的中国国际经济贸易仲裁委员会提出申诉，却根据案情进行了辩论，然后在裁决出具 2 年后，以仲裁员选自错误的 CIETAC 名单为由，企图使整个程序无效。[1]即使证明确实存在拒绝执行仲裁裁决的理由，执行法院仍享有自由裁量权。这表明不能死板地适用拒绝执行仲裁裁决的理由。自由裁量权使执行法院在所有情况下都能取得公正的结果。可见，实践当中，被执行方很少会提出这种抗辩，即便提出了，通常也是不会成功的。

（五）仲裁裁决尚未具有约束力或已被撤销

1. 仲裁裁决尚未具有约束力

根据《纽约公约》第 5 条第 1 款第 5 项的规定，除非仲裁裁决对当事人具有约束力，否则仲裁裁决不具有强制执行力。一个具有约束力的仲裁裁决可以在不需要得到仲裁地法院确认的情况下得到执行。规定仲裁裁决具有约束力，而不是在出具仲裁裁决的国家具有最终效力，就是为了实现这一目标。由于仲裁裁决一般不可上诉，仲裁庭的仲裁裁决很可能被法院认为具有约束力。

根据《日内瓦公约》，[2]在一些国家，仲裁裁决必须首先在作出裁决的司法管辖区得到确认，然后才能在另一个管辖区进行执行。这两个独立的司法程序恰恰造成了双重执行的麻烦。《纽约公约》之所以会选择"有约束力"一词，就是为了避免其前身 1927 年《日内瓦公约》所造成的上述麻烦。尽管《纽约公约》没有定义何为"有

---

〔1〕 China Nanhai Oil Joint Service Corporation v. Gee Tai Holdings Co. Ltd（1995）XX YBCA 671, 677.

〔2〕 1927 Geneva Convention: Convention on the Execution of Foreign Arbitral Awards.

约束力"，但是，大多数法院认为，如果当事人无法就案情提出上诉，仲裁裁决就具有约束力。《纽约公约》起草的目标之一就是通过取消两个司法体系当中的双重执行问题来简化仲裁裁决的执行程序。根据《纽约公约》第5条第1款第5项的规定，仲裁裁决是否具有约束力的问题将由出具裁决的国家的法律决定。

2. 仲裁裁决已被撤销

《纽约公约》第5条第1款第5项还规定，为使仲裁裁决具有可执行性，仲裁裁决不应在作出仲裁裁决的国家或执行仲裁裁决的国家被撤销。

仲裁裁决当然不可能在撤销仲裁裁决的地区被承认和执行。然而，对于一个被拒绝执行的仲裁裁决，其效果与被撤销的仲裁裁决是不同的。当一个裁决被拒绝执行时，不像一个被撤销的裁决，它不会自然地被撤销。相反，如果在多个司法管辖区都存在败方的资产，那么在第一个司法管辖区被拒绝执行仲裁裁决的申请人，可以在其他司法管辖区申请对仲裁裁决的承认和执行。

当一方当事人成功地在仲裁地的法院撤销仲裁裁决时，传统的观点认为，被撤销的仲裁裁决就没有了法律效力，当然就不能在任何其他管辖地法院被承认和执行。[1] 要撤销仲裁裁决，败方必须向出具仲裁裁决的仲裁地的法院提出申请。为了执行仲裁裁决，胜方必须向败方财产所在地的法院提出申请承认和执行。许多法院均认为，根据《纽约公约》的规定，在申请承认和执行仲裁裁决案件中，法院只是对仲裁裁决进行承认和执行，而无权撤销仲裁裁决。

尽管《纽约公约》的目的就是有利于仲裁裁决的执行，但是，仲裁地的法院有可能根据不属于《纽约公约》第5条所列的事项撤销仲裁裁决。如果仲裁裁决被撤销，缔约国可能会拒绝执行该仲裁裁决。

---

〔1〕　Albert Jan van den Berg, "Annulment of Awards in International Arbitration, in International Arbitration in the 21st Century", *Towards Judicialization and Uniformity*, 133, 137 (Richard B. Lillich & Charles N. Brower, eds. , 1994).

3. 已被撤销仲裁裁决的执行

如果特定法院可以轻松削弱仲裁裁决的执行力，那么仲裁当事人往往会对仲裁程序失去信心。如果仲裁当事人没有合理的机会，对不公平或不合理的仲裁庭或程序提出质疑，这也会破坏普遍大众对仲裁的信念。无论是通过撤销仲裁裁决还是通过执行被撤销的仲裁裁决，法院都必须努力确保仲裁程序的完整性。我们也不能保证，以《纽约公约》中未列明的理由成功撤销仲裁裁决的一方当事人，一定会在执行法院得到拒绝执行仲裁裁决的法院裁定。尽管在大多数情况下，法院将适用《纽约公约》第 5 条第 1 款第 5 项的规定，不会强制执行已被撤销的仲裁裁决，但是，该规定还是为法院提供了一些自由裁量权。第 5 条第 1 款第一句规定，如果本条所列抗辩成立，法院可以拒绝承认和执行仲裁裁决，而非"必须"拒绝承认和执行仲裁裁决。因此，法院有权决定是否执行在另一个司法管辖区被撤销的仲裁裁决。

《纽约公约》第 7 条有利于仲裁裁决执行，允许执行法院适用执行管辖区内比《纽约公约》更有利于执行仲裁裁决的任何法律或条约，执行仲裁裁决。《纽约公约》第 7 条的规定使得仲裁裁决被撤销的一方当事人在法国适用了更有利于仲裁裁决执行的法国法律，成功执行了仲裁裁决。[1] 法国的国际仲裁相关法律规定，只能基于 5 个具体的理由才能拒绝执行仲裁裁决。[2] 然而，该案当中出具仲裁裁决的国家的法院撤销裁决的理由并不是这些具体理由中的一个。因此，除非撤销仲裁裁决的依据符合其法律所列的具体理由，否则法国法院将强制执行被撤销的仲裁裁决。

此外，《欧洲国际商事仲裁公约》[3]（以下称《欧洲公约》）也规定，只有在满足上述公约中规定的排他性理由的前提下，仲裁裁

---

〔1〕 Hamid G. Gharavi, "Enforcing Set Aside Arbitral Awards: France's Controversial Steps beyond the New York Convention", 6 J. Transnat'l L. & Pol'y 93 (1996).

〔2〕 French Code of Civil Procedure, Article 1520.

〔3〕 The European Convention on International Commercial Arbitration.

决才会被撤销。[1]《欧洲公约》只适用于订立仲裁协议时惯常居住地或所在地在不同缔约国的当事人。[2]因此，根据《纽约公约》的规定，来自《欧洲公约》缔约国的一方当事人，其仲裁裁决在《欧洲公约》未列明的基础上被撤销的，仍可在《欧洲公约》和《纽约公约》的缔约国执行仲裁裁决。因此，根据《纽约公约》第7条的规定，即使仲裁裁决已在仲裁地法院被撤销，当事人也可以适用《欧洲公约》中允许执行裁决的更有利条款。[3]《欧洲公约》明确了拒绝执行仲裁裁决的理由，而其理由比《纽约公约》还要狭窄。因为，《欧洲公约》的理由不包括《纽约公约》规定的第5条第1款第5项及第2款的抗辩事由。

在 "Chromalloy Aeroservices 诉 Arab Republic of Egypt [4]案"（以下称 "Chromalloy 案"）中，依据《纽约公约》第7条的规定，美国法院执行了已被撤销的仲裁裁决。一家美国公司获得了一项针对埃及的仲裁裁决，埃及法院随后撤销了该裁决。美国法院裁定，根据《纽约公约》第5条，法院有权决定是否执行已被撤销的仲裁裁决。根据《纽约公约》第7条的规定，法院认定《美国联邦仲裁法》是一项更有利的法律。因此，根据《美国联邦仲裁法》的规定，应执行仲裁裁决。而拒绝执行仲裁裁决将违反美国明确的有利于仲裁的公共政策。[5]此外，法院还认为，根据仲裁协议的约定，当事人已经同意不挑战仲裁裁决。[6]有关执行被撤销的仲裁裁决的 "Chromalloy 案" 在随后的美国案件中并没有太大影响。有些法院甚

---

[1]　484 U. N. T. S. 349 (1961), Artile IX.

[2]　https://treaties. un. org/Pages/ViewDetails. aspx? src = TREATY&mtdsg_ no = XXII-2&chapter = 22&clang =_ en.

[3]　Emmanuel Gaillard, "The Enforcement of Awards Set Aside in the Country of Origin", 14 ICSID Rev. For. Investment L. J. 16, 35~37 (1999).

[4]　Chromalloy Aeroservices v. Arab Republic of Egypt, 939 F. Supp. 907 (D. D. C. 1996).

[5]　Chromalloy Aeroservices v. Arab Republic of Egypt, 939 F. Supp. 907, 909~910 (D. D. C. 1996).

[6]　Chromalloy Aeroservices v. Arab Republic of Egypt, 939 F. Supp. 907, 912 (D. D. C. 1996).

至明确拒绝了"Chromalloy 案"的法院主张,[1]认为是否执行仲裁裁决纯粹是适用《纽约公约》,而非《美国联邦仲裁法》。

在大多数情况下,除非在撤销仲裁裁决的程序中存在极不公平的情况,否则执行法院将拒绝执行被撤销的仲裁裁决。被撤销的仲裁裁决是否能得到执行,在很大程度上取决于申请执行仲裁裁决的管辖区法院的判断。在美国,有些法院就比其他法院更有可能执行已被撤销的仲裁裁决。美国联邦第二巡回上诉法院认为,执行已被撤销的仲裁裁决的自由裁量权仅适用于能够合理说明因执行而实现了该管辖区有关公平、公正的价值。[2]荷兰的做法与美国的做法类似,由法院审查公平、公正和撤销仲裁裁决的程序。[3]在不审查程序的公平、公正的情况下,法国的法院也有可能执行已被撤销的仲裁裁决。[4]而在英国和德国,申请执行已被撤销的仲裁裁决的可能性较小,法院通常会拒绝执行已被撤销的仲裁裁决。[5]

(六)《纽约公约》第 5 条第 2 款的两项额外抗辩

《纽约公约》第 5 条第 2 款是执行法院依职权拒绝执行仲裁裁决的理由。如果执行法院发现根据其管辖区的法律,对于争议的标的不应进行仲裁;或者,如果执行仲裁裁决将违反该国的公共政策,法院便可以拒绝承认和执行仲裁裁决。

1. 非仲裁事项

最典型的仲裁纠纷就是由合同法律关系或商事法律关系引起的纠纷。在此情形下,当事人可以自由合意,而不受法院的监督或干

---

〔1〕 Four Seasons Hotels and Resorts, B. V. v. Consorcio Barr, S. A., 267 F. Supp. 2d 1335 (S. D. Fla. 2003).

〔2〕 Corporacion Mexicana de Mantenimiento Integral, S. De R. L De C. V. v. Pemes-Ecporacion y Produccion, 2016 WL 4087215, 9 (2d Cir. August 2, 2016).

〔3〕 Yukos Capital S. A. R. L. v. OAO Rosneft, Case no. 200. 005. 269/01, Amsterdam Court of Appeal (2009).

〔4〕 Maximov v. NLMK (Tribunal de Grande Instance, Paris, 16 May, 2012).

〔5〕 http://arbitrationblog. kluwerarbitration. com/2012/06/26/enforcement - of - arbitral - awards-that-have-been-set-aside-at-the-seat-the-consistently-inconsistent-approach-across-europe/? doing_ wp_ cron=1590026992. 7292160987854003906250.

涉。但是，一个国家的法律可能规定某些类型的纠纷是不可以仲裁的。例如，婚姻家庭相关的监护权纠纷、刑事案件、破产、商标或专利的有效性问题，以及其他会对第三方产生影响或在公共领域产生某种后果的纠纷，通常必须由法院审理。纠纷的可仲裁性因管辖地区的不同而有很大差别。因此，当事人计划在某一管辖地区开始仲裁前，应确保其申请仲裁的事项是可仲裁的纠纷。总的来说，仲裁裁决一出，很少有法院会以纠纷不可仲裁为由拒绝承认和执行仲裁裁决。[1]

反垄断或反不正当竞争法律规范目的不仅是保护个人利益，还包括保护公共利益，带有一些公法色彩。在传统意义上，仲裁员被视为只负责解决与私人有关的纠纷，而不考虑公共利益。[2]因此，在以前，反垄断或反不正当竞争领域的纠纷在许多国家都是不可以仲裁的，不存在可仲裁性。但是，随着时间的推移，在欧洲，虽然涉及公共政策，但反不正当竞争领域仍然开始被认为是可仲裁的。[3]因此，如果仲裁裁决不符合欧盟竞争法，便可以撤销仲裁裁决。[4]然而，欧洲各国法院的审查标准可能有所不同。一些欧盟国家，特别是法国，适用了最低标准，即使仲裁庭只对仲裁期间提出的竞争法问题给予了最低限度的审查，法国法院一般也不会依职权提出反不正当竞争问题。法国法院在很大程度上会执行仲裁裁决。其他国家，如荷兰法院就适用了最高标准，法院会依职权提出反不正当竞争问题，并进行详细的实质性审查。[5]而一些欧洲法院，如奥地利法院

---

〔1〕 Julian D. M. Lew, Loukas A. Mistelis & Stefan Kröll, *Comparative International Commercial Arbitration*, 721 (2003).

〔2〕 Julian D. M. Lew, Loukas A. Mistelis & Stefan Kröll, *Comparative International Commercial Arbitration*, 220·221 (2003).

〔3〕 Eco Swiss China Time Ltd. v. Benetton International N. V., Case C‐126/97 [1999] ECR I‐3055, 25, 41.

〔4〕 Marketing Displays International Inc. v. VR Van Raalte Reclame BV, Dutch Court of Appeal (2005); SNF v. Cytec Industries BV, Brussels Court of First Instance (2007).

〔5〕 Gordon Blanke, "The 'Minimalist' and 'Maximalist' Approach to Reviewing Competition Law Awards: A Never‐Ending Saga Revisited or a Middle Way at Last?", in *Post‐Hearing Issues in International Arbitration*, 169, 171~172 (Devin Bray & Heather Bray, eds., 2013).

在对反不正当竞争问题进行司法审查时，会采用中间标准。[1]

在一些国家，如果企业与其消费者之间的仲裁协议是在争议发生之前达成的，因此而产生的纠纷便是不可以仲裁的。根据《欧盟关于消费者合同中不公平条款的指引》的规定，[2]事前与消费者签订的仲裁协议无效。[3]如果要进行消费者仲裁，必须在争议发生后与消费者签订仲裁协议。显然，欧洲国家认为，只有在争议发生后，消费者才能在仲裁和诉讼之间做出明智的选择。在美国，对事先与消费者签订的仲裁协议的认定与欧洲是不一样的。有越来越多的企业在合同中约定强制性的仲裁条款，使得大部分消费者无法在法院进行诉讼。[4]在 1985 年，美国联邦最高法院认定，《美国联邦仲裁法》不仅适用于合同纠纷，而且也适用于涉及美国反垄断法的纠纷。[5]尽管该判决受到了一些批评，[6]但是，反垄断以及其他包括证券和劳动关系的纠纷如今在美国也是可以申请仲裁的。

2. 公共政策

《纽约公约》没有界定何为公共政策，因此给怀有恶意的法院提供了很大的自由裁量权。然而，总的来说，大多数法院对这一条款规定都会进行有限的狭义解释，以符合《纽约公约》促进仲裁裁决执行的目的。《纽约公约》第 5 条第 2 款第 2 项规定，如果法院认为仲裁裁决违反了本国的公共政策，则可以拒绝承认或执行仲裁裁决。如果仲裁裁决违反了执行国的公共政策，执行国的法院也可以拒绝承认和执行仲裁裁决。一个主权国当然希望有权拒绝承认和执行违

---

〔1〕 Gordon Blanke, "Austrian Supreme Court Rejects Competition Law Challenge of ICC Award", Kluwer Arbitration Blog (November 7, 2015).

〔2〕 Council Directive 93/13/EEC, 1993 O. J. (L095).

〔3〕 Christopher R. Drahozal and Raymond J. Friel, "Consumer Arbitration in the European Union and the United States", 28 N. C. J. Int'l L. & Com. Reg. 357 (2002).

〔4〕 Jean R. Sternlight, "Mandatory Binding Arbitration and the Demise of the Seventh Amendment Right to a Jury Trial", 16 Ohio St. J. Disp. Res. 669 (2001).

〔5〕 Mitsubishi Motors Corp. v. Soler Chrysler-Plymouth, Inc., 473 U. S. 614 (1985).

〔6〕 Philip J. McConnaughay, "The Risks and Virtues of Lawlessness: A 'Second Look' at International Commercial Arbitration", 93 NW. L. Rev. 453, 481 (1999).

反其公共政策理念的仲裁裁决。在某些法域，执行法院就是这样被
要求审查违反公共政策的可能性的。

"Parsons & Whittemore Overseas Co., Inc. 诉 Societe_ Generale
de l'Industrie du Papier 案"是该领域最典型的案件。[1] 在确认对一
家美国公司是否执行仲裁裁决时，美国联邦第二巡回上诉法院认为
应对《纽约公约》的公共政策抗辩进行有限的狭义解释。外国仲裁
裁决的执行只能在违反执行法院最基本的道德和正义观念的情况下
才可以被拒绝承认和执行。[2]

在中国文化部未能支付重金属乐队的演出费用而引起的纠纷中，
最高人民法院拒绝执行中国国际经济贸易仲裁委员会对重金属乐队
所欠款项的仲裁裁决。执行法院发现，在演出活动中，美方演员违
背了合同协议约定，不按报经我国文化部审批的演出内容进行演出，
演出了不适合我国国情的"重金属歌曲"，违背了我国的社会公共利
益，造成了很坏的影响，被我国文化部决定停演。由此可见，停演
及演出收入减少，是由演出方严重违约造成的。中国国际经济贸易
仲裁委员会（94）贸仲字第0015号裁决书无视上述基本事实，是完
全错误的。人民法院如果执行该裁决，就会损害我国的社会公共利
益。[3]

根据《涉外商事海事审判实务问题解答（一）》第43条的规
定：什么情况下可以适用公共秩序保留？答：在审理涉外商事案件
中，如果应适用外国或者有关地区的法律，人民法院应当审查该外
国或者地区的法律是否违反了我国的社会公共利益。如果该外国或
地区的法律违反了我国的社会公共利益，则应当排除该外国或者地
区的法律的适用。一般在违反了我国法律的基本原则或者国家主权、

---

[1]　Parsons & Whittemore Overseas Co., Inc. v. Societe_ Generale de l'Industrie du Pa-
pier, 508 F. 2d 969 (2d Cir. 1974).

[2]　Parsons & Whittemore Overseas Co., Inc. v. Societe_ Generale de l'Industrie du Pa-
pier, 508 F. 2d 969, 974 (2d Cir. 1974).

[3]　《最高人民法院关于北京市第一中级人民法院不予执行美国制作公司和汤姆·
胡莱特公司诉中国妇女旅行社演出合同纠纷仲裁裁决请示的批复》（1997年）。

安全，违反了我国的善良风俗和基本道德准则的情况下，可以适用公共秩序保留。

虽然许多国家有限地解释公共政策，但仍有空间利用《纽约公约》第 5 条第 2 款第 2 项的内容来保护本国的国家利益。如果长此以往，就会破坏《纽约公约》的效用。中国为了防止滥用"公共利益"的条款拒绝承认和执行仲裁裁决的现象，要求下级法院必须获得最高人民法院的答复才能拒绝承认或执行仲裁裁决，这无疑有助于减少在中国使用过于宽泛的公共政策理由来拒绝执行裁决的情况。[1]2000 年至 2008 年期间，最高人民法院没有支持一项下级法院以公共政策为由拒绝执行外国仲裁裁决的报请。[2]

尽管偶尔有滥用公共政策抗辩的例子，但在大多数国家，法院都不愿意以公共政策为由拒绝执行仲裁裁决。事实上，仲裁裁决很少因公共政策的原因被拒绝执行。因此，一些专家学者敦促法院重新考虑《纽约公约》第 5 条第 2 款第 2 项有关公共政策抗辩的适用，在执行仲裁裁决时，只有在引起明显的不公正或不当结果的情况下，才将其作为拒绝执行仲裁裁决的理由。[3]

---

〔1〕《最高人民法院关于人民法院处理与涉外仲裁及外国仲裁事项有关问题的通知》（1995 年）。

〔2〕 Chen and Howes, "Public policy and the enforcement of foreign arbitration awards in China" (2010), 3 Intl News 14.

〔3〕 Eloise Henderson Bouzari, "The Public Policy Exception to Enforcement of International Arbitral Awards, Implications for Post-NAFTA Jurisprudence", 30 Tex. Int'l L. J., 205, 217~218 (1995).

第三章
当事人了解仲裁的世界
——仲裁机构

第一节　仲裁的优点与缺点

　　大部分国际商事主体为什么选择仲裁作为解决纠纷的最主要方式？在国际商事交易里，参与者都是精打细算、充满智慧的群体。这么一个趋利避害的群体选择仲裁而非诉讼解决纠纷当然是有原因的。国际商事仲裁本质上是解决纠纷的一种非常简单的方法。争议双方同意将纠纷提交给他们可以信赖的人（即仲裁员）进行审理。在这个案件中，每个人都有自己的决定权。仲裁员听取各方意见，根据当事人提交的证据判断事实和理由，并适用相关法律法规作出最终仲裁裁决。该仲裁裁决对双方都有约束力，而且是终局的。

　　简而言之，国际商事仲裁是就一项或一系列纠纷作出最终和具有约束力的决定的有效途径。这种非正式的、本质上是私人的、协商一致的争端解决机制广泛地被从事国际商事贸易的当事人所选择。更令人惊讶的是，这种非正式的、本质上是私人的和协商一致的争端解决机制已经被全世界（不仅是个人，而且是大公司和国家）接受为解决涉及数亿美元的争端的普遍方式。

　　那么，我们要问一个问题——在国际贸易中，人们为什么更喜欢仲裁而非诉讼？答案很简单，因为，国际商事仲裁存在诸多优点：第一，保密；第二，效率；第三，执行。

一、仲裁的优点

（一）保密

毕竟，"家丑不可外扬"。这并不是说，当事人肯定是做了见不得人的事情。有些企业是为了保护商业秘密，有些企业是为了远离媒体的关注，都希望对正在进行的纠纷采取一个保密措施。毕竟，多一事不如少一事，很多公司都不希望公开披露有关公司及其业务运营的内部信息，也不希望公开有关公司及其业务运营的各种争议纠纷，不希望受到争议纠纷所带来的潜在负面影响。

仲裁机构的仲裁规则当中都规定有保密义务。[1]不仅如此，当事人也可以通过协议细化保密的内容（例如对证人和专家的保密义务），以此使当事人受保密协议的约束。这也是为什么在一般情况下除非当事人就仲裁裁决或仲裁程序诉诸到法院，否则我们很难了解相关仲裁信息。

（二）效率

诉讼一般是一个漫长的过程，对涉外案件来说，前期证据准备等程序会比较漫长，而且，对于涉外的复杂诉讼案件，法院也会适当地延长判案周期。[2]笔者在北京高级人民法院代理过的一些复杂的涉外金融诉讼案件，一审就长达 2 年~3 年。不仅如此，诉讼一般不会一审终结，在中国，可能要二审，在韩国，可能要三审。其时间跨度巨大，很多人都耗费不起。所谓，"迟来的正义非正义"。

而相较而言，仲裁的举证、质证过程较短，而且，一般情形下，仲裁期限是仲裁规则明文规定的。[3]因此，仲裁期限一般都会比诉

---

[1] 《中国国际经济贸易仲裁委员会仲裁规则》（2015 年）第 38 条；HKIAC 2018 Administered Arbitration Rules，Article 45；SIAC Arbitration Rules 2016，Article 39；ICC Rules of Arbitration（2017），Article 22（3）；LCIA Arbitration Rules（2020），Article 30.

[2] 在中国，涉外诉讼没有审限。《中华人民共和国民事诉讼法》第 270 条。

[3] 《中国国际经济贸易仲裁委员会仲裁规则》（2015 年）第 48 条；HKIAC 2018 Administered Arbitration Rules，Article 31（根据 HKIAC 在其官网上公布的仲裁程序平均费用和时长的最新报告，2013 年 11 月 1 日至 2017 年 12 月 31 日间，根据 2013 年版《HKIAC

讼期限短。不仅如此，不存在多次上诉的情形也是一个缩短期限的重要因素。在商事活动当中，企业最怕的就是不确定性。与其提心吊胆地等待着一个悬而未决的案子，还不如早点有个结果，好让企业更快地做出未来的部署。赢了最好，即便输了，那也是尘埃落定，企业可以做好后期的安排。

（三）执行

试想一下，在纠纷解决过程当中，你得到了对你最有利的结果。但是，如果不能执行，那有什么用呢？而且，浪费了时间、精力和金钱。世上没有绝对的胜利，所有的仲裁裁决都不会百分之百地得到法院的执行。但是，可以肯定的是，除了出具法院判决的管辖区域，在《纽约公约》的保驾护航下，仲裁裁决肯定比法院判决更容易执行。

这是一个很简单的道理，你能想象在美国纽约东区联邦地区法院的判决会被北京市第一中级人民法院承认和执行吗？这显然是不太可能的事情。一国的司法权往往与主权息息相关，一国的法院都不大愿意承认和执行另一国法院出具的判决。但是，你可以想象位于新加坡的新加坡国际仲裁中心[1]的仲裁裁决会在北京市第一中级人民法院得到承认和执行。因为，中国和新加坡都是《纽约公约》的缔约国。除非退出《纽约公约》，否则承认和执行仲裁裁决便是缔约国的义务。仲裁裁决的执行与法院判决的执行区别就在于此。[2]

（接上页）机构仲裁规则》进行管理并作出最终裁决的案件的仲裁时长中间值为 14.3 个月，平均值为 16.2 个月）；ICC Rules of Arbitration（2017）Article 31.

〔1〕　The Singapore International Arbitration Centre.

〔2〕　一项关于当事人为什么选择国际仲裁来解决纠纷的研究报告也显示，当事人决定通过仲裁解决纠纷的两个最重要的原因是：①至少有 156 个国家参与了承认和执行仲裁裁决的《纽约公约》；②仲裁机构的中立性。（截止到 2018 年 4 月，已有 160 个国家参与了《纽约公约》。）（https://www.whitecase.com/sites/whitecase/files/files/download/publications/qmul-international-arbitration-survey-2015_0.pdf.）

二、仲裁的缺点

那么，仲裁存不存在缺点呢？说实话，在某种程度上，仲裁的某些缺点也是因其优点而生的，就看你是以什么角度去分析问题。比方说，在仲裁当中，较短的举证质证过程通常会被认为是一种仲裁提高效率的优点。然而，一些复杂的仲裁案件就是因为举证质证过于简短而导致仲裁庭无法更好地查明案件的真相。特别是在诉讼过程当中，通过法院的强制力还可以实现举证责任倒置或法院调查取证的环节，而这些很难在仲裁中通过强制力实现。此外，在大多数仲裁案件当中，没有上诉权可能有助于早日定分止争，这是仲裁的一个优点。但是，反过来讲，就是因为在仲裁当中没有上诉权，即便仲裁员的裁决在法律适用或事实认定上存在明显错误，也很难推翻错误的仲裁裁决。其理由就是撤销仲裁裁决或拒绝承认和执行仲裁裁决的理由过于有限。

就是因为这样的缺点，美国的一些当事人在其仲裁条款中会约定，仲裁裁决可以在法院再一次审理，即通过约定创设了二审机制。但是，在 2008 年，美国联邦最高法院判决，双方当事人不能约定日后可以对仲裁裁决的实体部分进行司法审查。[1]进行司法审查的唯一理由就是美国的《联邦仲裁法》所规定的理由。[2]该法规定法院可以对不公平的程序或仲裁员的不当行为进行司法审查，但不允许以仲裁员适用法律或认定事实错误为由进行司法审查。

仲裁的另一个缺点就是仲裁庭没有像法庭那样的以公权力作为保障的强制力。也就是说，他们没有权力惩罚不遵守仲裁庭要求的一方当事人。例如，如果一方当事人不遵守法庭命令，法庭可以采取罚款、司法拘留等强制措施。[3]但是，仲裁庭却不能采取上述法庭可以采取的强制措施。当然，如果当事人不遵守仲裁员的一些要

---

〔1〕 Hall Street Associates, L. L. C. v. Mattel, Inc. , 552 U. S. 576（2008）.

〔2〕 9 U. S. C. , Section 1~16.

〔3〕 《中华人民共和国民事诉讼法》（2017 年）第十章。

求或命令，仲裁庭很自然地会做出不利于当事人的推论。[1]此外，在存在多方当事人的时候，仲裁庭不能因为这些当事人都与纠纷有关，就将他们都列为仲裁当事人。因为，仲裁庭的权力来自于当事人的合意，如果同一纠纷的一些人没有同意仲裁，仲裁庭也不能强人所难。

综上所述，我们可以看到，虽然仲裁存在一些缺点，但是，仲裁不对外公开，又是一裁终局，而且比起法院判决，可以适用《纽约公约》且更容易在全球执行等优点带来的益处远大于缺点所造成的坏处。这也是现如今在国际贸易当中，大多数情形下，当事人更愿意通过国际商事仲裁解决纠纷的原因。

第二节　仲裁的特征

当事人在法院通过立案进行诉讼程序就意味着，当事人是邀请公权力机构介入到解决彼此之间纠纷的过程当中。而且，在法院进行诉讼与否不由任何当事人来决定。你们之间也没有明确约定纠纷解决条款，但是，只要相对方因为一个合同或侵权纠纷把你起诉到法院，不管你愿不愿意，你都已经作为当事人被相对方拉进法院的诉讼程序当中了。如果我们不想要公权力机关解决彼此纠纷，而又希望通过彼此之间约定的方式出具的最终决定能得到公权力机构的尊重（承认和执行），怎么办？我们可以毫不犹豫地选择仲裁程序，而且，除了仲裁程序好像别无他法。

进行仲裁的当事人通过合意[2]约定以仲裁的方式解决彼此之间

---

〔1〕《中国国际经济贸易仲裁委员会证据指引》（2015年）第23条，经仲裁庭准予特定披露请求后，或在仲裁庭直接要求披露特定的证据后，相关当事人无正当理由拒绝披露的，仲裁庭可以做出对拒绝披露方不利的推定。

〔2〕《中国国际经济贸易仲裁委员会仲裁规则》（2015年）第5条；HKIAC 2018 Administered Arbitration Rules, Article 1; SIAC Arbitration Rules (2016), Rule 1; ICC Rules of Arbitration (2017), Article 4; LCIA Arbitration Rules (2020), Article 1; KCAB International Arbitration Rules (2016), Article 8.

的纠纷。仲裁庭由 1 名或 3 名仲裁员组成，[1]而适用的程序性规则是当事人约定的仲裁机构的仲裁规则或是当事人选择的其他规则。[2]当事人除了可以选择仲裁员和仲裁规则外，还可以选择仲裁地[3]和仲裁语言。[4]通过仲裁庭的审理，当事人会得到终局的、具有约束力的仲裁裁决[5]，而败方不自愿进行履行的时候，胜方可以在法院申请对仲裁裁决进行强制执行。[6]

任何当事人都不希望由争议相对方母国的法院享有案件的管辖权。比起法院诉讼程序，在仲裁程序当中，当事人可以享有较高的自治权和控制权，而这在国际商事仲裁中是非常重要的。因为，在纠纷面前，到头来还是狭隘、自私的人居多。任何一方当事人都担心在对方母国的法院充斥着保护主义的氛围。相比于此，仲裁程序提供了一个更为中立的审理机构，而在这样一个中立机构的主持下，

---

〔1〕《中国国际经济贸易仲裁委员会仲裁规则》（2015 年）第 25 条；HKIAC 2018 Administered Arbitration Rules, Article 6; SIAC Arbitration Rules (2016), Rule 9; ICC Rules of Arbitration (2017), Article 12; LCIA Arbitration Rules (2020), Article 5; KCAB International Arbitration Rules (2016), Article 11.

〔2〕《中国国际经济贸易仲裁委员会仲裁规则》（2015 年）第 4 条；HKIAC 2018 Administered Arbitration Rules, Article 1; SIAC Arbitration Rules (2016), Rule 1; ICC Rules of Arbitration (2017), Article 19; LCIA Arbitration Rules (2020), Preamble; KCAB International Arbitration Rules (2016), Article 17.

〔3〕《中国国际经济贸易仲裁委员会仲裁规则》（2015 年）第 7 条；HKIAC 2018 Administered Arbitration Rules, Article 14 SIAC Arbitration Rules (2016), Rule 21; LCIA Arbitration Rules (2020), Article 16; ICC Rules of Arbitration (2017), Article 18; KCAB International Arbitration Rules (2016), Article 24.

〔4〕《中国国际经济贸易仲裁委员会仲裁规则》（2015 年）第 81 条；HKIAC 2018 Administered Arbitration Rules, Article 15; SIAC Arbitration Rules (2016), Rule 22; LCIA Arbitration Rules (2020), Article 17; ICC Rules of Arbitration (2017), Article 20; KCAB International Arbitration Rules (2016), Article 28.

〔5〕《中国国际经济贸易仲裁委员会仲裁规则》（2015 年）第 49 条；HKIAC 2018 Administered Arbitration Rules, Article 35; SIAC Arbitration Rules (2016), Rule 32; ICC Rules of Arbitration (2017), Article 35; LCIA Arbitration Rules (2020), Article 26; KCAB International Arbitration Rules (2016), Article 36.

〔6〕《中国国际经济贸易仲裁委员会仲裁规则》（2015 年）第 55 条；HKIAC 2018 Administered Arbitration Rules, Article 35; SIAC Arbitration Rules (2016), Rule 32; ICC Rules of Arbitration (2017), Article 35; LCIA Arbitration Rules (2020), Article 32; KCAB International Arbitration Rules (2016), Article 36.

当事人都会相信该机构能够进行相对公平的审理程序。不仅如此，当事人可以选择熟悉争议焦点问题的专业仲裁员组成中立的仲裁庭，而且，相对中立的仲裁庭能够根据当事人的需求灵活地调整仲裁程序。[1]这些都使仲裁制度对面对纠纷的国际商事贸易主体特别具有吸引力。现如今，国际商事仲裁已经成为大多数国际贸易纠纷中最为普遍适用的争端解决机制。

一、当事人合意

法院诉讼程序不是基于你情我愿的当事人合意。只要别人告了你，法院的管辖权就已经笼罩了你，这也是法院作为公权力机构的强制力的体现。而仲裁程序则不同，只要你没有同意仲裁，任何人都不能把你拉到仲裁庭的管辖范围。

第一，我不愿意，你不能硬拉着我去仲裁。仲裁是你情我愿的事情。只有当事人都同意了，才能给仲裁员进行仲裁的机会。仲裁当事人的合意是仲裁员行使仲裁权解决争议的基础。第二，在仲裁当中，当事人的合意也限制了仲裁员的仲裁范围。除少数例外情况外，仲裁员只能在当事人仲裁协议约定的范围内裁决问题。仲裁员还应适用当事人选定的仲裁规则、程序和法律。第三，仲裁的合意可以是事前合意，也可以是事后合意。在通常情形下，合同当事人通过事前的仲裁协议，同意如果日后发生纠纷就以仲裁的方式解决。在少数情形下，事前没有约定仲裁协议的，在发生纠纷后，合同当事人也可以事后协商合意仲裁。当然，比起事先约定合意仲裁，发生纠纷后还能心平气和地合意仲裁对于当事人来说不是一件容易的事情。

二、非公权力机构

仲裁员不是以政府公务员的身份参与仲裁，他们不隶属于任何

---

〔1〕　如适用证据规则的内容等。

政府机构。在很多情况下，大部分仲裁员都是律师、大学教授或其他专业人士。不在其位，不谋其政。比起法官，仲裁员不会太重视公共政策或公共利益等宏观问题。因为，仲裁员认为，比起考虑宏观的国家公共政策，自己的主要责任是裁决当事人之间的纠纷本身。

不仅如此，谁都愿意自己的工作被他人认可，并且，因为这种认可和信赖，希望能够打出自己的名声。仲裁员也不例外。他们也希望再次光荣地被选为仲裁员。因此，相对来说，仲裁员对当事人往往会更加友好，或者，也可以说，服务意识更强。因为，仲裁员都清楚地认识到只有长期地保持公平、公正、合理的办案方式，打出自己公正、廉洁及友善沟通的好口碑，对自己才是最有利的。趋利避害是人的天性。

三、终局约束力

在法院进行诉讼，如果你是败诉方，根据法律规定，在大部分情况下，你可以就法院出具的判决或裁定向上一级法院提起上诉，并且，在中国这种二审终审的情形下，如果你确实发现有新的证据足以推翻原先认定的事实关系，你也可以申请再审。[1]仲裁结果是仲裁庭以"裁决"的方式出具的最终决定。而仲裁裁决被认为是一个终局的、具有约束力的法律文书，通常不能向上级法院或仲裁机构上诉。仲裁庭在出具仲裁裁决后，当事人就没有"后悔药"了，是福是祸，都得承受。

（一）仲裁裁决的终局性

在大多数情况下，只有在仲裁程序存在缺陷或仲裁员存在腐败问题的情况下，对仲裁裁决不满的当事人才能对仲裁裁决提出挑战。如果存在上述影响仲裁裁决效力的情形，一方当事人可以在仲裁地的法院申请撤销仲裁裁决。[2]但是，根据大多数国家的仲裁法，撤

---

〔1〕《中华人民共和国民事诉讼法》（2017 年）第 200 条。

〔2〕对于在北京的中国国际经济贸易仲裁委员会的仲裁裁决的撤销，统一由北京市第四中级人民法院管辖。

销仲裁裁决的理由是非常有限的，例如程序上的缺陷，或者仲裁裁决超出仲裁协议的约定范围。[1]而且，当事人要有效证明上述情形存在谈何容易。因此，在大部分情形下，仲裁裁决一出，在很大程度上就已经决定了谁胜谁败。

（二）仲裁裁决的约束力

仲裁庭出具仲裁裁决后，败方可以自愿遵守仲裁裁决的内容。如果不这样做，胜方可以向败方财产所在地的司法机关（一般是法院）申请承认和执行仲裁裁决。[2]仲裁裁决在法院得到承认，一般就会认定仲裁裁决被赋予了与法院判决相同的法律效力，并且，可以与该管辖法院的判决相同的方式进行执行。[3]

在执行法院，败方也可以对裁决提出挑战，提出拒绝承认和执行仲裁裁决的抗辩。但是，出于对仲裁裁决的尊重，当事人只能以非常有限的理由提出上述挑战。[4]从根本上讲，即使仲裁员犯了适

---

〔1〕《中华人民共和国仲裁法》（1995年）第58条规定，当事人提出证据证明裁决有下列情形之一的，可以向仲裁委员会所在地的中级人民法院申请撤销裁决：

（一）没有仲裁协议的；

（二）裁决的事项不属于仲裁协议的范围或者仲裁委员会无权仲裁的；

（三）仲裁庭的组成或者仲裁的程序违反法定程序的；

（四）裁决所根据的证据是伪造的；

（五）对方当事人隐瞒了足以影响公正裁决的证据的；

（六）仲裁员在仲裁该案时有索贿受贿，徇私舞弊，枉法裁决行为的。

人民法院经组成合议庭审查核实裁决有前款规定情形之一的，应当裁定撤销。

人民法院认定该裁决违背社会公共利益的，应当裁定撤销。

〔2〕《中华人民共和国民事诉讼法》（2017年）第283条规定，国外仲裁机构的裁决，需要中华人民共和国人民法院承认和执行的，应当由当事人直接向被执行人住所地或者其财产所在地的中级人民法院申请，人民法院应当依照中华人民共和国缔结或者参加的国际条约，或者按照互惠原则办理。

〔3〕 Gary B. Born, International Commercial Arbitration, 3394 (2d ed. 2014).

〔4〕 第一，对于在我们国家一般仲裁机构的仲裁裁决的不予执行：《中华人民共和国民事诉讼法》（2017年）第237条规定，被申请人提出证据证明仲裁裁决有下列情形之一的，经人民法院组成合议庭审查核实，裁定不予执行：

（一）当事人在合同中没有订有仲裁条款或者事后没有达成书面仲裁协议的；

（二）裁决的事项不属于仲裁协议的范围或者仲裁机构无权仲裁的；

（三）仲裁庭的组成或者仲裁的程序违反法定程序的；

（四）裁决所根据的证据是伪造的；

用法律错误或认定事实错误，当事人也很难从实体法的角度对仲裁裁决提出挑战，因此，当事人很难成功地说服法院拒绝执行仲裁裁决。

（接上页）（五）对方当事人向仲裁机构隐瞒了足以影响公正裁决的证据的；

（六）仲裁员在仲裁该案时有贪污受贿，徇私舞弊，枉法裁决行为的。

人民法院认定执行该裁决违背社会公共利益的，裁定不予执行。

裁定书应当送达双方当事人和仲裁机构。

仲裁裁决被人民法院裁定不予执行的，当事人可以根据双方达成的书面仲裁协议重新申请仲裁，也可以向人民法院起诉。

第二，对于我们国家涉外仲裁机构的仲裁裁决的不予执行，《中华人民共和国民事诉讼法》（2017 年）第 274 条规定，对中华人民共和国涉外仲裁机构作出的裁决，被申请人提出证据证明仲裁裁决有下列情形之一的，经人民法院组成合议庭审查核实，裁定不予执行：

（一）当事人在合同中没有订有仲裁条款或者事后没有达成书面仲裁协议的；

（二）被申请人没有得到指定仲裁员或者进行仲裁程序的通知，或者由于其他不属于被申请人负责的原因未能陈述意见的；

（三）仲裁庭的组成或者仲裁的程序与仲裁规则不符的；

（四）裁决的事项不属于仲裁协议的范围或者仲裁机构无权仲裁的。

人民法院认定执行该裁决违背社会公共利益的，裁定不予执行。

第三，对于外国仲裁机构的仲裁裁决的不予执行：《联合国承认及执行外国仲裁裁决公约》第 5 条规定：一、裁决仅在受裁决援用的一方当事人向申请承认及执行地的主管机关提出证据证明有下列情形之一时，才可以根据该当事人的请求拒绝承认和执行：

（甲）第二条所提到的仲裁协议的当事人根据对其适用的法律处于某种无行为能力情形，或根据当事人约定的准据法协议无效，或未约定准据法时，依裁决地所在国法律协议无效；或

（乙）作为裁决执行对象的当事人没有收到关于指定仲裁员或仲裁程序的适当通知，或由于其他情况而不能申辩案件；或

（丙）裁决涉及仲裁协议所没有提到的，或者不包括仲裁协议规定之内的争议，或者裁决含有对仲裁协议范围以外事项的裁定。但如果仲裁协议范围以内的事项可以和仲裁协议范围以外的事项分开，则裁决中关于提交仲裁事项的部分决定可以承认及执行；或

（丁）仲裁庭的组成或仲裁程序与当事人间协议不符，或当事人间没有协议时同仲裁地所在国法律不符者；或

（戊）裁决对当事人尚无拘束力，或裁决已经由作出裁决的国家或据其法律作出裁决的国家的有权机关撤销或者停止执行。

二、被请求承认和执行地所在国的主管机关如果查明有下列情形之一，也可以拒不承认和执行仲裁裁决：

（甲）依据该国法律，争议事项不能以仲裁解决；

（乙）承认或执行裁决违反该国公共政策。

第三节　仲裁机构及仲裁相关规定

一、仲裁机构

从事国际贸易的当事人是推崇最新设立的仲裁机构，还是有着悠久历史传统的仲裁机构呢？有着悠久历史传统的仲裁机构，通过时间的累积，已经证明了其在仲裁业务上的名声与专业，而与此同时，这些老牌的仲裁机构的收费会相对更高。但是，即便如此，大部分当事人还是非常推崇老牌的仲裁机构。[1]对于新设立的仲裁机构，当事人主要担心的是这些后起之秀在仲裁界可能还没有打出什么名堂，有可能会影响日后对仲裁裁决的执行。而且，这些仲裁机构都不是十分稳定，万一未来当事人之间确实发生了纠纷，而约定的仲裁机构却消失了，也是一个问题。

随着国际商事仲裁案件的与日俱增，香港国际仲裁中心 2018 年年报显示，该仲裁机构当年就受理了 520 件仲裁与调解案件，其中 265 件为新受理的仲裁案件。为了满足不同客户的需求，仲裁机构也在不断地寻求发展和变化。例如，美国仲裁协会就成立了一个国际部门（国际争端解决中心），[2]专门处理国际商事仲裁纠纷。此外，仲裁机构还会不断更新其仲裁规则，以提高更有效率地处理仲裁纠纷，满足不同客户需求的能力。

以下是对一些主要的国际仲裁机构的简要说明。

（一）中国国际经济贸易仲裁委员会[3]

1954 年 5 月 6 日，中央人民政府政务院第 215 次会议通过了《关于在中国国际贸易促进委员会内设立对外贸易仲裁委员会的决定》，中国国际经济贸易仲裁委员会于 1956 年 4 月由中国国际贸易

---

[1] The White and Case/ Queen Mary Survey (2015), Chart 14.

[2] ICDR：The International Centre for Dispute Resolution.

[3] China International Economic and Trade Arbitration Commission (CIETAC).

促进委员会（简称"中国贸促会"）组织设立，当时叫作"对外经济贸易仲裁委员会"。1988 年，根据国务院《关于将对外经济贸易仲裁委员会改名为中国国际经济贸易仲裁委员会和修订仲裁规则的批复》，"对外经济贸易仲裁委员会"被改名为现在使用的名称"中国国际经济贸易仲裁委员会"。2000 年，中国国际经济贸易仲裁委员会同时启用中国国际商会仲裁院的名称。[1]

中国国际经济贸易仲裁委员会总部设在北京，并在深圳、上海、天津、重庆、杭州、武汉、福州、西安、南京、成都、济南分别设有华南分会、上海分会、天津国际经济金融仲裁中心（天津分会）、西南分会、浙江分会、湖北分会、福建分会、丝绸之路仲裁中心、江苏仲裁中心、四川分会和山东分会。中国国际经济贸易仲裁委员会在香港特别行政区设立了香港仲裁中心，在加拿大温哥华设立了北美仲裁中心，在奥地利维也纳设立了欧洲仲裁中心。[2]中国国际经济贸易仲裁委员会最新的仲裁规则于 2015 年 1 月 1 日生效。

2018 年，中国国际经济贸易仲裁委员会受理案件共 2962 件案件，其中，涉外案件 522 件、国内案件 2440 件。2018 年，中国国际经济贸易仲裁委员会的结案量为 2524 件。[3]中国国际经济贸易仲裁委员会现在受理的大部分案件均为国内仲裁案件，可见，中国国际经济贸易仲裁委员会在实现国际化的道路上还是任重而道远。

（二）香港国际仲裁中心[4]

香港国际仲裁中心成立于 1985 年，被评为世界三大最受当事人选择的国际仲裁机构之一，并且，在欧洲以外，是最受当事人选择的国际仲裁机构。[5]香港国际仲裁中心是全球仲裁机构当中处理涉中仲裁案件最多的机构，而且，自 1999 年以来，只有 3 件香港国际

---

〔1〕 http://www.cietac.org/index.php? m=Page&a=index&id=2.

〔2〕 http://www.cietac.org/index.php? m=Page&a=index&id=2.

〔3〕 http://www.cietac.org/index.php? m=Page&a=index&id=24.

〔4〕 Hong Kong International Arbitration Center（HKIAC）.

〔5〕 https://www.hkiac.org/about-us.

仲裁中心的仲裁裁决没有得到中国内地法院的认可和执行。[1]如果是处理与中国内地相关的仲裁案件，香港国际仲裁中心是最被当事人优先考虑的仲裁机构。可见，中国国际经济贸易仲裁委员会的最大竞争对手（也是最需要学习的对象）就是香港国际仲裁中心。

香港国际仲裁中心最新的仲裁规则于 2018 年 11 月 1 日生效。2018 年，香港国际仲裁中心共受理了 521 件案件，其中 265 件为仲裁案件，而 265 件仲裁案件当中有 71.7% 的案件是国际性涉外案件，而在香港国际仲裁中心进行仲裁的当事人主要来自香港特别行政区、中国内地，BVI,[2]美国及开曼群岛[3]等。[4]可见，香港国际仲裁中心在国际化发展上取得了令人瞩目的成就，而这不仅归功于仲裁机构及仲裁员的不同，更是取决于内地与香港特别行政区不同的司法制度及司法环境。

（三）新加坡国际仲裁中心[5]

另一个亚洲主要的仲裁机构是新加坡国际仲裁中心。新加坡国际仲裁中心是世界上五大最受欢迎的仲裁机构之一，在亚洲仅次于香港国际仲裁中心。与香港国际仲裁中心一样，基于其优质的服务质量及近期取得的非凡成就，新加坡国际仲裁中心也是广泛地被从业者和仲裁员认定为优秀的仲裁机构。坐落于国际性的都市国家，新加坡国际仲裁中心也被广泛视为相对中立的仲裁机构。在 2019 年，新加坡国际仲裁中心接收了 479 件案件，并且，共审理了 453 件案件，作出了 169 个裁决。[6]新加坡国际仲裁中心最新的仲裁规则于 2016 年 8 月 1 日生效。

自 1991 年作为一个独立的非营利性组织开始运作以来，新加坡

---

〔1〕　https://www.hkiac.org/arbitration/why-choose-hkiac.

〔2〕　BVI：British Virgin Islands.

〔3〕　Cayman Islands.

〔4〕　https://www.hkiac.org/about-us/statistics.

〔5〕　SIAC：Singapore International Arbitration Center.

〔6〕　https://www.siac.org.sg/images/stories/articles/annual_ report/SIAC%20Annual%20Report%202019%20（FINAL）.pdf.

国际仲裁中心在为全球商界提供一流仲裁服务方面创造了良好的记录。新加坡国际仲裁中心的仲裁裁决已在澳大利亚、中国、印度、印度尼西亚、约旦、泰国、英国、美国和越南等多个司法管辖区执行，其中也包括其他《纽约公约》的缔约国。新加坡国际仲裁中心是一家全球性的仲裁机构，为来自世界各地的当事人提供具有成本竞争力和高效的案件管理服务。

（四）大韩商事仲裁院[1]

自 1966 年设立大韩商事仲裁院以来，大韩商事仲裁院在韩国一直主导着仲裁、调解及协商解决纠纷领域。[2]在 2019 年，大韩商事仲裁院共接收了 443 件仲裁案件，总金额达 10 045 亿韩元。[3]大韩商事仲裁院最新的国际仲裁规则于 2016 年 6 月 1 日生效。

大韩商事仲裁院位于韩国首尔，在中国主导的"一带一路"政策、AIIB 框架下，作为国际投资纠纷解决机制，法治相对发达、在地理上与中国较近，可以成为设立"一带一路"倡议下的国际投资仲裁机构的有利地点之一。

（五）国际商会[4]国际仲裁院[5]

国际商会国际仲裁院是一家在全世界范围内相对知名的仲裁机构。国际商会国际仲裁法院的所在地在巴黎，但它负责管理世界各地的仲裁案件。在 2017 年，国际商会国际仲裁院在 63 个国家的 104 个城市审理了仲裁案件。[6]国际商会最新的仲裁规则于 2017 年 3 月 1 日生效。国际仲裁院（International Court of Arbitration）所用的名称当中包含法院（Court）一词。但是，这不是我们通常理解的法院，它不隶属于任何国家。相反，国际仲裁院是负责监督仲裁程序

---

〔1〕 The Korean Commercial Arbitration Board（KCAB）.

〔2〕 http://www. kcab. or. kr/html/kcab_ kor/intro/history. jsp.

〔3〕 http://www. kcab. or. kr/servlet/kcab_ kor/data/4511#.

〔4〕 The International Chamber of Commerce（ICC）.

〔5〕 International Court of Arbitration.

〔6〕 https://iccwbo. org/content/uploads/sites/3/2018/07/2017-icc-dispute-resolution-statistics. pdf.

的行政管理机构。其成员包括来自世界各地的法律专业人士。此外，国际商会还设有国际秘书处，[1]该秘书处是一个常任的专业行政机构。

国际商会作为仲裁机构有几个特点：第一，国际商会的每一个仲裁裁决都由国际仲裁院进行审查，这意味着只有在国际仲裁院审查裁决之后，该仲裁裁决才会被提供给当事人。[2]尽管法院无权对仲裁裁决进行实质性的更改，但如果发现任何问题，它会将记录其意见的仲裁裁决发回给仲裁员。第二，国际商会在仲裁开始时会要求各方当事人填写并签署一份被称为"审理范围书"的文件，其中列出了所寻求的索赔和救济、所有各方当事人、仲裁地点、仲裁规则，有时还包括与举证质证及审理时间表相关的信息。[3]这可以确保每个当事人在仲裁程序开始时就大体知道仲裁程序将如何进行。

（六）伦敦国际仲裁院[4]

伦敦国际仲裁院成立于19世纪末，是现存最古老的国际仲裁机构。伦敦国际仲裁院是世界上解决商业纠纷的最主要国际性仲裁机构之一。一直以来，伦敦国际仲裁院为仲裁和其他 ADR（Alternative Dispute Resolution）程序提供了高效、灵活和公正的管理。伦敦国际仲裁院最新的仲裁规则于2020年10月1日生效。而伦敦国际仲裁院仲裁服务的国际性体现在，在伦敦国际仲裁院未决案件中，80%以上的当事人不是英国国籍。[5]伦敦国际仲裁院将在双方选择的任何地点管理案件，并适用其规则进行仲裁。2019年，伦敦国际仲裁院共接收了409件案件，其中仲裁案件346件，创下又一新高。[6]

伦敦国际仲裁院（London Court of International Arbitration）名称

---

[1] International Secretariat.

[2] ICC Rules of Arbitration（2017）Article 34.

[3] ICC Rules of Arbitration（2017）Article 23.

[4] LCIA：London Court of International Arbitration.

[5] https：//www.lcia.org/LCIA/introduction.aspx.

[6] https：//www.lcia.org/News/annual-casework-report-2019-the-lcia-records-its-highest-numbe.aspx.

当中的 "Court" 一词也不代表 "法院"，而是仲裁机构的监督机构。伦敦国际仲裁院由 35 名成员和其他仲裁机构代表组成，是判断是否正确适用伦敦国际仲裁院《仲裁规则》的最终权力机构。它还负责指定仲裁庭、确定对仲裁员的回避申请以及控制成本。其秘书处由一名登记官领导，负责行政管理提交伦敦国际仲裁院的纠纷。

（七）其他仲裁机构

其他一些仲裁机构也在积极地开展国际仲裁活动，通过有效的竞争吸引更多的国际性仲裁案件。斯德哥尔摩商会[1]仲裁机构因处理东西方仲裁而闻名。其他欧洲机构还包括德国仲裁院[2]、荷兰仲裁院[3]、维也纳国际仲裁中心[4]、瑞士商会仲裁院[5]和欧洲仲裁院[6]。

此外，总部设在日内瓦但在新加坡设有办事处的世界知识产权组织[7]的仲裁和调解中心，在技术、娱乐和其他涉及知识产权的领域也是非常优秀的争议解决机构。美国的争端解决组织，如美国仲裁协会[8]的争议解决国际中心[9]也积极采用了国际仲裁和调解规则，并越来越多地处理国际性的仲裁和调解案件。[10]

（八）专门仲裁机构

此外，还有一些专门仲裁机构，如伦敦海事仲裁协会[11]，伦敦金属交易所[12]，谷物和饲料贸易协会[13]，油、种子和脂肪联合

---

[1] SCC：Stockholm Chamber of Commerce.

[2] DIS：German Institute of Arbitration.

[3] NAI：Netherlands Arbitration Institute.

[4] VIAC：Vienna International Arbitration Centre.

[5] SCAI：Swiss Chambers Arbitration Institution.

[6] CEA：European Court of Arbitration.

[7] WIPO：World Intellectual Property Organization.

[8] AAA：American Arbitration Association.

[9] ICDR：International Center for Dispute Resolution.

[10] https://www.icdr.org.

[11] LMAA：London Maritime Arbitration Association.

[12] LME：London Metal Exchange.

[13] GAFTA：Grain and Feed Trade Association.

会〔1〕等机构，所有这些机构都制定有与工业相关的解决其成员争端的基本规则和程序。

在能源领域还设有专门机构：国际能源仲裁中心〔2〕及珀斯能源与资源仲裁中心〔3〕。在金融方面，2013年在海牙设立了一个名为P. R. I. M. E. Finance〔4〕的仲裁机构。在航空领域，2014年在上海设立了上海航空国际仲裁院〔5〕。

二、仲裁相关规定

仲裁相关规定虽然种类繁多，但是在各个仲裁程序当中都有其适用顺序。首先，如果要进行仲裁程序，当事人之间需要存在"仲裁协议"。因此，仲裁协议是开启仲裁程序的最基本的仲裁规定。其次，为了有效运行仲裁程序，使其顺利开展，需要规定仲裁程序性内容的"仲裁规则"。仲裁机构都会规定自己的仲裁规则。而仲裁机构在制定仲裁规则时都会参考其他仲裁机构的仲裁规则。因此，相对来说，仲裁规则会体现出很多相似之处。第三，在仲裁案件审理当中，不仅需要把持进展的程序性规则，当然也需要对于案件的实体审理。不仅如此，仲裁地的仲裁法也是进行仲裁并且通过撤销仲裁裁决等方式有效监督仲裁的机制。因此，这一阶段需要考虑实体法及仲裁法等"法律"。最后，需要在全球承认和执行仲裁裁决，这就超出了一国的主权范围，此时，我们需要考虑通过"国际条约"来适用仲裁裁决的承认和执行或与之相关的抗辩。

（一）仲裁协议

仲裁协议是当事人同意仲裁的约定。因此，仲裁协议是仲裁的开始，是进入仲裁世界的钥匙，没有仲裁协议就不可能存在仲裁。仲裁协议是筑起仲裁解决机制这一大厦的基石。如果仲裁协议无效，

---

〔1〕 FOSFA：Federation of Oils, Seeds and Fats Association.
〔2〕 ICEA：International Centre for Energy Arbitration.
〔3〕 PCERA：Perth Centre for Energy and Resources Arbitration.
〔4〕 http://primefinancedisputes. org.
〔5〕 SHIACA：Shanghai Aviation International Court of Arbitration.

则不存在申请仲裁的依据。[1]

仲裁协议一般是事前仲裁协议，即在纠纷发生之前，当事人就已经签订了仲裁协议。但是，在纠纷发生之后，当事人经过协商也可以签订事后仲裁协议。当然，协商成功的可能性会比较低。不管是事前仲裁协议，还是事后仲裁协议，想进入仲裁的世界，当事人都必须有仲裁协议这一钥匙。

（二）仲裁规则

仲裁协议之上被广泛适用的规定是仲裁机构的仲裁规则。[2]仲裁协议仅仅适用于签订仲裁协议的当事人。而仲裁规则适用于更为广泛的群体。有了仲裁协议就可以进入仲裁的世界进行仲裁。当事人可以约定任何一个仲裁机构，但是，进入该仲裁机构进行仲裁，在一般情况下，需要遵守该仲裁机构的规定，这就是仲裁规则。[3]

仲裁规则适用于选择仲裁规则的当事人的仲裁，当事人也可以根据具体情况协商修改一部分适用的仲裁规则。在通常情况下，仲裁规则包含"除非双方另有书面约定"的规定。这意味着仲裁规则不是强制性的，而是一条默认的规则。如果双方没有其他约定，则适用仲裁机构的仲裁规则。因此，如果当事人对某一特别事项在仲裁协议中另有约定，其仲裁协议的特别约定将取代仲裁规则的特定内容，除非仲裁机构认为该特定内容是强制性的。

（三）法律

仲裁规则之上适用得更广泛的是一国法律。该法律包含适用仲裁程序的仲裁法及适用合同内容的实体法。许多国家均已采用联合国贸易法委员会的《国际商事仲裁示范法》（以下称《仲裁示范

---

〔1〕《中华人民共和国仲裁法》（1994 年）第 4 条。

〔2〕《中国国际贸易仲裁委员会仲裁规则》（2015 年）；HKIAC 2018 Administered Arbitration Rules；SIAC Arbitration Rules 2016；ICC Rules of Arbitration（2017）；LCIA Arbitration Rules（2020）.

〔3〕http://www.cietac.org.cn/index.php? m = Page&a = index&id = 65；https://www.siac.org.sg/our-rules/rules/siac-rules-2016#siac_ rule11.

法》）作为其仲裁法。[1]《仲裁示范法》旨在与各种仲裁规则协同适用，而不与之发生冲突。因此，《仲裁示范法》也有许多实质上默认的规定，除非当事人另有约定，否则都将适用《仲裁示范法》。如果当事人选择的仲裁规则规定了不同于《仲裁示范法》的程序或规则，通常仲裁规则优先适用。因为，仲裁规则代表了双方的选择，在民商事领域，意思自治才是最重要的原则。

当事人选择适用的实体法是用来解释纠纷当中的合同内容、确定争议的是非曲直，并决定任何其他实质性问题的国内法。而这种实体法也可能包含对于两种不同协议的适用。第一种是适用于仲裁协议的实体法；第二种是适用于主合同纠纷的实体法。如果当事人没有选择实体法，那么仲裁庭将决定适用实体法。

（四）国际条约

一国法律之上适用最广泛的就是国际条约。在国际商事仲裁领域，最为瞩目的国际条约就是《纽约公约》。对于大多数国际商事仲裁来说，《纽约公约》是最为广泛适用的公约，因为，它规定了仲裁协议的执行和仲裁裁决的承认和执行问题。而且，许多国家都是《纽约公约》的缔约国，要执行仲裁裁决，获得最终胜利，《纽约公约》将是最后一道关卡。

因此，在国际商事仲裁领域，对于当事人之间发生的纠纷，所适用的相关规定包括仲裁协议、仲裁规则、国内法律和国际公约。虽然，当事人有实质性的自主权来控制仲裁程序，但国家和国际法对仲裁程序的补充和加强有助于确保仲裁程序以公平和有效的方式进行。上述相关规定也使当事人可以更加合理地预测未来的仲裁程序将大致向什么样的方向发展。因此，在国际商业交易当中出现问题或纠纷时，当事人可以参照上述规定，判断利益得失。

---

〔1〕　包括中国在内，很多国家都是借鉴联合国贸易法委员会的《仲裁示范法》制定了本国的《仲裁法》。

第四节　其他争端解决机制

任何纠纷解决方法都存在自身的优点和缺点。国际商事仲裁有时被称为解决国际争端的最低效的方法。但是，国际仲裁还是处在解决纠纷主导性地位的事实，证明了许多国际贸易的参与者还是对仲裁情有独钟。当然，国际仲裁的目标是允许来自不同国家和文化的当事人通过合意的方式解决他们之间的分歧，使所有当事人都感到在这样一个私权制度下解决争端的机制，可以更有效地获得正义结果。其他争端解决机制有时被专业人士（如律师们）简化称为"替代争端解决机制"（ADR：Alternative Dispute Resolution）。[1]在欧洲和世界其他大部分地区，ADR指的是除诉讼和仲裁之外的其他争端解决机制。在美国，ADR被理解为是除诉讼之外的其他争端解决机制。可见，在美国，ADR包含仲裁。因此，当事人应明确，在约定通过ADR解决彼此纠纷时，此处的ADR到底指的是什么。

除诉讼和仲裁外，其他争端解决机制也可用于解决国际商事纠纷。这些通常不具有约束力的其他争端解决机制有时会与仲裁一起出现在当事人解决纠纷的过程当中。比方说，当事人可能同意，如果发生纠纷，他们将首先尝试通过谈判协商的方式解决纠纷；之后，如果协商无法解决纠纷，他们将进行调解的方式解决纠纷；最后，如果调解也无法解决纠纷，他们将开始进行有约束力的仲裁。

因此，当事人选择通过仲裁解决彼此纠纷，并不表示当事人就排斥通过协商或调解等其他方式解决纠纷。在申请仲裁或诉讼之前，当事人完全可以先进行协商或调解，进而在仲裁或诉讼前寻找解决彼此误会的方式。但是，如果前期的协商或调解无果，最终走向仲裁或诉讼，当事人就要选择一种方式。根据《最高人民法院关于适用〈中华人民共和国仲裁法〉若干问题的解释》第7条的规定，当

---

〔1〕　https://en.wikipedia.org/wiki/Alternative_dispute_resolution.

事人约定争议可以向仲裁机构申请仲裁也可以向人民法院起诉的，仲裁协议无效。[1]

一、调解[2]

调解可以在纠纷的任何一个阶段进行。如果当事人在诉讼或仲裁中遇到了他们想要解决的问题，需要一些帮助，他们也可以找一个调解人。谈判陷入僵局，但是，双方当事人实际上都希望交易能够继续进行的，调解人有时也出现于合同的谈判阶段。调解是保密的。在一般情况下，调解规则通常会规定，在调解期间当事人所作的披露，都不得适用于之后的仲裁或是诉讼。如果调解规则对此没有作出规定，当事人则应以书面形式达成协议，除非是通过非为调解而制作的文件，在调解过程中当事人披露的任何内容都不得在接下来的仲裁或诉讼使用。

调解机构可以提供调解规则。[3]调解人应当努力使各方当事人理解对方的观点，私下会见各方当事人，听取各方当事人的意见，强调共同利益，努力帮助各方当事人达成一致意见。当然，调解终究还是不同于仲裁，因为调解得出的结论不具有约束力。[4]

二、和解[5]

和解本质上被认为不同于谈判，因为它包含第三方，由一个公正、独立的第三方帮助当事人解决纠纷。和解也不同于仲裁，因为和解协议不具有约束力。然而，和解与调解并无实质性的区别。这

---

〔1〕《最高人民法院关于适用〈中华人民共和国仲裁法〉若干问题的解释》（2006年）第7条。

〔2〕 Mediation.

〔3〕《中国国际经济贸易仲裁委员会调解中心调解规则》（2018年）；HKIAC Mediation Rules（1999年）；ICC Mediation Rules（2014年）；LCIA Mediation Rules（2012年）.

〔4〕 当然，在仲裁当中，通过仲裁员进行的调解而最终得出的调解书还是有约束力的。但是，这种调解应理解为是在仲裁当中进行的调解，包含在仲裁程序当中。《中华人民共和国仲裁法》（1994年）第51条。

〔5〕 Conciliation.

些术语通常可以互换使用。根据联合国贸易法委员会《国际商事和解示范法》[1]的规定，我们也很难发现和解与调解是否存在本质上的区别。

三、中立的评估[2]

一个机构可以安排一个中立方，或者当事人可以找到一个中立方并达成一致，让中立方听取各方当事人的意见，然后就一个事实问题、或者一个法律问题，或者一个技术性问题发表无约束力的意见。中立方通常会评估案件的优缺点，这可能有助于各方在随后的和解讨论中将自己的索赔请求变为现实。

四、专家意见[3]

在仲裁审理过程当中出现一个涉及高度技术性的问题时，当事人可以同意由专家来决定该问题。专家的决定通常具有约束力，但当事人可以同意在无约束力的前提下使用专家意见。[4]

《中国国际经济贸易仲裁委员会证据指引》第9条规定："（一）当事人可就特定问题提交专家意见以支持己方的主张。专家意见应包括：1、专家的姓名、地址、与各当事人间的关系以及个人专业背景介绍；2、为出具专家意见而了解的事实、阅读的文件及其他信息来源；3、专家个人的意见和结论，包括形成意见和得出结论所使用的方法和依据；4、出具意见的日期及专家本人的签名。（二）仲裁庭可自行指定一名或多名专家。双方当事人应对仲裁庭指定的专家予以协助，提供其要求的文件和信息。专家应出具专家意见，交由双方当事人评论。"[5]

---

〔1〕 https://uncitral. un. org/sites/uncitral. un. org/files/media－documents/uncitral/en/conc-rules-e. pdf.

〔2〕 Neutral Evaluation.

〔3〕 Expert Determination.

〔4〕 ICC Expert Rules：Administering Expert Proceedings, art. 8（2）.

〔5〕 《中国国际经济贸易仲裁委员会证据指引》（2015年）第9条。

但是，上述证据指引本身就是无约束力的指导性规则，因此，专家意见可以成为仲裁员判断专业问题的一个辅助手段，但是，不能成为具有约束力的绝对标准。[1]

---

〔1〕《中国国际经济贸易仲裁委员会证据指引》（2015 年）前言。

第四章
当事人申请仲裁的条件
——仲裁协议

第一节　仲裁协议的起草与内容

　　谁都不愿意发生纠纷。但是，纠纷确实发生了，那就得解决。在国际商事纠纷当中，当事人更愿意通过仲裁解决纠纷。究其原因大体上就是：第一，我不想在你的法院进行诉讼，人到了关键时刻都会容易变得狭隘自私，我宁愿找一个相对中立的机构定分止争；第二，仲裁的效率远高于诉讼，一次就结束了；第三，仲裁裁决具有约束力，我还可以去法院申请强制执行，何乐而不为呢？但是，即便仲裁有这么多让人向往的魅力，你也不能强迫他人和你进行仲裁。只有当事人通过仲裁协议，同意仲裁的时候，仲裁程序才能登场。仲裁协议可不是简单的约定，试想一下，当事人在同意通过仲裁解决纠纷的同时，他们也放弃了一项重要的权利，那就是请求国家公权力机构审理纠纷的权利。在仲裁协议中，当事人可以约定适用的仲裁规则、仲裁地、仲裁语言、适用实体法等事项。双方通过仲裁协议赋予仲裁员审理彼此纠纷的权力。因此，从本质上讲，通过仲裁协议，在国家公权法院司法制度之外，当事人建立了一套私权的争端解决机制。

　　那么，问题就来了。当事人应如何约定仲裁协议的内容呢？我们可以想象一下，当事人为了一个国际贸易签订买卖合同，很自然地会在买卖合同当中约定以仲裁的方式解决彼此纠纷。因此，仲裁协议一般是在纠纷发生之前在合同中约定的，其目的就是，如果发生纠纷，当事人就用事先约定好的争端解决机制解决纠纷。这种仲裁协议被称为"事前仲裁协议"。如果纠纷发生之前没有约定仲裁协议，当事人也可以在纠纷发生后，经双方当事人协商同意签订仲裁协议。这种仲裁协议被称为"事后仲裁协议"。在仲裁纠纷当中，当事人普遍会适用事前仲裁协议而非事后仲裁协议。这也很容易理解，就像婚姻关系，感情好的时候，什么都好说。因此，没发生纠纷之前，当事人是很容易约定仲裁协议的内容的。但是，一旦开始闹离婚，彼此就很难有信任关系了。因此，很多时候就是剑拔弩张，坐到一起再进行谈判的余地就少了很多。纠纷发生后，当事人当然很难心平气和地签订事后仲裁协议。

尽管仲裁协议通常会包含在双方签订的主合同当中，但是，根据大多数国家与仲裁相关的法律规定，它仍然被视为一个单独的协议。[1] 这就是仲裁协议的可分割性原则。因此，即便主合同（即仲裁条款所在的合同）可能被认定无效，也不会影响仲裁协议继续生效。在大多数国家，即便一方当事人主张主合同终止或由于受欺诈签订主合同而撤销，基于仲裁协议的可分割性原则，仍然允许仲裁员基于仲裁协议对涉案纠纷进行审理和裁决。因为，一方当事人的上述主张是与主合同相关的主张，而非与仲裁协议相关的主张，因此，不会剥夺仲裁员对当事人纠纷的管辖权。

当然，如果一方当事人主张无效的对象是仲裁协议本身，那么，即便仲裁庭进行了仲裁，其出具的仲裁裁决也很有可能会接受当事人的挑战，并受到司法机关的审查。如果司法机关认定仲裁协议确实无效，那么，仲裁裁决很有可能会被撤销或拒绝承认和执行仲裁

---

〔1〕《中华人民共和国仲裁法》（1994 年）第 19 条，仲裁协议独立存在，合同的变更、解除、终止或者无效，不影响仲裁协议的效力；《韩国仲裁法》（2010 年）第 17 条；Singapore International Arbitration Act（2002），Article 16（1）；"UNCITRAL Model Law on International Commercial Arbitration"（1985），Article 16.

裁决。[1]总的来说，由于仲裁协议被视为是一个单独的协议，因此，仲裁协议一般不会受到主合同效力判断的影响。

律师清晰而有见识地起草仲裁协议可以有效地防止不必要的争端，从而对国际交易产生重大影响。此外，起草一份漂亮的仲裁协议甚至可以阻止各当事人实际申请仲裁，从而有助于维持当事人之间的业务关系。当仲裁协议明确有效时，在很大程度上就打消了当事人诉诸法院施展拖延战术的动机，从而使其更多地通过坦诚的协商来避免冗长的诉讼和仲裁程序。当事人明确同意采取仲裁方式是申请仲裁的前提条件。因此，双方当事人都应当仔细起草仲裁协议的内容。仲裁协议的当事人在仲裁当中享有很大的自主权。在国际贸易相关仲裁案件当中，起草仲裁协议的律师需要充分了解并接受相关教育，以建立一个有效的法律框架，以最大限度地减少对仲裁协议本身的争议，不存在违反法定的或强制性的规则而起草仲裁协议的风险，并且不会造成内容上的模棱两可和不确定，从而使仲裁协议走向无效。

一、仲裁协议的起草

在国家公权力法院司法制度之外，合同当事人通过仲裁协议建立起了一套私权的争端解决机制。而为确保这种机制的正常运行，合同当事人当然要谨慎起草仲裁协议。不幸的是，在谈判和起草合同的时候，当事人往往都会把精力放在如何约定交易相关的合同内容，而不会把注意力放在如何起草仲裁协议上。这当然会造成一份漏洞百出的仲裁协议。存在缺陷的仲裁协议，可以使其直接被认定为无效。即便暂时有效，这种与生俱来的缺陷也可能会使仲裁协议成为争议的焦点，即便赢了仲裁裁决，日后仲裁裁决也有可能存在被撤销或被拒绝执行的潜在危险。为了合同当事人能够更有效地解

---

[1] 撤销仲裁裁决：《中华人民共和国仲裁法》（1994年）第58条；拒绝承认和执行仲裁裁决：《纽约公约》（1958年）第5条；Prima Paint Co. v. Flood & Conklin Manufacturing Corp. , 388 U. S. 395, 404~405（1967）.

决纠纷，起草一份有效的仲裁协议至关重要。

仲裁协议可能会包含错误的信息，而这种错误的信息可能记述了错误的仲裁机构或仲裁规则的名称，导致合同当事人选择了一个不存在的仲裁机构。或者，当事人在仲裁协议中约定了一名具体的仲裁员，而该仲裁员可能在仲裁开始时就失去了行为能力或已死亡。或者，当事人有可能在合同的仲裁协议条款中约定争议将通过仲裁解决，但在同一合同的另一条款中又约定通过法院诉讼解决纠纷，从而让第三方对合同当事人的实际意图摸不着头脑。[1]根据《最高人民法院关于适用〈中华人民共和国仲裁法〉若干问题的解释》第7条的规定，当事人约定争议可以向仲裁机构申请仲裁也可以向人民法院起诉的，仲裁协议无效。起草内容明确有效的仲裁协议对双方当事人有效解决纠纷具有重要意义，代理当事人的律师们也越来越认识到正确起草仲裁协议的重要性。而在互联网日渐发达的今天，我们可以在各个仲裁机构找到该仲裁机构认可的示范性仲裁协议的内容。

比方说，中国国际经济贸易仲裁委员会网站上就有示范性的仲裁协议；[2]香港国际仲裁中心网站上也有示范性的仲裁协议；[3]新加坡国际仲裁中心网站上也有示范性的仲裁协议；[4]大韩商事仲裁院网站上也有示范性的仲裁协议；[5]国际商会国际仲裁院网站上也有示范性的仲裁协议；[6]伦敦国际仲裁院网站上也有示范性的仲裁协议。[7]大多数仲裁机构都在网站上提供了简单的示范仲裁协议内容，供当事人参考使用。这样的条款通常是相当充分的，经得起时间的考验，当事人也可以相对容易地理解仲裁协议的内容。对于一

---

〔1〕　《最高人民法院关于适用〈中华人民共和国仲裁法〉若干问题的解释》（2006年）第7条。

〔2〕　http://www.cietac.org.cn/index.php？m=Page&a=index&id=118.

〔3〕　https://www.hkiac.org/arbitration/model-clauses.

〔4〕　http://www.siac.org.sg/our-rules.

〔5〕　http://www.kcabinternational.or.kr.

〔6〕　https://iccwbo.org/dispute-resolution-services/arbitration/arbitration-clause.

〔7〕　https://www.lcia.org/Dispute_Resolution_Services/LCIA_Arbitration.aspx.

个内容简洁的仲裁协议还是内容更为复杂的仲裁协议对客户更有利，众说纷纭。传统观点认为，一个内容简洁的仲裁协议就足够了，不需要一个内容更为复杂的仲裁协议。

仲裁协议应采取书面形式。根据《纽约公约》第2条的规定，为了承认和执行仲裁协议，仲裁协议通常需要采取书面形式。[1]而且，许多国家的仲裁法也都要求仲裁协议应为书面形式。[2]尽管联合国贸易法委员会已对《仲裁示范法》进行了修改，并建议对《纽约公约》的某些条款作出扩大解释，但是即便如此，审慎起见，最好还是采取书面形式达成仲裁协议最为有利。如果想选择一个特定的仲裁机构来审理纠纷，当事人最好在合同中约定该仲裁机构的示范性仲裁协议的内容。一个相当典型的示范性仲裁条款是伦敦国际仲裁院的条款。

因本合同引起的或与本合同有关的任何争议，包括与本合同的存在、有效性或终止有关的任何问题，应根据伦敦国际仲裁院仲裁规则提交仲裁并最终解决，该仲裁规则应视为已被纳入本条款。

仲裁员的人数应为【一/三】人。

仲裁地为【　　】国家【　　】城市。

仲裁程序当中，所使用的语言为【　　】语。

合同的准据法为【　　　　　】国家的实体法。[3]

上述示范性仲裁条款就非常明确地向当事人提供了标准的仲裁

---

[1]《纽约公约》（1958年）第2条。

[2]《中华人民共和国仲裁法》（1994年）第16条。

[3] Any dispute arising out of or in connection with this contract, including any question regarding its existence, validity or termination, shall be referred to and finally resolved by arbitration under the LCIA Rules, which Rules are deemed to be incorporated by reference into this clause.

The number of arbitrators shall be [one/three].

The seat, or legal place, of arbitration shall be [City and/or Country].

The language to be used in the arbitral proceedings shall be [　　　].

The governing law of the contract shall be the substantive law of [　　　].

https://www.lcia.org/Dispute_Resolution_Services/LCIA_Recommended_Clauses.aspx.

协议的内容。如果当事人有意在伦敦国际仲裁院进行仲裁，就可以约定上述仲裁条款，没有必要去考虑添加其他复杂的内容，导致画蛇添足，使得仲裁条款的解释复杂起来，增添不必要的纷争。然而，上述示范性仲裁条款对于适用哪个国家的法律判断仲裁协议的效力没有明确的约定。虽然，我们普遍会理解仲裁地的法律管辖程序性事项，当事人选择的实体法将管辖合同的解释，但尚不清楚哪个国家的法律将管辖仲裁协议本身的效力。

一些仲裁庭认为，仲裁协议的有效性受仲裁地法律管辖，而有些仲裁庭则认为应当适用当事人选择的实体法来判断仲裁协议的效力。为了解决这个问题，香港国际仲裁中心提供了一个示范性仲裁协议，其中就包括判断仲裁协议效力的法律。

凡因本合同所引起的或与之相关的任何争议、纠纷、分歧或索赔，包括合同的存在、效力、解释、履行、违反或终止，或因本合同引起的或与之相关的任何非合同性争议，均应提交由香港国际仲裁中心管理的仲裁，并按照提交仲裁通知时有效的《香港国际仲裁中心机构仲裁规则》最终解决。

本仲裁条款适用的法律为【　　　　】国家/地区的法律。

仲裁地应为【　　】城市。

仲裁员的人数为【一/三】人。仲裁程序当中使用的语言为【　　】语。[1]

---

[1] Any dispute, controversy, difference or claim arising out of or relating to this contract, including the existence, validity, interpretation, performance, breach or termination thereof or any dispute regarding non-contractual obligations arising out of or relating to it shall be referred to and finally resolved by arbitration administered by the Hong Kong International Arbitration Centre (HKIAC) under the HKIAC Administered Arbitration Rules in force when the Notice of Arbitration is submitted.

The law of this arbitration clause shall be… (Hong Kong law).

The seat of arbitration shall be… (Hong Kong).

The number of arbitrators shall be… (one or three). The arbitration proceedings shall be conducted in… (insert language).

https://www.hkiac.org/arbitration/model-clauses.

与上述伦敦国际仲裁院示范性仲裁条款不同，香港国际仲裁中心的示范性仲裁条款不包括对实体法的适用问题，该实体法很可能被包含在合同的其他地方。香港国际仲裁中心提供了一份说明，特别指出在适用的实体法和仲裁地的法律不同的情况下，应包括有关实体法的约定。适用于仲裁条款的法律可能适用于仲裁条款的形成、存在、范围、有效性、合法性、终止、解释和可执行性等事项。当然，适用于仲裁条款的法律不能取代适用于实质性合同的法律。[1]

中国国际经济贸易仲裁委员会建议的示范仲裁条款相对简单。其规定如下：

凡因本合同引起的或与本合同有关的任何争议，均应提交中国国际经济贸易仲裁委员会，按照申请仲裁时该会现行有效的仲裁规则进行仲裁。仲裁裁决是终局的，对双方均有约束力。

凡因本合同引起的或与本合同有关的任何争议，均应提交中国国际经济贸易仲裁委员会_____分会（仲裁中心），按照仲裁申请时中国国际经济贸易仲裁委员会现行有效的仲裁规则进行仲裁。仲裁裁决是终局的，对双方均有约束力。[2]

之所以没有约定仲裁员的人数是因为，根据中国国际经济贸易仲裁委员会《仲裁规则》第25条的规定，仲裁庭由1名或3名仲裁员组成。除非当事人另有约定或本规则另有规定，仲裁庭由3名仲裁员组成。因此，除非当事人事先约定由1名仲裁员组成的仲裁庭，

---

〔1〕 https://www.hkiac.org/arbitration/model-clauses.

〔2〕 Any dispute arising from or in connection with this Contract shall be submitted to China International Economic and Trade Arbitration Commission (CIETAC) for arbitration which shall be conducted in accordance with the CIETAC's arbitration rules in effect at the time of applying for arbitration. The arbitral award is final and binding upon both parties.

Any dispute arising from or in connection with this Contract shall be submitted to China International Economic and Trade Arbitration Commission (CIETAC) _____ Sub-Commission (Arbitration Center) for arbitration which shall be conducted in accordance with the CIETAC's arbitration rules in effect at the time of applying for arbitration. The arbitral award is final and binding upon both parties. http://www.cietac.org/index.php? m=Page&a=index&id=118.

否则仲裁庭一般都由 3 名仲裁员组成。[1]

二、仲裁协议的内容

(一) 仲裁员

在任何情况下，都没有绝对的标准。但是，在涉及合同解释问题的纠纷中，对于仲裁金额相对较小、事实关系相对不是很复杂的案件，在一般情况下，由 1 名仲裁员担任独任仲裁员就足够了。如果约定了 1 名仲裁员而不是 3 名仲裁员，安排庭审时就不需要协调 3 名仲裁员的时间，因此，在程序调整上会更方便、容易一些。在决定是否由 1 名或 3 名仲裁员组成仲裁庭时，当事人应考虑交易的复杂性、争议发生的可能性以及潜在争议的估计价值。填写上述示范性仲裁协议对于当事人来说是极其重要的决定。在复杂的、高金额的纠纷当中，当事人一般倾向于由 3 名仲裁员组成仲裁庭。虽然由 3 名仲裁员组成的仲裁庭要比由 1 名仲裁员组成的仲裁庭在仲裁费用上要高昂得多，而且安排庭审要彼此协调时间，可能相对麻烦一些，但事，当涉及大量金额时，大多数当事人还是倾向于选择由 3 名仲裁员组成仲裁庭。毕竟，焦点问题相对复杂的时候，3 个头脑通常比 1 个头脑更善于吸收更多的信息并得出合理的解决方案。

当事人也可以约定仲裁员应当具备的资格。例如，在某一特定领域的经验或专门知识，或者掌握某种特定语言。但是，我们应该注意不要约定得太详细、具体，以至于找不到符合所有资格的仲裁员。此外，当事人一般都具有不同的文化或法律背景。因此，当事人可能也希望选定至少 1 名对自己的文化和法律制度有一定的认识和理解的仲裁员。在这种情况下，当事人可以在其仲裁协议中约定，每一方当事人将选定 1 名仲裁员，而当事人选定的仲裁员将选定第三名仲裁员担任首席仲裁员或由当事人共同选定第三名仲裁员。如果双方不同意选定仲裁员的方法，将根据仲裁机构的仲裁规则进行选定。

---

〔1〕《中国国际经济贸易仲裁委员会仲裁规则》（2015 年）第 25 条。

仲裁员就是案件的最终决定权人，其作用毋庸置疑。因此，当事人能否选定合格的并且倾向于支持其意见的仲裁员，对于案件的最终结果具有关键性的作用。

（二）仲裁地

约定仲裁地的时候，当事人一般倾向于选择一个不属于任何一方当事人营业地的国家，因此，他们会选择一个"中立"的地点。此外，为了仲裁裁决的承认和执行，在《纽约公约》的缔约国内选择一个国家是很有必要的。许多国家已作出了它们只执行在另一缔约国作出的仲裁裁决的保留。[1]因此，如果仲裁地不在缔约国内，仲裁裁决可能无法在败方财产所在地的管辖法院得到承认和执行。此外，仲裁地应选在政治和经济结构相对稳定、基础设施建设相对发达的地区，以允许仲裁参与者方便地往返交通，并可以及时使用电话、传真、互联网等现代科技服务。

不仅如此，之所以选择仲裁地非常重要，是因为仲裁地的仲裁法通常就是管辖仲裁程序及判断是否撤销仲裁裁决的法律。当事人都希望在一个对仲裁友好的制度下，在不被国家公权力过度干预仲裁程序的环境下进行仲裁。仲裁各方当事人希望选择一个不会被法院过度干预仲裁程序，并且容易被撤销仲裁裁决的仲裁地进行仲裁。同时，他们也需要考虑潜在的法院对仲裁程序的司法协助作用，将其也考虑在内。

（三）仲裁语言

当事人可以在仲裁条款中约定仲裁语言。

虽然有些当事人认为合同语言就是仲裁语言，但事实未必如此。除非双方当事人对一种语言有明确的约定，否则仲裁庭可以作出不同的决定，以另一种语言作为仲裁语言。[2]

---

〔1〕《纽约公约》（1958 年）第 1 条第 3 款。中国也作出了相关保留。

〔2〕《中国国际经济贸易仲裁委员会仲裁规则》（2015 年）第 81 条；HKIAC 2018 Administered Arbitration Rules, Article 15; SIAC Arbitration Rules (2016), Rule 22; ICC Rules of Arbitration (2017), Article 20; LCIA Arbitration Rules (2020), Article 17.

第二节　仲裁协议的效力

仲裁制度是一种当事人合意的产物，因此，这种合意应该是自由的、有意的和适当的。[1]鉴于当事人约定仲裁解决纠纷意味着放弃进行诉讼的重要权利，因此，仲裁协议的效力至关重要。当一方当事人试图对仲裁协议进行挑战时，很可能会出现仲裁协议是否是书面形式、是否已签署进而有效的问题。为了确定当事人真实的意思表示，许多国家的法律以及《纽约公约》都要求以书面形式订立仲裁协议。[2]此外，《纽约公约》还要求，仲裁协议在某些情况下必须经双方签署书面协议。[3]尽管当事人可能事前同意通过仲裁解决纠纷，但是，纠纷发生后，当事人可以另行约定变更仲裁约定，而向法院提起诉讼。此外，可能会出现仲裁协议对特定当事人是否适用的问题。例如，当一方当事人声称其从未签署仲裁协议，或当非签署方试图对签署方强制适用仲裁协议时，在这种情况下，当事人可以诉诸法院予以协助。[4]为了确保仲裁协议的有效性和可执行性，仲裁协议必须满足某些实质性的法律要件。根据《纽约公约》的规定，不仅是仲裁裁决，仲裁协议也是可以执行的。尽管《纽约公约》的全称为《承认和执行外国仲裁裁决公约》，并未提及仲裁协议，但是，《纽约公约》第2条就涉及仲裁协议的效力和执行问题。

《纽约公约》第2条规定："一、当事人以书面形式约定将当事人基于特定的法律关系而发生或可能发生的、可以通过仲裁解决的所有或者任何纠纷，不论基于合同性质与否，提交仲裁时，各缔约

---

〔1〕　Volt Information Sciences, Inc., v. Stanford, 489 U. S. 468, 479（1989）.

〔2〕　《纽约公约》（1958年）第2条；English Arbitration Act, § 5; French Code of Civil Procedure, Article 1443; U. S. Federal Arbitration Act, § 2;《中华人民共和国仲裁法》（1994年）第16条。

〔3〕　《纽约公约》（1958年）第2条第2款。

〔4〕　《中华人民共和国仲裁法》（1994年）第20条。

国应承认该仲裁协议；二、"书面形式"是指当事人所签署或在互换信件或电报中所载明的仲裁条款和仲裁协议；三、当事人已经达成本条规定的仲裁协议的，如果缔约国法院受理了诉讼，那么依一方当事人的请求，法院应当要求当事人将争议提交仲裁解决。但是法院判定上述仲裁协议无效、失效或不能实行的除外。"

根据《纽约公约》第 2 条的规定，缔约国必须承认书面形式的仲裁协议。如果法院扣押的标的物关系是到有约束力的仲裁协议，法院必须中止诉讼，并要求当事人提交仲裁解决纠纷。[1]根据《纽约公约》第二条的规定，我们可以得出仲裁协议有效性的若干标准。从广义上讲，可以认为有两种标准。第一种标准是形式上的有效性。仲裁协议是否符合《纽约公约》第 2 条的形式要求，即①采用书面形式；②当事人签署（或包含在信件或电报交换）。第二种标准是实体上的有效性。仲裁协议是否符合《纽约公约》第 2 条第 1 款和第 3 款规定的法律要求。仲裁协议是否是基于成立一个合同所需要的那种合意，也就是说，没受到欺诈、胁迫、违法或错误的可撤销或无效情形？标的是否可以仲裁？双方之间是否有明确的法律关系？这些都是判断仲裁协议有效的重要标准。

一、书面形式

在许多国家，通过口头或电子邮件或传真签订的合同都是有效的，而不会太重视合同的形式。如果根据相关国家的法律规定，上述形式签订的仲裁协议均可被认定为有效，那么，根据《纽约公约》的规定，该仲裁协议是否有效呢？在某些情况下，即使当事人可能通过行为或贸易惯例达成了仲裁协议，法院也会严格适用书面形式要求，认定仲裁协议无效。而这种情况下，适用《纽约公约》第 2 条的规定主张仲裁协议有效就不会特别有说服力。虽然，一直存在

---

〔1〕《中华人民共和国民事诉讼法》（2017 年）第 271 条；Albert Van Jan den Berg, The New York Arbitration Convention of 1958, at 129（1981）；Domenico Di Pietro & Martin Platte, Enforcement of International Arbitration Awards, 66（2001）.

试图修改《纽约公约》第 2 条书面形式要求的努力，但是，对一个拥有 161 个缔约国的国际公约进行修改是一件特别困难的事情，很难保证修改的内容会得到缔约国统一的积极响应。然而，还是可以通过其他方法试图确保《纽约公约》倡导的迅速执行仲裁协议和仲裁裁决的目的。《纽约公约》第 2 条第 1 款规定了书面形式要求，第 2 条第 2 款规定了书面形式的含义。书面形式要求可以通过合同中的仲裁条款或单独的仲裁协议，以获得签署或通过交换信件或电报的方式得以满足。[1]

《纽约公约》第 2 条第 2 款的规定提出了许多解释性问题。第一，签署的要求是既适用于包含仲裁条款的合同和事后的仲裁协议，还是仅适用于事后的仲裁协议；第二，签署的要求也适用于信件或电报的交换吗？对此，不同的法院采取了不同的解释。美国联邦第五巡回上诉法院认为，只有单独的事后的仲裁协议需要当事人签署，而不是包含仲裁条款的合同。[2]然而，美国联邦第二和第三巡回上诉法院认为，在包含仲裁条款的合同和事后的仲裁协议这两种情形下都需要当事人的签署。[3]

关于信件和电报的交换，瑞士法院认为，如果当事人表示有意通过交换文件达成仲裁协议，则无需当事人签署。[4]同样，美国联邦第三巡回上诉法院也认为，如果仲裁协议采取了一系列交换信函的形式，则当事人可以不签署。[5]在大多数司法管辖区，通常规定包含仲裁条款的合同或事后仲裁协议必须经当事人签署，但是，交换文件则不需要签署。然而，法院在如何严格解释《纽约公约》的书面形式要求方面，使得仲裁协议无效方面存在分歧。有些法院在

---

〔1〕 《纽约公约》（1948 年）第 2 条第 2 款。

〔2〕 Sphere Drake Ins. PLC v. Marine Towing 16 F. 3d 666, 669~670 (1994).

〔3〕 Kahn Lucas Lancaster, Inc. , v. Lark International Ltd. 186 F. 3d 210, 217~218 (2d Cir. 1999); Standard Bent Glass Corp. v. Glassrobots OY, 333 F. 3d 440, 449 (3rd Cir. 2003).

〔4〕 Compagnie de Navigation et Transports S. A. v. MSC (Mediterranean Shipping Company) S. A. (Swiss Federal Tribunal, January 16, 1995).

〔5〕 Standard Bent Glass Corp. v. Glassrobots OY, 333 F. 3d 440, 449 (2003).

遵守法律条文方面相当严格，只有存在当事人签署的或通过信件和电报交换的包含仲裁条款的合同或事后的仲裁协议的情形下才会认定仲裁协议有效。[1]在某些情况下，法院严格要求明示的书面形式要求，以此否认仲裁协议的有效性的做法，似乎与诚实信用原则背道而驰。[2]因为，最常见的情况可能是，当合同确实成立生效时，该合同中的仲裁条款因不符合《纽约公约》的形式要求而产生混乱。假设双方当事人通过电话达成口头协议。其中一方当事人发出包含仲裁条款的《书面确认书》（合同），而另一方当事人根据合同履行了发货义务，但从没有针对《书面确认书》向对方发送书面回复。此时，大多数法院都会毫不犹豫地认定合同已经成立生效。但是，相当多的法院会说仲裁条款无效。[3]因为只存在一份文件的发送而没有回复，因此就不存在文件的交换。

如果仲裁协议属于《纽约公约》调整的范围，那么，关于仲裁协议形式问题，比起国内法，应当优先适用《纽约公约》的规定。[4]然而，一些国家的法院并不总是认为《纽约公约》优先于国内法。[5]一些法院经常会适用国内法认定仲裁协议有效。此外，即使法院适用了《纽约公约》，法院的解释也可能受其国内法的影响。在某种程度上，法院会认为《纽约公约》对特定问题是沉默的、含糊不清的或过时的。许多国家法院会根据联合国贸易法委员会《仲裁示范法》第 7 （2） 条及其更自由的国内仲裁法来解释《纽约公

---

〔1〕 Germany, Brandenburg Court of Appeal, June 13, 2002 (No. 8, Sch 2/01); Spain, Supreme Court, Delta Cereales Espana SL (Spain) v. Barredo Hermanos S. A. , October 6, 1998 (Yearbook Commercial Arbitration XXVI, at 854 (2001)).

〔2〕 Italy, Supreme Court, Robobar Limited (UK) v. Finncold SAS (Italy) October 28, 1993, Yearbook Commercial Arbitration XX at 739 (1995).

〔3〕 Bundesgerichtshof [BGH] [Federal Court of Justice] January 25, 2011, in XXXVII Yearbook Commercial Arbitration, 223 ~ 225; APC Logistics Pty Ltd v. CJ Nutracon Pty Ltd [2007] FCA 136.

〔4〕 Albert Van Jan den Berg, The New York Arbitration Convention of 1958, at 170 (1981).

〔5〕 Société Abilio Rodriguez v. Société Vigelor, 691 (Court of Appeal, Paris, 1990) (Rev. Arb. 1990).

约》第 2 条第 2 款的内容。[1]考虑到《纽约公约》的目的，以及比过时的信件和电报更现代的通信方式的出现等因素，根据国内法对书面形式采取更为宽松的扩大解释是相对合理的。但仍有一些法院认为如果仲裁协议不符合《纽约公约》第 2 条第 2 款的要求，将不会执行仲裁裁决。[2]

因此，不同的法院对《纽约公约》第 2 条第 2 款采取不同的解释，这也可能导致《纽约公约》适用的不统一。修改一个拥有 161 个缔约国的国际公约不是一件容易的事情，如果一些国家修改了，而其他国家没有修改，将会带来更大的混乱。为鼓励法院对《纽约公约》第 2 条进行较宽松的扩大解释，联合国贸易法委员会从 1999 年就开始试图寻求使《纽约公约》变得更加现代化的方法。联合国贸易法委员会审议的两个较可取的办法是：第一，拟订关于《纽约公约》的建议，反映对仲裁协议的形式要求更为宽松的扩大理解，并允许适用对于认定仲裁协议有效更为有利的国内法；第二，修订联合国贸易法委员会《仲裁示范法》第 7 条的规定。

（一）对《纽约公约》第 2 条及第 7 条的建议

2006 年 7 月，联合国贸易法委员会通过了关于《纽约公约》第 2 条第 2 款和第 7 条第 1 款的解释建议，以及联合国贸易法委员会《仲裁示范法》第 7 条中关于仲裁协议形式要求的修订条文。对于《纽约公约》第 2 条的解释建议是，在适用上述规定时，应认识到其中所述的情况并非详尽无遗。[3]联合国贸易法委员会建议，除《纽约公约》规定的书面形式要求外，还可以有其他依据来满足书面形式要求（如国内法规定的依据），法院应减少对第 2 条书面形式要求的严格审查。联合国贸易法委员会还建议，将仅适用于仲裁裁决的

---

[1]　Domenico Di Pietro & Martin Platte, Enforcement of International Arbitration Awards, 82（2001）.

[2]　Domenico Di Pietro & Martin Platte, Enforcement of International Arbitration Awards, 76~77（2001）.

[3]　Note by the Secretariat, Article Ⅱ（2）of the Convention on the Recognition and Enforcement of Foreign Arbitral Awards（New York, 1958）, A/CN. 9/WG. Ⅱ/WP. 139, 3, para 2.

《纽约公约》第 7 条第 1 款，扩大适用于仲裁协议。[1]根据《纽约公约》第 7 条第 1 款的规定："本公约的规定不得不剥夺任何利害关系人在被援引仲裁裁决执行地所在国的法律或条约所许可的方式和范围内，可能具有的援用仲裁裁决的任何权利。"[2]《纽约公约》第 7 条第 1 款有时被称为"更有利权利"条款，因为，《纽约公约》第七条第 1 款允许试图执行仲裁裁决的当事人利用执行管辖区内任何更有利于申请执行人的法律执行仲裁裁决，从而使执行更加迅速、便利。此外，联合国贸易法委员会建议，《纽约公约》第 7 条第 1 款应允许任何利害关系人利用其根据寻求依据的仲裁协议所在国的法律或一国条约可能拥有的权利，以寻求承认此类仲裁协议的有效性。[3]

如果《纽约公约》第 7 条第 1 款不仅适用于仲裁裁决，而且，还适用于仲裁协议，根据判断仲裁协议有效性的法院的国内法，《纽约公约》第 7 条第 1 款将为当事人提供为认定仲裁协议有效而需的"更有利的权利"。如果在认定仲裁协议效力方面，任何国内法比起《纽约公约》对当事人都更有利，则该当事人将有权得到这些法律的保护。因此，如果认定仲裁协议效力的法院一国制定了现代化的、更为宽泛的对于仲裁协议书面形式的扩大解释，则法院不必严格遵守《纽约公约》有关仲裁协议书面形式的要求。

（二）对于《仲裁示范法》第 7 条的修改

在 2006 年 7 月，联合国贸易法委员会修改了《仲裁示范法》第 7 条的规定。修改后的《仲裁示范法》第 7 条将为采用《仲裁示范法》的国家提供更为现代化的、有关仲裁协议书面形式的要求。该规定将使仲裁协议在国内法的书面形式要求下变得更容易生效。对于适用《仲裁示范法》的国家的法院，如果愿意将《纽约公约》第

---

〔1〕 Note by the Secretariat, Article Ⅱ（2）of the Convention on the Recognition and Enforcement of Foreign Arbitral Awards（New York, 1958）, A/CN. 9/WG. Ⅱ/WP. 139, 3, para 2.

〔2〕《纽约公约》（1958 年）第 7 条第 1 款。

〔3〕 Report of the Working Group on Arbitration and Conciliation on the work of its forty-fourth session（New York, January 23~27, 2006）.

7 条中更有利的权利条款适用于仲裁协议，则仲裁协议将更容易生效，其效力不会因《纽约公约》第 2 条的"书面形式"要求而受到损害。

　　《仲裁示范法》第 7 条的标题为"仲裁协议的定义和形式"。联合国贸易法委员会修改了《仲裁示范法》第 7 条的内容，试图使《仲裁示范法》与国际贸易中的现行做法保持一致。联合国贸易法委员会从未奢望其修改的《仲裁示范法》会得到各国的统一适用。然而，即使修改后的《仲裁示范法》没有得到统一适用，也有助于提供指导方针，让人们知道在当今国际交易模式下，什么是有效的仲裁协议。当然，在一个国家通过《仲裁示范法（修正案）》之前，该修正案不会成为任何国家的法律。对于《仲裁示范法》第 7 条，联合国贸易法委员会提供了一个国家可以采用的两种不同版本的修正案。修正案 1 是，要求以书面形式达成仲裁协议，并阐明了"书面形式"的含义；修正案 2 不要求书面形式。

　　《仲裁示范法》修正案 1 第 7 条将"书面形式"定义为以任何形式记录的内容，即使仲裁协议或合同是口头订立的。[1]上述方案没有要求当事人签署。因此，只要有仲裁协议的记录，该仲裁协议就有效，这包含双方当事人通过电话达成的仲裁协议，并包含只发送了一份确认书的情况。尽管根据《仲裁示范法》修正案 1 第 7 条第 3款的规定，另一方当事人可能已通过装运货物而没有对确认书进行回复，但确认书似乎是一份满足书面要求的记录。因此，这种默认的方式也会使仲裁协议有效。《仲裁示范法》修正案 2 第 7 条将仲裁协议定义为"双方就已确定的法律关系下（无论是否为合同关系）已发生或可能发生的所有或某些纠纷，提交仲裁的协议"。[2]这种修改方案并没有要求书面形式。因此，如果法院将《纽约公约》第 7 条第 1 款中的"更有利的权利"条款适用于仲裁协议，那么在采用了《仲裁示范法》修正案 2 第 7 条的国家的法院可以认定《纽约

---

〔1〕《仲裁示范法》第 7 条修正案 1 第 3 款。
〔2〕《仲裁示范法》第 7 条修正案 2。

公约》项下的口头仲裁协议有效。

此外，联合国贸易法委员会工作组还澄清，"书面形式"一词包括某些国家可能不被视为符合书面形式要求的现代化通信手段。[1]《仲裁示范法》修正案1第7条第4款规定，电子通信所含信息可以调取以备日后查用的，即满足了仲裁协议的书面形式要求；"电子通信"是指当事人以数据电文方式发出的任何通信；"数据电文"是指经由电子手段、磁化手段、光学手段或类似手段生成、发送、接收或储存的信息，这些手段包括但不限于电子数据交换、电子邮件、电报、电传或传真。[2]《仲裁示范法》修正案1第7条第4款对电子通信的定义与《联合国国际合同使用电子通信公约》[3]的定义相同。"数据电文"的定义也与联合国贸易法委员会《电子商务示范法》[4]的定义相同。尽管《纽约公约》第2条规定，书面仲裁协议可以包含在"信件或电报"的交换中，但现实是，传真和电子邮件等其他通信手段，也被用来订立合同。联合国贸易法委员会试图通过使《仲裁示范法》修正案1第7条中的"书面形式"定义与《联合国国际合同使用电子通信公约》及其联合国贸易法委员会《电子商务示范法》相一致来实现这一目标，并建立包括电子商务在内的国际公认的"书面形式"定义，使《仲裁示范法》的书面要求符合最现代的国际惯例。此外，通过取消"签署"要求，修改后的《仲裁示范法》第7条消除了导致一些法院拒绝认定仲裁协议有效的情形。如果一国同时通过了修订后的《仲裁示范法》第7条和联合国贸易法委员会对《纽约公约》第7条第1款解释的建议，则包含仲裁条款的未签署的合同或事后的仲裁协议都可以根据《纽约公约》第7条的"更有利的权利"条款被认定为有效。

---

[1] Report of the Working Group on Arbitration and Conciliation on the work of its forty-fourth session (New York, January 23~27, 2006), A/CN. 9/592, 10, Paragraph 50.

[2]《仲裁示范法》第7条第4款。

[3] United Nations Convention on the Use of Electronic Communications in International Contracts (New York, 2005). 我国于2006年加入了该公约。

[4] UNCITRAL Model Law on Electronic Commerce (1996).

（三）《仲裁示范法》修正案第 7 条相关其他问题

《仲裁示范法》修正案第 7 条还涉及其他两个与书面形式要求有关的内容。现有的第 7 条也涉及相同的问题，并且与修正案没有实质性的区别。根据《仲裁示范法》修正案 1 第 7 条第 5 款的规定，如果当事人交换了索赔和抗辩声明，而其中一方当事人主张了仲裁协议，而另一方当事人不予否认的，则符合书面形式要求。

另外，《仲裁示范法》修正案 1 第 7 条第 6 款规定，只要引用其他文件使其成为合同的一部分，即如果合同中引用了包含仲裁条款的其他文件，那就满足了书面形式要求。《仲裁示范法》修正案 1 第 7 条第 6 款只要求，在合同中提及包含仲裁条款的其他文件时，必须确定仲裁条款成为合同的一部分。这是一个在实践中经常出现的问题。但是，在《纽约公约》中没有特别规定。因此，不同司法管辖区的法院对仲裁协议何时可以通过引用纳入以及如何解释得出了不同的结论。

（四）"更有利的权利"条款

与时俱进，联合国贸易法委员会也建议将"更有利的权利"条款适用于仲裁协议和仲裁裁决当中，而一些法院已经遵循了上述建议。[1]毕竟，迅速执行仲裁协议和仲裁裁决是时代趋势。美国法院认定，根据有关电子签名的法律规定，通过电子邮件签订的仲裁协议满足了《联邦仲裁法》有关书面形式的要求，因此应认定有效。[2]尽管迄今为止还没有发现将电子签名的解释与《纽约公约》的书面形式要求相结合的美国案例，但我们可以比较乐观地认定，美国法院会适用电子签名法律规定，认定不能因为电子邮件而否认仲裁协议的效力。

当一方当事人可以在执行法院利用国内法律，而这些法律不受

---

〔1〕　The Netherlands, Court of Appeal, The Hague, Owerri Commercial Inc. （Panama）, v. Dielle Srl. （Italy）, XIX Yearbook Commercial Arbitration （Albert Jan van den Berg, ed., 1993）, 703.

〔2〕　9 U. S. C. § 2.

限于《纽约公约》第 2 条的书面形式要求时，当事人希望仲裁协议有效的期望更有可能得到满足。一种更现代化的书面形式要求意味着，同意仲裁的当事人不太可能因仲裁协议不符合形式要求而受到阻挠。当事人可以适用《纽约公约》第 7 条第 1 款的"更有利的权利"条款，在任何一个对仲裁协议的书面形式要求有更有利解释的法律的国家要求认定仲裁协议有效。

二、明确的法律关系

根据《纽约公约》的规定，无论是合同关系还是非合同关系，当事人之间的争议必须是关于一个明确的法律关系。[1]大多数仲裁协议的性质都是合同关系，但是，在此要求的明确的法律关系可以是非合同关系，如侵权关系。起草仲裁协议时，我们要更加谨小慎微，使其不仅包括合同引起的纠纷，还包括其他可能基于侵权行为或不正当竞争行为引起的纠纷。因此，大多数仲裁协议的起草者，不仅约定当事人同意通过仲裁解决"因合同引起的所有纠纷"，更会扩大为"因合同引起或与合同相关的所有纠纷"，使仲裁协议所调整的法律关系更加扩大。即使不一定由合同引起，在一般情况下，侵权或不正当竞争行为引起的请求都会与合同相关。如果不正当竞争行为确实与合同相关，当事人就可以通过订立包含"因合同引起或与合同相关的所有纠纷"，及包含"因合同引起或的纠纷和与合同相关的不正当竞争行为"的仲裁协议进行仲裁。尽管不正当竞争行为不是合同纠纷，但根据《纽约公约》的规定，仲裁协议仍然有效，因为该条款足够宽泛，使得根据其他法律规定足以涵盖此类明确的法律关系。

假设在购买商不知情的情况下，为了终止国际买卖协议，生产商雇用了购买商的一些关键员工，要求员工向生产商提供购买商的一些技术，并为生产商拥有的新的技术公司工作。手机生产商通过

---

[1]《纽约公约》（1958 年）第 2 条。

手机购买商的技术生产手机，但是为了自己也能直接生产销售手机，生产商雇用了购买商的员工，使其提供相关手机软件技术。在几个月内买卖协议不会马上终止，在这段时间内，购买商的主要员工继续在为购买商工作的同时，却要求购买商的客户在生产商设立的新的技术公司投入运营后切换到新公司。基于合同实际上并没有发生纠纷，因为合同中没有条款约定生产商不能雇用购买商的关键员工，并禁止生产商招揽购买商的客户。然而，这种行为在大多数司法管辖区都会因违反不正当竞争行为而被认定为违法，而禁止这种反不正当竞争违法行为的条款有可能不会包含在合同中。由于双方与反不正当竞争行为相关的法律关系是由非合同法的法律界定和管辖的，因此，该纠纷不是直接因合同引起的。与这种不正当竞争惯例有关的争议，可以根据一个约定更广泛的仲裁协议进行仲裁。

三、可仲裁性

在大多数司法管辖区，诸如刑事、监护权、家庭婚姻事务和破产等问题都是不可以仲裁的。为使仲裁协议具有强制执行效力，仲裁标的必须是可仲裁的，必须是国家认为可以仲裁的标的。涉及反垄断的纠纷以前被认为是不适合仲裁的。但是，现在其越来越朝着可仲裁的方向发展。[1]在美国，证券问题也是可以仲裁的。[2]一些仲裁庭认为，贿赂问题是不可以仲裁的，[3]但是近期，一些专家学者和法院认为，在单纯认定违法性的纠纷当中，不应禁止有管辖权的仲裁庭对贿赂违法性的定性纠纷进行裁决。[4]此外，在专利法中，

---

〔1〕　Mitsubishi Motors v. Soler Chrysler-Plymouth, 473 U. S. 614 (1985).

〔2〕　Scherk v. Alberto - Culver, 417 U. S. 506 (1974); Shearson v. McMahon, 482 U. S. 220 (1987).

〔3〕　World Duty Free v. The Republic of Kenya (Award) ICSID Case No ARB/00/7, paragraph 157 (2006).

〔4〕　Yas Banaiftemi, The Impact of Corruption on "Gateway Issues" of Arbitrability, Jurisdiction, Admissibility and Procedural Issues, in Addressing Issues of Corruption in Commercial and Investment Arbitration, 13 Dossiers of the ICC Institute of World Business Law 16, 17 (Domitille Baizeau & Richard H. Kreindler, 2015).

专利的有效性一般不可以仲裁，因为这被认为是地方监管机构或法院的审查范围。另一方面，专利许可合同引起的合同纠纷通常是可以仲裁的，因为这些纠纷基本上都是因合同引起的纠纷。

总的来说，除了那些明确界定的刑事、婚姻家庭、破产等领域的争议外，大多数纠纷都被认为是可以仲裁的。

四、仲裁协议的无效或不能适用或不能履行

除了书面形式、明确的法律关系和可仲裁性等仲裁协议的可执行条件外，《纽约公约》第2条第3款还规定，当仲裁协议符合第2条第1款的条件时，应一方当事人的请求，法院必须将该事项提交仲裁，除非该仲裁协议无效、不能适用或不能履行。[1]

（一）仲裁协议的无效

由于欺诈、胁迫而缺乏真实意思表示的仲裁协议可被视为无效。[2]此外，一方当事人缺乏行为能力也可以导致所签订的仲裁协议无效。当公权力机构作为一方当事人没有权力或必要的批准手续而签订仲裁协议时，可能会出现行为能力问题。

因为仲裁协议的语言过于含糊，以致无法确定当事人真实的意思表示，仲裁协议也可以被视为无效。在某些情况下，为维护当事人的仲裁意图，即使仲裁机构或仲裁规则的选择不明确，法院也有可能对有缺陷的仲裁协议予以适用。[3]然而，在其他情况下，仲裁协议的内容确实太过模糊了，就有可能导致仲裁协议无效。[4]

根据《中华人民共和国仲裁法》第18条的规定，仲裁协议对仲裁事项或者仲裁委员会没有约定或者约定不明确的，当事人可以补

---

[1] 《纽约公约》（1958年）第2条第3款。

[2] 《中华人民共和国仲裁法》（1994年）第17条；Apple & Eve, LLC v. Yantai North Andre Juice Co. Ltd. 610 F. Supp. 2d 226, 228~229（E. D. N. Y. 2009）；Bautista v. Star Cruises, 396 F. 3d 1289, 1302（11th Cir. 2005）.

[3] 《最高人民法院关于适用〈中华人民共和国仲裁法〉若干问题的解释》（2006年）第3条。

[4] Teck Guan Sdn Bhd v. Beow Guan Enterprises Pte Ltd [2003] SGHC 203.

充协议；达不成补充协议的，仲裁协议无效。[1]根据《最高人民法院关于适用〈中华人民共和国仲裁法〉若干问题的解释》第5条的规定，仲裁协议约定两个以上仲裁机构的，当事人可以协议选择其中的一个仲裁机构申请仲裁；当事人不能就仲裁机构选择达成一致的，仲裁协议无效。[2]

（二）仲裁协议不能适用

如果一方当事人在合同终止后在时效期限内没有申请仲裁，而该期限到期后，仲裁协议就不能适用了。根据《中华人民共和国仲裁法》第74条的规定，法律对仲裁时效有规定的，适用该规定。法律对仲裁时效没有规定的，适用诉讼时效的规定。[3]根据《中华人民共和国民法总则》第188条的规定，向人民法院请求保护民事权利的诉讼时效期间为3年。[4]根据2021年1月1日施行的《中华人民共和国民法典》第188条的规定，向人民法院请求保护民事权利的诉讼时效期间为3年。[5]

由于当事人解除了仲裁协议或就该纠纷已经签订和解协议，仲裁协议也可能不能适用。另一种可能是，如果同一当事人之间的相同纠纷先前已被出具诉讼或仲裁结果，基于一事不再理的原则，仲裁协议可能就不能适用了。

（三）仲裁协议不能履行

不能履行的仲裁协议也可能不能适用或无效。例如，如果当事人在合同当中既约定通过诉讼解决纠纷，又约定通过仲裁解决纠纷，这时，仲裁协议就可能不能履行。根据《最高人民法院关于适用〈中华人民共和国仲裁法〉若干问题的解释》第7条的规定，当事人约定争议可以向仲裁机构申请仲裁也可以向人民法院起诉的，仲裁

---

〔1〕《中华人民共和国仲裁法》（1994年）第18条。
〔2〕《最高人民法院关于适用〈中华人民共和国仲裁法〉若干问题的解释》（2006年）第5条。
〔3〕《中华人民共和国仲裁法》（1994年）第74条。
〔4〕《中华人民共和国民法总则》（2017年）第188条。
〔5〕《中华人民共和国民法典》（2021年）第188条。

协议无效。[1] 另外，如果双方当事人在仲裁协议中选择了一名具体的仲裁员，而该仲裁员在争议发生时已死亡或不可用，则除非各方当事人另行约定一名新的仲裁员，否则仲裁协议不能履行。当然，当事人完全可以重新约定一名新的仲裁员。此外，如果由于政治动乱，仲裁地点不再可用，这可能导致仲裁协议不能履行。

第三节　其他规定

除了各仲裁机构给出的示范性仲裁协议外，律师有可能希望在仲裁协议当中增加附加内容。但是，在加入附加内容之前，律师应该非常熟悉当事人约定的仲裁规则。仲裁机构是通过允分研究后，给出了示范性仲裁协议的。而律师则没有必要在此节外生枝，增加不必要的内容，导致仲裁协议的内容变得过于模糊或自相矛盾。

在某些情况下，当事人约定适用 ICC《仲裁规则》后，如果试图以 ICC 不能接受的方式对其进行修改，ICC 有可能会拒绝受理上述仲裁。[2] 然而，任何仲裁规则都包含"除非当事人另有约定"的规定，但是，如果没有这项规定，当事人最好不要随意进行与仲裁机构的仲裁规则相矛盾的修改。

一、多步骤争端解决机制

当纠纷发生时，当事人首先可以尝试通过协商解决纠纷。如果协商不成，他们可以进行调解。通过调解当事人仍然不能解决纠纷的，他们可以进行有约束力的仲裁程序。许多仲裁机构都规定了相关的多步骤争端解决程序。然而，一些律师会把多步骤争端解决机制认定为是一种陷阱。进行仲裁本身即说明当事人的关系已经破裂，彼此的信任微乎其微。这时候，如果还要求当事人在进行仲裁前必

---

[1]《最高人民法院关于适用〈中华人民共和国仲裁法〉若干问题的解释》（2006年）第7条。

[2] Yves Derains & Eric Schwartz, A Guide to the ICC Rules of Arbitration, 8（2005）.

须进行协商和调解，无非是给一方或双方当事人提供拖延时间的借口。

当然，调解人会主张，一些实际案例表明非常敌对的当事人通过调解也确实解决了纠纷。此外，如果在每一个争端解决机制阶段，当事人就事先协商确定了时间表，并约定在当事人协商一致的前提下可以延长期限，将有助于防止当事人不必要地拖延时间。如果使用多步骤争端解决机制，则可以考虑约定公司某一高层管理人员与代理律师一同参与到无约束力的争端解决机制当中。拥有决策权的企业高管在解决纠纷方面会从企业长远的商业角度出发考虑问题，而相对少一些形式上的严苛要求。

二、保密义务

尽管保密性被认为是仲裁的优势之一，但一些仲裁规则只规定对于行政管理人员和仲裁员的保密义务，而对当事人没有详细规定相关保密义务。因此，当事人可以在其仲裁协议中约定保密义务。[1]此外，在一般情况下，除非他们签署单独的保密协议，否则事实证人不承担保密义务，专家证人也不受保密性约束。即使双方同意保密条款，但如果法院提出质疑，这些条款同样可能会被推翻。尽管一些法院（特别是在英国），已经发现了一项默示的保密义务，但澳大利亚和美国法院往往只执行当事人明示的保密义务协议。[2]实际情况是，即使有明示的保密义务协议，也很难证明因违反保密义务而致使信息被泄露。[3]

尽管如此，保密条款可能至少会对当事人向公众自由谈论仲裁过程或结果发挥一些抑制作用。如果当事人担心其仲裁程序和结果

〔1〕 Ileana M. Smeureanu, *Confidentiality in International Commercial Arbitration* (2011).

〔2〕 Alexis C. Brown, "Presumption Meets Reality: An Exploration of the Confidentiality Obligation in International Commercial Arbitration", 16 Am. U. Int'l L. Rev. 969 (2001).

〔3〕 Alexis C. Brown, "Presumption Meets Reality: An Exploration of the Confidentiality Obligation in International Commercial Arbitration", 16 Am. U. Int'l L. Rev. 969, 1014~1017 (2001).

保密性，并且机构规则没有充分规定保密性，他们可以在仲裁条款约定：除法律要求外，未经当事人事先书面同意，任何一方或仲裁员均不得披露本协议项下任何仲裁的存在、内容或结果。该条款还可以约定，为任何代表一方作证的事实证人或专家证人都将被该方当事人要求签订书面保密协议。

为了一次性解决上述问题，中国国际经济贸易仲裁委员会直接在仲裁规则当中规定，不公开审理的案件，双方当事人及其仲裁代理人、仲裁员、证人、翻译、仲裁庭咨询的专家和指定的鉴定人，以及其他有关人员，均不得对外界透露案件实体和程序的有关情况。[1]

三、多方当事人协议

当纠纷可能涉及超过两个当事人时，需要在仲裁条款中约定一些额外的内容。[2]最常见的多方当事人关系有两种：第一种是可能存在多个相关合同，例如建设单位-施工承包商-施工分包商纠纷，或供应商-经销商-银行融资纠纷。第二种是三个以上的当事人是一个合同的主体，例如一个合资企业的各个股东之间的纠纷。

在第一种多个合同的情况下，处理仲裁协议的一种有效方法是在所有合同中有一个相同的仲裁条款，以此合并审理。[3]在第二种三人以上是同一合同当事人的情况下，一条仲裁条款就够了。然而，在通常情况下，多方合同的个别当事人可能会雇用分包商，而分包商可能需要加入到仲裁程序当中。因此，仲裁协议应要求当事人与现有当事人以外的第三人签订分包合同时，都应在其分包合同中包含分包商受主合同争议解决条款约束的内容。无论是多个合同的情

---

〔1〕《中国国际经济贸易仲裁委员会仲裁规则》（2015 年）第 38 条。

〔2〕 Bernard Hanotiau, *Complex Arbitrations*：*Multiparty*, *Multicontract*, Multi–Issue and Class Actions（2006）.

〔3〕《中国国际经济贸易仲裁委员会仲裁规则》（2015 年）第 19 条；HKIAC 2018 Administered Arbitration Rules, Article 28；SIAC Arbitration Rules（2016），Rule 8；ICC Rules of Arbitration（2017），Article 10；LCIA Arbitration Rules（2020），Article 22.

况，还是多个当事人是同一合同当事人的情况，仲裁协议都应明确约定如何选择仲裁员。当一方的两个或多个当事人必须选择一个仲裁员，且他们不能达成一致时，可能会出现复杂情况。

这类问题发生在"Siemens AG 诉 Dutco 案"（以下称"Siemens 案"）中。在该案中，申请人能够选定仲裁员。而因被申请人们无法就仲裁员达成一致意见，因此国际商会国际仲裁院指定了仲裁员。鉴于只有申请人一方能够选定自己想要的仲裁员，而被申请人是由仲裁机构指定了仲裁员，因此，双方没有受到平等对待。基于上述理由，法国法院撤销了仲裁裁决。[1]包括中国国际经济贸易仲裁委员会在内的国际商会、伦敦国际仲裁院等仲裁机构自那时起就对其仲裁规则进行了修改，以便如果一方的多个当事人不能就仲裁员达成一致，仲裁机构将为双方指定仲裁员。[2]

因此，当事人在选择一个临时仲裁，或一个没有此类仲裁规则的仲裁机构时，应考虑在仲裁协议中约定，在各方没有就仲裁员达成一致时，由中立的仲裁机构指定所有仲裁员。

四、证据规则

就证据规则而言，国际律师协会[3]制定的《国际仲裁取证规则》[4]是比较具有参考价值的仲裁相关证据规则。仲裁规则往往不会包含详细的与证据相关的举证、质证内容，因此，当事人的律师希望完善或详细约定证据相关内容的，可以将上述《国际仲裁取证规则》作为附加内容包含在仲裁协议中。证据规则一般会详细地规定仲裁庭将如何规范书证、事实证人和专家证人等内容，向各方当事人提供公平的机会去展示自己主张的事实与理由。然而，许多从业人员均更倾向于将包括《国际仲裁取证规则》在内的证据规则当

---

〔1〕　Cour de Cassation, January 7, 1992, Rev. Arb. 470 (1992).

〔2〕　《中国国际经济贸易仲裁委员会仲裁规则》（2015 年）第 29 条；ICC Rules of Arbitration (2017), Article 12 (8)；LCIA Arbitration Rules (2020), Article 8. 1.

〔3〕　IBA：International Bar Association.

〔4〕　IBA Rules on the Taking of Evidence in International Arbitration (2010).

作参考性的指导原则，而不是强制适用于当事人的规则。

比方说，中国国际经济贸易仲裁委员会就规定了《证据指引》。[1]但是，该《证据指引》的前言就非常明确地指出，当事人可以约定，《证据指引》仅作为仲裁庭与当事人的参考，并不具有约束力。如果纠纷当中掺杂着很多高难度的技术性问题，当事人便可以在仲裁协议中约定将通过专家意见进行解决。当事人在仲裁协议中可以约定，如果发生纠纷，当事人会首先适用专家意见，而上述专家意见可以具有约束力或不具有约束力。如果当事人选择该专家意见不具有约束力，当事人可以约定，如果专家提出意见后当事人不能解决纠纷，则应进行具有约束力的仲裁。

五、仲裁相关费用

经济实力较强的一方当事人可能认为如果当事人之间约定败方承担所有仲裁费用和法律费用，对有效遏制相对方提起仲裁有利。因为，这可能会起到不鼓励经济实力较弱的一方当事人申请仲裁的作用。在两个经济实力相对平等的当事方之间，每一方当事人都愿意承担自己的相关仲裁及法律费用，因为仲裁相关的费用可能会相当之高。

仲裁当事人应就如何处理仲裁费用和法律费用进行协商，讨论仲裁员是否有完全的自由裁量权决定谁支付仲裁费用和法律费用？败方是否自动承担仲裁的所有费用，抑或是由各方承担自己的成本和费用？在任何情况下，为避免意外，双方均应考虑在仲裁协议中明确包含如何分配相关费用的内容。

六、放弃国家主权豁免

当合同的一方当事人是一个国家实体时，存在一种风险，因为，它将主张国家主权豁免。但是，如果一个国家已同意其合同中的仲

---

〔1〕　http://www. cietac. org. cn/index. php？ m＝Page&a＝index&id＝68.

裁协议，该仲裁协议通常会被视为放弃其豁免权的内容，因此，该国有义务根据管辖仲裁规则和法律进行仲裁。[1]另一个风险是，国家实体将声称对其资产执行仲裁裁决享有国家主权豁免。在一些国家，法院只允许对国家实体的商业资产执行仲裁裁决。此外，法院可能会遵从国家实体关于某些资产不是商业资产的声明。[2]

基于这些原因，与国家实体打交道的当事人最好在仲裁协议中加入相关约定，即买方（国家实体）在本协议项下的义务和履行构成商业行为，而非公共或政府行为。就履行其在本协议项下的义务，买方或其代理人或代表均无权在任何司法管辖区对其资产的仲裁、诉讼、裁决判决、查封、扣押、冻结、执行判决或裁决、任何其他法律程序或补救措施主张享有主权豁免权。

七、司法审查

当事人约定对仲裁裁决进行司法审查有可能导致仲裁裁决在某些司法管辖区被撤销。在法国，因为当事人约定对仲裁裁决可以提出上诉，法院就撤销了一项国际仲裁裁决。这是不被法国法律所允许的。法国允许以有限的理由对国内仲裁裁决提出上诉，但不允许对国际仲裁裁决提出上诉。[3]德国法院也撤销了仲裁裁决，因为，在仲裁协议当中，当事人约定任何一方当事人都可以就案情寻求法院的司法审查。[4]为了确保仲裁裁决的一裁终局，并有效地使仲裁按照《纽约公约》得到法院的承认和执行，《中国国际经济贸易仲裁委员会仲裁规则》第 49 条明确规定，仲裁裁决是终局的，对双方

---

〔1〕　Gary B. Born, *International Commercial Arbitration*, 2120, 2296 (2nd ed. 2014).

〔2〕　AIG Capital Partners, Inc. , and another v. Republic of Kazakhstan and others〔2005〕EWHC 2239 (Comm.).

〔3〕　Yves Derains & Laurence Kiffer, "National Report for France" (2013), in *ICCA International Handbook on Commercial Arbitration*75 ~ 76 (Jan Paulsson & Lise Bosman, eds. , Supp. 2013).

〔4〕　Bundesgerichtshof〔BGH〕〔Federal Court of Justice〕March 1, 2007, docket no. Ⅲ ZB 7/06, in 25 ASA Bulletin 810~816 (2007), 22 Neue Juristische Wochenschrift-Rechtsprechungs-Report〔NJWRR〕1511~1512 (2007).

当事人均有约束力。任何一方当事人均不得向法院起诉，也不得向其他任何机构提出变更仲裁裁决的请求。[1]

如果适用于仲裁程序的仲裁法是英国法律，并且当事人不希望任何一方对法律问题申请司法审查，他们可能需要在其仲裁协议中加入一项条款，约定不允许任何当事人对仲裁裁决的法律问题提起上诉。如果当事人在仲裁协议中放弃了上诉权，法院也认为这是一项就法律问题不提出上诉的有效的仲裁协议。[2]《英国仲裁法》规定，除非当事人另有约定，否则仲裁程序的一方当事人可以就仲裁程序中出具的仲裁裁决所引起的法律问题向法院提出上诉。[3] 在美国，就是否执行当事人在仲裁协议中约定的司法审查条款，法院众说纷纭。[4]然而，在 2008 年，美国联邦最高法院认定，《联邦仲裁法》不允许当事人在仲裁协议当中约定对仲裁裁决进行法院的司法审查。[5]美国联邦最高法院主张，《联邦仲裁法》规定的有限理由是法院在撤销仲裁裁决的诉讼中可以考虑的唯一理由。这些理由涉及程序公平和仲裁员的不当行为，而不允许法院对仲裁庭的事实或法律错误进行审查。[6]尽管法院认为根据国家法律或普通法可以行使更广泛的司法审查，但是，进行国际仲裁的当事人不应进行此类约定，因为这样的约定根据《纽约公约》很可能是无法执行的。

---

〔1〕 《中国国际经济贸易仲裁委员会仲裁规则》（2015 年）第 49 条。

〔2〕 Sanghi Polyesters Ltd. （India） v. International Investor （KCFC）（Kuwait）（2000），1 Lloyd's Rep. 480.

〔3〕 English Arbitration Act 1996, Article 69 （1）.

〔4〕 Margaret L. Moses, "Can Parties Tell Courts What to Do? Expanded Judicial Review of Arbitral Awards", 52 Kans. L. Rev., 429 （2004）.

〔5〕 Hall Street Assoc. v. Mattel, Inc., 552 U. S. 576, 583~584 （2008）.

〔6〕 9 U. S. C. § 10.

第五章

当事人经历仲裁的过程

——仲裁程序

第一节　申请仲裁

随着国际仲裁领域的发展及彼此交流的扩大，国际仲裁程序变得越来越标准化，并结合了大陆法系和普通法系中的一些内容。两个法系的律师越来越习惯这种混合性的仲裁程序，并相应地调整了他们自己的实务操作。在一个典型的国际商事仲裁中，争端解决过程中的具体程序步骤是相当明确的。首先，申请人必须提交一份仲裁申请，[1]由被申请人进行答辩。[2]接下来，一般是根据当事人约定或当事人选择的仲裁规则任命仲裁员。[3]庭审可能会持续几天，也可能在数周或数月内举行几次。在庭审阶段，申请人与被申请人就其证据进行举证和质证程序。[4]仲裁员根据当事人提交的相关证

---

〔1〕《中国国际经济贸易仲裁委员会仲裁规则》（2015 年）第 22 条；HKIAC 2018 Administered Arbitration Rules，Article 4；SIAC Arbitration Rules（2016），Rule 3；ICC Rules of Arbitration（2017），Article 4；LCIA Arbitration Rules（2020），Article 1.

〔2〕《中国国际经济贸易仲裁委员会仲裁规则》（2015 年）第 15 条；HKIAC 2018 Administered Arbitration Rules，Article 5；SIAC Arbitration Rules（2016），Rule 4；ICC Rules of Arbitration（2017），Article 5；LCIA Arbitration Rules（2020），Article 2.

〔3〕《中国国际经济贸易仲裁委员会仲裁规则》（2015 年）第 27~29 条；HKIAC 2018 Administered Arbitration Rules，Article 7~8；SIAC Arbitration Rules（2016），Rule 10~12；ICC Rules of Arbitration（2017），Article 12~13；LCIA Arbitration Rules（2020），Article 5.

〔4〕《中国国际经济贸易仲裁委员会仲裁规则》（2015 年）第 41~42 条；HKIAC 2018 Administered Arbitration Rules，Article 22；SIAC Arbitration Rules（2016），Rule 24；ICC Rules of Arbitration（2017），Article 26；LCIA Arbitration Rules（2020），Article 19.

据材料，结合庭审时当事人对案件的展示和主张，认定事实、适用法律，并最终作出仲裁裁决。[1]

当双方当事人未能协商解决纠纷，且一方当事人决定申请仲裁时，律师的第一个工作就是阅读仲裁协议，然后阅读并研究双方当事人在该仲裁协议当中选择的仲裁规则。因仲裁机构的不同，一个可能很重要的区别是如何确定仲裁的开始时间。仲裁程序是从申请人向仲裁机构提交申请之时开始计算，还是从被申请人收到仲裁申请之时开始计算，或是从其他时间开始计算？根据《中国国际经济贸易仲裁委员会仲裁规则》第 11 条的规定，仲裁程序自仲裁委员会仲裁院收到仲裁申请书之日起开始。[2]香港国际仲裁中心也规定，仲裁程序自该中心收到仲裁申请之日起开始。[3]新加坡国际仲裁中心也规定，仲裁程序自该中心收到仲裁申请之日起开始。[4]国际商会和伦敦国际仲裁院都规定，仲裁程序自仲裁机构收到仲裁申请之日起开始。[5]但是，联合国贸易法委员会的仲裁规则规定，仲裁程序自被申请人收到仲裁申请之日起开始。[6]因此，根据当事人在合同中的约定或根据诉讼时效的规定，仲裁程序必须在特定期限之前开始，否则会存在期限届满的问题，当事人应了解仲裁程序从什么时候正式开始，以便能够解决上述期限届满问题。

还需要考虑的问题是，申请人是否可以向仲裁庭提交一份简单的申请，并在随后提交一份详细的申请；或在开始时就必须提交一份相当完整的申请。例如，联合国贸易法委员会的仲裁规则只要求

---

[1]《中国国际经济贸易仲裁委员会仲裁规则》（2015 年）第 49 条；HKIAC 2018 Administered Arbitration Rules，Article 35；SIAC Arbitration Rules（2016），Rule 32；ICC Rules of Arbitration（2017），Article 32；LCIA Arbitration Rules（2020），Article 26.

[2]《中国国际经济贸易仲裁委员会仲裁规则》（2015 年）第 11 条。

[3] HKIAC 2018 Administered Arbitration Rules，Article 4.2.

[4] SIAC Arbitration Rules（2016），Rule 3.3.

[5] ICC Rules of Arbitration（2017），Article 4.2；LCIA Arbitration Rules（2020），Article 1.4.

[6] UNCITRAL Arbitration Rules，Article 3（2）.

提交一份记述"索赔简要说明"的申请，[1]申请人随后可以在仲裁员规定的时间内，向被申请人和每名仲裁员提交更详细的申请。[2]根据《中国国际经济贸易仲裁委员会仲裁规则》第 11 条的规定，仲裁申请应当包含案情和争议要点、申请人的仲裁请求及仲裁请求所依据的事实和理由。[3]可见，中国国际经济贸易仲裁委员会要求的是相对详细的仲裁申请。《国际商会仲裁规则》也有类似的规定。[4]虽然香港国际仲裁中心、新加坡国际仲裁中心及伦敦国际仲裁中心都要求申请人提供仲裁申请，[5]以便开始仲裁，但是，这种申请可以是相对简要的内容，仲裁庭成立后，申请人和被申请人可以提交相对详细的书面陈述。[6]

根据《中国国际经济贸易仲裁委员会仲裁规则》及《国际商会仲裁规则》，申请人只需向仲裁机构发送仲裁申请，[7]然而，根据香港国际仲裁中心、新加坡国际仲裁中心及伦敦国际仲院的仲裁规则，申请人必须向仲裁机构及被申请人发送仲裁申请。[8]当然，仲裁机构都需要挣钱维系经营，因此，大部分仲裁机构都要求申请人预先支付仲裁申请费用。[9]一旦被申请人收到仲裁通知，通常有一个规定的答辩期限。根据《中国国际经济贸易仲裁委员会仲裁规则》的

---

[1] UNCITRAL Arbitration Rules, Article 3 (3) (e).

[2] UNCITRAL Arbitration Rules, Article 10 (1).

[3] 《中国国际经济贸易仲裁委员会仲裁规则》（2015 年）第 11 条。

[4] ICC Rules of Arbitration (2017), Article 4. 3.

[5] HKIAC 2018 Administered Arbitration Rules, Article 4. 3; SIAC Arbitration Rules (2016), Rule 3. 1; LCIA Arbitration Rules (2020), Article 1. 1.

[6] HKIAC 2018 Administered Arbitration Rules, Article 20; SIAC Arbitration Rules (2016), Rule 20; LCIA Arbitration Rules (2020), Article 15.

[7] 《中国国际经济贸易仲裁委员会仲裁规则》（2015 年）第 13 条；ICC Rules of Arbitration (2017), Article 4.

[8] HKIAC 2018 Administered Arbitration Rules, Article 4. 1; SIAC Arbitration Rules (2016), Rule 3. 4; LCIA Arbitration Rules (2020), Article 1. 1.

[9] 《中国国际经济贸易仲裁委员会仲裁规则》（2015 年）第 12 条；HKIAC 2018 Administered Arbitration Rules, Article 4. 4; SIAC Arbitration Rules (2016), Rule 3. 1; ICC Rules of Arbitration (2017), Article 4. 4; LCIA Arbitration Rules (2020), Article 1. 1.

规定，自收到仲裁通知之日起，被申请人应在 45 天内进行答辩。[1]
根据《香港国际仲裁中心仲裁规则》，自收到仲裁通知之日起，被申请人应在 30 天内进行答辩。[2]根据《新加坡国际仲裁中心仲裁规则》，自收到仲裁通知之日起，被申请人应在 14 天内进行答辩。[3]
根据《国际商会仲裁规则》，自收到仲裁通知之日起，被申请人应在 30 天内进行答辩。[4]根据《伦敦国际仲裁院仲裁规则》，自收到仲裁通知之日起，被申请人应在 30 天内进行答辩。[5]

第二节　让我们选一选仲裁员

仲裁员的经验和知识对仲裁程序的顺利进行和仲裁裁决的质量具有着重大影响。单就仲裁程序而言，在某种意义上讲，仲裁员可能比法官更有权力。因为与法官不同，仲裁员出具的仲裁裁决通常不能基于认定事实错误或适用法律错误而被推翻。正确选定主持庭审并出具仲裁裁决的仲裁员，对于以解决客户的仲裁纠纷为首要任务的律师来说是非常重要的工作。不同于隶属国家司法系统的法院诉讼，由于仲裁是一个私权下的争端解决机制，仲裁庭的质量对维持当事人对仲裁的信心具有重大影响。根据对案件事实的不同理解，仲裁员有可能在适用法律方面犯下严重错误，而律师通常无法撤销仲裁员在这种错误下出具的仲裁裁决。因此，律师有责任仔细研究仲裁员名单手册及相关仲裁员发表过的文章或论文，以此正确选择自己的仲裁员。

一、仲裁员的人数

在国际商事仲裁中，当事人通常会约定由 1 名或 3 名仲裁员组

---

[1] 《中国国际经济贸易仲裁委员会仲裁规则》（2015 年）第 15 条。

[2] HKIAC 2018 Administered Arbitration Rules, Article 4.

[3] SIAC Arbitration Rules (2016), Rule 3.

[4] ICC Rules of Arbitration (2017), Article 5.

[5] LCIA Arbitration Rules (2020), Article 2.

成仲裁庭。[1]当事人可以在仲裁协议中约定是否需要 1 名或 3 名仲裁员。但是，在纠纷开始前，当事人很可能不知道争议是否复杂、争议金额是否巨大。因此，当事人很难判断是否需要 1 名独任仲裁员来审理案情相对简单、争议金额较小的仲裁案件，还是由 3 名仲裁员来审理案情相对复杂、争议金额较大的仲裁案件。当事人的一种选择是在仲裁协议中约定，如果争议金额超过一定金额，将组成包含 3 名仲裁员的仲裁庭，否则将由 1 名仲裁员担任独任仲裁员。

当事人对仲裁员的人数没有约定的，仲裁规则对仲裁员人数有不同的规定。有些仲裁规则规定，除非纠纷法律关系特别复杂，否则将适用独任仲裁员。[2]而有些仲裁规则规定，除非明确是 1 名仲裁员，不然会默认为 3 名仲裁员。[3]在选择仲裁员人数的时候，应考虑以下因素。如果是独任仲裁员，主要的好处是费用的减少，安排庭审会更容易一些。此外，仲裁程序相对会更快地进行。因为，独任仲裁员无需与同事协商就可以在仲裁的任何阶段作出决定。

然而，在国际商事仲裁中，特别是当所涉金额相对较高的时候，通常会优先选择 3 名仲裁员。虽然有 3 名仲裁员的费用会更高，但是，他们在经验和知识方面比独任仲裁员有更多的优势。当 3 名仲裁员协同考虑纠纷焦点时，仲裁庭不太可能会出具无法接受的仲裁裁决，而裁决更有可能在当事人预期的范围内。如果争议标的特别巨大和复杂，3 名仲裁员比 1 名仲裁员更有可能更全面地理解问题的本质。如果当事人具有不同国家的文化及法律背景，每个当事人选择的具有类似文化或法律背景的仲裁员也会给仲裁庭提供认识纠纷本质的更好的视角。

---

[1]《中国国际经济贸易仲裁委员会仲裁规则》（2015 年）第 25 条；HKIAC 2018 Administered Arbitration Rules，Article 6.1；SIAC Arbitration Rules（2016），Rule 9.1；ICC Rules of Arbitration（2017），Article 12；LCIA Arbitration Rules（2020），Article 5.8.

[2] SIAC Arbitration Rules（2016），Rule 9；ICC Rules of Arbitration（2017），Article 12；LCIA Arbitration Rules（2020），Article 5.

[3]《中国国际经济贸易仲裁委员会仲裁规则》（2015 年）第 25 条。

二、仲裁员的资格

(一) 仲裁员的声誉

为了使仲裁程序顺利进行，仲裁员的声誉对当事人信赖仲裁起到关键作用。此外，在选择首席或独任仲裁员时，当事人对仲裁员管理仲裁程序的能力及有效推进仲裁程序的能力特别重视，以防止仲裁被一拖再拖、停滞不前。公平、正直和智慧的声誉不仅仅对仲裁员是一大财富，[1]也有利于当事人对案件的客观判断。

代理律师可能很难从仲裁员的简历当中获取上述有关仲裁员声誉的信息，但知道仲裁员的经历，并且，有可能的话，咨询与潜在仲裁员一起从事过仲裁工作的其他人员是很有帮助的。一般来说，由于当事人知道仲裁是一裁终局，所以他们更希望选择最佳的决策者。为了保持中立，仲裁员应该是保持独立并公正的态度。这种对仲裁员独立和公正的要求，也可以指仲裁员的国籍。一般认为，首席仲裁员或独任仲裁员不应与任何一方当事人拥有相同的国籍。仲裁规则可以特别规定仲裁员国籍的中立。[2]

(二) 仲裁员的资历

比起诉讼，仲裁的一个好处是，当事人可以选择对纠纷领域拥有相关知识和经验的仲裁员。这就省去了当事人在随机挑选的法官面前提起诉讼时，向法官传授有关特定行业或争议事项的专业知识所需的时间和精力。当然，仲裁实践一般不会强制要求仲裁员必须拥有法律学位，但是，当事人通常会选择一名从事律师执业的仲裁员。因为，毕竟当事人是通过适用法律来判断对错的，因此，仲裁员必须做出例如合同解释或有效性问题等与法律相关的判断。

---

〔1〕 Yves Dezalay & Bryant G. Garth, *Dealing in Virtue: International Commercial Arbitration and the Construction of a Transnational Legal Order*, University of Chicago Press, 1996, pp. 18~29.

〔2〕 ICC Rules of Arbitration （2017）Article 13；LCIA Arbitration Rules （2020），Article 6.

如果可以选定 3 名仲裁员，当事人可能希望仲裁庭由 1 名律师（通常是首席）和 1 名或 2 名在相关领域有经验的专业人员组成。例如，在与建筑相关的仲裁纠纷中，当事人可能希望选择一位律师担任首席仲裁员，其他仲裁员最好是与建筑或承包施工专业相关的人士。在解决仲裁纠纷时，如果具体行业的专业知识对于判断案件的事实方面并不重要，当事人便会更倾向于选择具有法律背景的仲裁员。当事人对律师的偏好部分来自他们对非律师仲裁员的一些担忧。例如，有些人会担心非律师可能利用其专业知识不公平地影响仲裁庭审理。因此，一些人会认为与其让非律师的专业人士担任仲裁员，还不如让他成为专家证人，这样可以更好地解决专业技术问题。说到底，对于非律师人士担任仲裁员最大的担忧就是非律师一般不了解法律层面上有关程序性或实体性的仲裁裁决依据，因此，仲裁庭可能会把时间浪费在向他们解释法律知识的事情上。尽管存在这些问题，但是，许多仲裁员和当事人还是很认可经验丰富的非律师仲裁员在仲裁领域当中的巨大贡献。

（三）仲裁员的语言能力

流利地使用一种特定的语言，有时使用两种以上的语言，可能对当事人都很重要。仲裁员如果不流利地使用仲裁当中的语言，可能无法正确理解解决争端所必需的一些关键要素。如果一件仲裁案件涉及英文、中文及韩文知识，当事人可以在仲裁协议中约定，所有仲裁员都必须讲英文、中文及韩语。但是，过于具体的约定又存在风险，因为如果仲裁协议罗列了一份过于详细的对于仲裁员所掌握语言的资格要求，仲裁发生时，有可能找不到或很难找到拥有相关语言资质的仲裁员。

三、选定仲裁员的方式

根据不同的仲裁协议和仲裁规则，仲裁员的选定程序可能会有所不同。如果双方当事人在其仲裁协议中没有明确如何选定仲裁员，便将适用他们选择的仲裁机构的仲裁规则来指定仲裁员。[1]但是，即使当事人在仲裁协议中没有约定选定仲裁员的方式，如果当事人在仲裁发生时能够约定，一般也可以根据仲裁规则由当事人自行选定仲裁员。但是，如果双方当事人不能达成与选定仲裁员相关的一致意见，将适用仲裁机构的仲裁规则选定仲裁员。

仲裁员的选定是仲裁过程中的一个关键步骤。仲裁庭的质量对仲裁案件的有效处理起到决定性的作用。如果选择了错误的仲裁员，后果将不堪设想。因为，选定仲裁员是如此重要的工作，所以，当事人在选定仲裁员之前，可能需要与潜在的仲裁员进行面谈。因为，尽管仲裁员的简历、声誉，甚至是熟人提供的有关仲裁员的大部分信息均可以反映仲裁员的一些特征，但是，与仲裁员面对面沟通，甚至选择电话采访等会谈方式，都可以提供更为直观的、有价值的信息。但是，律师对搜集仲裁员信息的渴望与仲裁员渴望保持独立性与公正性的态度之间存在着微妙的矛盾关系。在与潜在的仲裁员面谈时，律师不应提出涉及相关案件事实对错的问题，[2]不应进行任何可能导致潜在仲裁员从特定角度看待案件的讨论，或表明潜在仲裁员对任何特定问题的看法。在律师与仲裁员进行沟通的情况下，会谈内容应限于有关仲裁员的资历、经验等信息，以此实现律师搜集仲裁员的信息的目的，也可以使仲裁员继续保持独立性与公正性。如果双方当事人约定了独任仲裁员，通常都会同时与潜在仲裁员进行沟通。这就避免了任何一方当事人不适当地影响仲裁员的风险。然而，当当事人选择3名仲裁员时，如果该潜在仲裁员同意，选定方应单独与他们打算选定的潜在仲裁员会谈。

但是，现实情况是，一些有经验的仲裁员不愿意与当事人的律师进行沟通与会谈，而是希望律师根据他们的简历和声誉做出是否

---

〔1〕《中国国际经济贸易仲裁委员会仲裁规则》（2015 年）第 26 ~ 29 条；HKIAC 2018 Administered Arbitration Rules, Article 7 ~ 9；SIAC Arbitration Rules（2016）Rule 10 ~ 12；ICC Rules of Arbitration（2017）Article 13；LCIA Arbitration Rules（2020）Article 5 ~ 6.

〔2〕 Doak Bishop & Lucy Reed, "Practical Guidelines for Interviewing, Selecting and Challenging Prospective Arbitrators", 14 Arb. Int., 395, 424（1998）.

选定该仲裁员的判断。[1]律师的困难在于，在不参与任何对特定案件的事实对错进行讨论的情况下，试图从潜在的仲裁员那里找到对案件的某种程度的倾向意见。律师还应注意，潜在仲裁员可能不认为他们的会谈内容是保密的。一些仲裁员将会向对方当事人或另一方被选定的仲裁员披露他与一方当事人进行的任何沟通内容。

（一）三名仲裁员

当由3名仲裁员组成仲裁庭时，最常见的选定仲裁员的方法是每一方当事人选定1名仲裁员，2名被选定的仲裁员选定第3名仲裁员，由第3名仲裁员担任仲裁庭的首席仲裁员。[2]而中国国际经济贸易仲裁委员会《仲裁规则》规定，每一方当事人选定1名仲裁员，由当事人共同选定第3名仲裁员。如果双方不能协商确定首席仲裁员，他们可以各自向中国国际经济贸易仲裁委员会提出一份由1名~5名候选人组成的名单。如果两份名单都没有共同的仲裁员，中国国际经济贸易仲裁委员会主任将指定一名仲裁员，担任首席仲裁员。[3]《新加坡国际仲裁中心仲裁规则》及《国际商会仲裁规则》规定，双方可以各自选定1名仲裁员，但除非双方另有约定，第3名仲裁员将由仲裁机构指定。[4]《伦敦国际仲裁院仲裁规则》更为简单明了。为了防止任何当事人主张在选定仲裁员时发生有利于另一方当事人而使仲裁程序存在瑕疵，伦敦国际仲裁院干脆规定只有仲裁机构才能指定所有仲裁员，不管仲裁员是多少人。[5]

《中国国际经济贸易仲裁委员会仲裁规则》规定，当事人约定在仲裁委员会仲裁员名册之外选定仲裁员的，当事人选定的或根据当

---

〔1〕　Gerald Aksen, "The Tribunal's Appointment", 35, in Lawrence W. Newman, *The Leading Arbitrators' Guide to International Arbitration* 35 (Lawrence W. Newman & Richard D. Hill, eds., 1st ed. 2004).

〔2〕　HKIAC 2018 Administered Arbitration Rules Article 8.

〔3〕　《中国国际经济贸易仲裁委员会仲裁规则》（2015年）第27条。

〔4〕　SIAC Arbitration Rules (2016) Rule 11; ICC Rules of Arbitration (2017) Article 12.

〔5〕　LCIA Arbitration Rules (2020) Article 5.7.

事人约定指定的人士经仲裁委员会主任确认后可以担任仲裁员。[1]可见，所有仲裁规则都要求，一旦选定仲裁员，仲裁员就不能以任何方式偏袒选定仲裁员的一方当事人。[2]特别是在多方当事人的案件当中，如果任何一方当事人未能在仲裁规则规定的期限内选定仲裁员，则仲裁机构有权指定所有的仲裁员。[3]

1. 当事人选定仲裁员

经验丰富的律师对于如何选定仲裁员一般都有一个类似的方案，那就是他们总是选择他们认识的人。要么是他们亲自认识的仲裁员，要么是因为这个仲裁员在国际仲裁员当中有一个很有能力和很受尊敬的声誉，因此律师们都了解这名仲裁员。选定仲裁界最具声誉的仲裁员有时也有不利的　面。因为，在国际仲裁当中，具有全球声誉的仲裁员凤毛麟角，这些仲裁员会非常忙碌，不能总是对每个仲裁案件都给予足够的关注。这会对当事人迅速、有效地进行仲裁程序并及时获得仲裁裁决带来一定的困难。出于这个原因，一些经验丰富的律师从来不会选择最为忙碌的仲裁员。当选定仲裁员时，当事人及其代理律师会寻找一个最适合他们的具体案件的人。这可能意味着仲裁员不仅应该在争议焦点问题和适用法律方面具有一定的知识和经验，而且，他应该具有足够的声誉、口碑和魅力，能够说服其他仲裁员。

在选定仲裁员的方式上，最好是客户和律师一同协商做出仲裁员人选的最终确定。律师应进行广泛的研究，阅读潜在仲裁员的评论、论文等材料并通过大量的沟通了解仲裁员的能力及为人。虽然一方当事人选定了一位仲裁员，但仲裁员不应该对选定他的仲裁员有任何偏袒，还是要保持其独立性和公正性。当然，选定方希望这名仲裁员具有与自己相同的文化或法律背景，或持有有利于选定方

---

〔1〕 《中国国际经济贸易仲裁委员会仲裁规则》（2015 年）第 26 条。

〔2〕 http://www.cietac.org/index.php? m=Page&a=index&id=28.

〔3〕 《中国国际经济贸易仲裁委员会仲裁规则》（2015 年）第 29 条；HKIAC 2018 Administered Arbitration Rules Article 8；SIAC Arbitration Rules（2016）Rule 12；ICC Rules of Arbitration（2017）Article 12.

的观点。尽管一方当事人选定的仲裁员被认为是独立和公正的，但人们普遍理解并接受，一方当事人选定的仲裁员有责任确保仲裁庭的其他仲裁员充分理解并考虑选定方提出的论点。[1]

2. 首席仲裁员

一般来说，双方当事人或被选定的仲裁员能够协商确定第 3 名仲裁员，而被确定的第 3 名仲裁员就是首席仲裁员。但是，通常情况下，就首席仲裁员，双方当事人都很难达成一致意见。当然，与任何谈判一样，在首席仲裁员的选定上达成一致意见，在很大程度上取决于参与者的技能和达成协议的动机。在仲裁程序当中，当事人彼此能够共同同意一名首席仲裁员对他们是有利的。因为，如果双方当事人无法达成一致意见，当事人不认识的仲裁员可能将空降到（可能不是案件最佳人选的）首席仲裁员的位置上。

尽管在程序上达成一致意见的当事人通常可以共同选定首席仲裁员，但有些仲裁机构认为他们有权指定首席仲裁员。[2]而有些仲裁机构则认为其有权任命所有的仲裁员。[3]

（二）独任仲裁员

在一般情况下，当事人需要协商确定独任仲裁员。如果当事人事先选定一名仲裁员并将其姓名记录在仲裁协议里通常不是一个明智的选择。有朝一日，当发生纠纷时，该仲裁员可能因各种原因而无法到场审理仲裁案件，或者可能不具备针对特定争议的必要的专业知识或资格。因此，一旦发生纠纷，双方当事人最好就仲裁员问题达成一致意见。[4]而困难就在于一旦发生纠纷，对于几乎任何事情，许多当事人都无法心平气和地达成一致意见。

---

[1] Doak Bishop & Lucy Reed, "Practical Guidelines for Interviewing, Selecting and Challenging Party-Appointed Arbitrators in International Commercial Arbitration", 14 Arb. Int'l, 395, 404 (1998).

[2] ICC Rules of Arbitration (2017) Article 12.

[3] LCIA Arbitration Rules (2020) Article 5.

[4] 《中国国际经济贸易仲裁委员会仲裁规则》（2015 年）第 28 条；HKIAC 2018 Administered Arbitration Rules Article 7；SIAC Arbitration Rules (2016) Rule 10；ICC Rules of Arbitration (2017) Article 12；LCIA Arbitration Rules (2020) Article 5.

尽管如此，如果双方当事人可以就独任仲裁员达成一致意见，这对双方当事人都将是有利。因为，当事人达成一致意见说明，当事人就仲裁员的资质还是比较满意的。如果无法达成一致意见，双方当事人应该尝试看看自己能否接受对方名单上的任何一名仲裁员。如果当事人没有达成一致意见，仲裁机构将指定独任仲裁员。如前所述，双方应尽最大努力共同选定独任仲裁员，如果双方当事人能够就仲裁员达成一致意见，将有可能更加顺利地进行仲裁程序。

（三）临时仲裁庭

在临时仲裁（Ad hoc Arbitration）中，由于没有进行行政管理的仲裁机构，当事人需要特别注意如何明确约定选定仲裁员的方式。如果双方当事人不能就仲裁员达成一致意见，或者任何一方没有在规定的时间内选定自己的仲裁员，则应当存在选定仲裁员的时间期限，并说明如何解决上述问题。如果双方当事人没有约定指定仲裁员的机构，也没有约定仲裁规则，那么在大多数管辖区，可以要求仲裁地的法院指定一名仲裁员。然而，如果双方当事人没有选择仲裁地，他们将不得不考虑是否能够说服某个地方的法院行使管辖权。很明显，在临时仲裁中，仲裁协议必须经过律师们仔细和深思熟虑地起草，因为，草率起草的仲裁条款很可能导致当事人只能提起诉讼，而不能通过仲裁解决他们的纠纷。

在通常情况下，是通过选择一个指定仲裁员的机构来完成对于仲裁员的选拔过程。在双方当事人无法协商一致选定仲裁员的时候，该机构将代表当事人指定仲裁员。如果当事人约定适用联合国贸易法委员会的仲裁规则，但没有选择指定机构，或当事方选择的指定机构不履行其职能，那么当事人中的一方可向海牙常设仲裁法院[1]的秘书长提出请求，授权其指定一个机构。[2]

---

[1] Permanent Court of Arbitration at The Hague.

[2] UNCITRAL Arbitration Rules, Article 6.

四、仲裁员的权力与义务

(一) 仲裁员的权力

仲裁员的明示权力包括以仲裁协议、仲裁规则及管辖地的仲裁法律赋予仲裁员的权力。仲裁员的默示权力源于仲裁员履行某些职责的义务,如有效管理仲裁的义务以及书面文本中明确规定的广泛的自由裁量权。仲裁员的固有权力一般被视为源自仲裁庭进行裁决的职能,仲裁员需要这些权力来维护仲裁程序的完整性,并作出公平和公正的裁决。因此,仲裁员必须有权确保该仲裁裁决不会受到拖沓或腐败行为的破坏。[1]

由于不同的司法管辖区对仲裁员的道德准则要求不同,在其本国司法管辖区以外执业的律师可能会发现,他们不仅受注册执业地道德准则的约束,而且还受其当前执业所在司法管辖区道德准则的约束。比方说,在法国进行仲裁的一位中国律师很有可能受到中国及法国有关律师道德准则相关内容规定的约束。此外,这两套道德准则可能还会彼此矛盾。[2]有些司法管辖区允许积极准备自己的证人,而其他司法管辖区则可能禁止任何此类对于证人的事前准备。[3]有些司法管辖区允许与仲裁庭进行单方面接触,而其他司法管辖区则禁止此类行为。[4]

当事人自愿决定是否适用国际律师协会《关于代理人在国际仲裁中的准则》。因此,除非当事人同意,或仲裁庭在咨询当事人的意

---

〔1〕 Margaret L. Moses, "Inherent Powers of Arbitrators to Deal with Ethical Issues", in *Contemporary Issues in International Arbitration and Mediation*, The Fordham Papers, 93~96 (2014).

〔2〕 Catherine A. Rogers, "Fit and Function in Legal Ethics: Developing a Code of Conduct for International Arbitration", 23 Mich. J. Int'l L. 341, 342~343 (2002).

〔3〕 Judith A. McMorrow, "Creating Norms of Attorney Conduct in International Tribunals: A Case Study of the ICTY", 30 B. C. Int'l & Comp. L. Rev. 139, 142 (2007).

〔4〕 Doak Bishop and Margrete Stevens, "The Compelling Need for a Code of Ethics in International Arbitration: Transparency, Integrity and Legitimacy", in *Arbitration Advocacy in Changing Times*, ICCA Congress Series No. 15 (2011) 395.

见后得到同意，否则这些准则并不会被强制适用于当事人。[1]在诸多道德准则当中，不存在任何争议的内容是要求诚实提供证据，而最受批评的内容是那些被视为扩大律师披露义务的规定。有些道德准则规定律师应尽力确保其客户出示所要求的文件，并应告知客户，他们不应销毁仲裁过程中可能需要的文件。而且，这些准则还赋予了仲裁庭广泛的权力，以对律师进行相应的制裁。

一些欧洲律师就批评，这些道德准则的内容恰恰反映了美国律师们试图将仲裁程序转变为诉讼程序的过度影响。[2]国际律师协会《关于代理人在国际仲裁中的准则》还倾向于为仲裁员提供更明确的权力来控制律师的行为和仲裁程序的完整性。因此，这些道德准则是否会被各个司法管辖区普遍适用仍有待观察。

（二）仲裁员的义务

1. 公正和独立义务

独立通常意味着仲裁员对案件或其结果不存在经济利益，也意味着仲裁员不因任何利益而依赖其中一方当事人，并且，仲裁员与其中一方当事人没有密切的业务关系。公正通常意味着仲裁员不会因为对问题的任何先入为主的观念而产生偏见从而偏袒一方当事人。很多法律和仲裁规则都规定了仲裁员有公正和独立的义务。[3]随着国际性律师事务所和跨国公司的不断增多和彼此交流，阻碍仲裁员的公正性和独立性的问题变得越来越复杂。如果存在严重的利益冲突，潜在的仲裁员就不应当接受任命成为仲裁员。如果仲裁员存在潜在的利益冲突，即便可能不是很严重，也应该向双方当事人进行披露。这样当事人就可以决定是否要对被任命的仲裁员申请

---

[1]　IBA Guidelines on Party Representation in International Arbitration.

[2]　Felix Dasser, "A Critical Analysis of the IBA Guidelines on Party Representation", in *New Developments in International commercial Arbitration*, 79~80 (2104).

[3]　《中国国际经济贸易仲裁委员会仲裁规则》（2015 年）第 31 条；HKIAC 2018 Administered Arbitration Rules Article 11; SIAC Arbitration Rules (2016) Rule 13; ICC Rules of Arbitration (2017) Article 13; LCIA Arbitration Rules (2020) Article 5.

回避。[1]

联合国贸易法委员会《仲裁示范法》要求仲裁员立即披露任何可能对其公正性或独立性产生合理怀疑的事由。[2]这一义务不仅发生在任命仲裁员时，而且贯穿于整个仲裁程序当中。很多仲裁员会发现自己很难知道应该披露什么，不应该披露什么。并且，很多仲裁员会担心过度的信息披露会给当事人提供错误的借口和理由，而为了实现拖延时间的目的，当事人很有可能会以上述不是理由的理由对仲裁员申请回避。

2. 调查利益冲突的义务

虽然，一些法院如果发现仲裁员没有调查潜在的利益冲突就会撤销仲裁裁决，[3]但是，总的来说，仲裁法律和仲裁规则对仲裁员应在什么范围内积极调查潜在的利益冲突不是很明确。美国联邦第二巡回上诉法院认定，尽管仲裁员没有调查潜在利益冲突的独立义务，但如果仲裁员有理由相信存在潜在的利益冲突，那么，仲裁员必须调查或披露在发生可能存在的利益冲突时，仲裁员为什么没有进一步调查或披露。[4]美国联邦第九巡回上诉法院进一步认定，即使仲裁员不知道实际或潜在的利益冲突，仲裁员也有义务对利益冲突进行调查。[5]上述法院参考了美国律师协会的道德准则和国际律师协会的利益冲突准则。[6]美国律师协会的道德准则要求，仲裁员

---

〔1〕《中国国际经济贸易仲裁委员会仲裁规则》（2015 年）第 32 条；HKIAC 2018 Administered Arbitration Rules Article 11；SIAC Arbitration Rules（2016）Rule 14；ICC Rules of Arbitration（2017）Article 14；LCIA Arbitration Rules（2020）Article 10.

〔2〕 UNCITRAL Model Law, Article 12（1）.

〔3〕 Scandinavian Reinsurance Co. v. St. Paul Fire & Marine Ins. Co., 668 F. 3d 60, 73 n. 17（2d Cir. 2012）.

〔4〕 Applied Industrial Materials Corp. v. Ovalar Makine Ticaret Ve Sanayi, A. S., 492 F. 3d 132, 139（2d Cir. 2007）.

〔5〕 New Regency Productions, Inc., v. Nippon Herald Films, Inc., 501 F. 3d 1101, 1109（9th Cir. 2007）.

〔6〕 New Regency Productions, Inc., v. Nippon Herald Films, Inc., 501 F. 3d 1101, 1109~1110（9th Cir. 2007）.

应做出合理的努力，使自己知道潜在或实际的利益冲突。〔1〕国际律师协会利益冲突准则也要求，仲裁员应进行合理调查，以确定任何利害关系。〔2〕尽管，除非当事人特别同意，否则上述准则的规定都没有约束力，但是，上述案件表明，法院可适用这些准则来确定仲裁员是否存在或可能存在严重的利益冲突，从而破坏其公正性或独立性。

因此，仲裁员应根据国际律师协会的利益冲突准则调查任何潜在的利益冲突。国际律师协会的道德准则〔3〕包含了许多国际惯例中普遍接受的条款。美国律师协会的道德准则涉及许多相同的问题，但在特定领域更为详细，要求潜在仲裁员更广泛地披露其与任何一方当事人、律师、仲裁员或证人的当前或过去的利益冲突。在实践中，如果当事人向仲裁员提供了一份与当事人存在利益冲突的公司和个人的名单，仲裁员应调查其与该名单中的公司和个人是否存在利益冲突。

3. 其他义务

仲裁员有许多义务。其中一些体现在仲裁法律和仲裁规则中，而另一些则基于道德观念和当事人的期望，或基于国际仲裁中的惯例。〔4〕也许，对于仲裁员来说最基本的义务是出具可执行的仲裁裁决，或至少尽最大努力出具可执行的仲裁裁决。〔5〕尽管这可以被视为道德义务，但一些仲裁机构在其仲裁规则中规定了该义务。〔6〕仲裁员应当仔细阅读仲裁协议，以确定当事人是否约定了明确的上述义务。双方当事人可能已经同意，仲裁员应在不违反法律的情况下

---

〔1〕 The Code of Ethics for Arbitrators in Commercial Disputes, Canon Ⅱ（B）（2004）.

〔2〕 IBA Guidelines on Conflicts of Interest in International Arbitration 7（d）（2014）.

〔3〕 IBA Rules of Ethics for International Arbitration（1987）.

〔4〕 Catherine A. Rogers, The Ethics of International Arbitrators（2014）.

〔5〕 Martin Platte, An Arbitrator's Duty to Render Enforceable Awards, 20 J. Int'l Arb. 307（2003）.

〔6〕 ICC Rules of Arbitration（2017）Article 42; LCIA Arbitration Rules（2020）Article 32..

进行仲裁，即仲裁员可以自由地达成衡平法上的结果，而不是严格适用法律。仲裁机构或仲裁规则也可以对仲裁员施加具体的义务，例如公正和独立的义务，以及不与当事方进行单方面沟通的义务。此外，仲裁员根据当地法律，可能被要求公平公正，谨慎行事，平等对待各方当事人，并给予各方当事人充分陈述自己观点的机会。[1]

五、仲裁员的回避与更换

（一）仲裁员的回避

一方当事人可以对仲裁员的任命提出挑战，并在仲裁庭成立时或知晓回避事由后，申请对仲裁员的回避。[2]挑战仲裁员的主要理由是利益冲突，但仲裁员也可能因不当行为而受到挑战。如果一方当事人打算对仲裁员提出挑战或回避，必须立即提出，否则可能会被视为放弃挑战的权利。根据《中国国际经济贸易仲裁委员会仲裁规则》的规定，当事人应在收到仲裁员的书面披露后 10 天内书面提出，或当事人对被选定或被指定的仲裁员的公正性和独立性产生具有正当理由的怀疑时，应在收到组庭通知后 15 天内以书面形式提出；在此之后得知要求回避事由的，可以在得知回避事由后 15 天内提出，但应不晚于最后一次开庭终结。[3]根据《香港国际仲裁中心仲裁规则》，当事人应在知悉相关挑战事由之日起 15 日内提出挑战。[4]根据《新加坡国际仲裁中心仲裁规则》，当事人应在知悉相关挑战事由之日起 14 日内提出挑战。[5]根据《国际商会仲裁规则》，当事人应在知悉相关挑战事由之日起 30 日内提出挑战。[6]根据《伦敦国际仲裁院仲裁规则》，当事人应在知悉相关挑战事由之日

---

[1]　UNCITRAL Model Law, Article 12, 14, 18.

[2]　《中国国际经济贸易仲裁委员会仲裁规则》（2015 年）第 32 条；HKIAC 2018 Administered Arbitration Rules Article 11；SIAC Arbitration Rules（2016）Rule 14；ICC Rules of Arbitration（2017）Article 14；LCIA Arbitration Rules（2020）Article 10.

[3]　《中国国际经济贸易仲裁委员会仲裁规则》（2015 年）第 32 条。

[4]　HKIAC 2018 Administered Arbitration Rules Article 11.

[5]　SIAC Arbitration Rules（2016）Rule 15.

[6]　ICC Rules of Arbitration（2017）Article 14.

起 14 日内提出挑战。[1]

随着国际仲裁越来越具有对抗性，对仲裁员的挑战往往成了拖延仲裁程序的一种战术策略。然而，重要的是要让当事人对仲裁员和仲裁程序抱有信心，这意味着他们必须有权对无法信任的仲裁员提出挑战。但是，即便当事人提出了挑战，成功回避仲裁员的可能性也是微乎其微的。[2]此外，对仲裁员盲目地进行挑战，可能会使特定仲裁员以及仲裁庭的其他仲裁员对盲目提出挑战的当事人产生一些不满，特别是如果他们认为挑战仅仅是一种拖延仲裁程序的策略。很明显，仲裁员应披露任何可能的利益冲突，并让双方当事人决定仲裁员可能存在不公正或不独立的立场。但是，根据仲裁员提供的信息，当事人可能利用任何微小或不重要的内容申请对该仲裁员的回避，以实现拖延仲裁程序或拒绝另一方选定的仲裁员的目的。因此，重要的问题是，仲裁员的披露标准是什么？[3]

法院对仲裁员的不披露行为是否足以导致更换仲裁员或撤销仲裁裁决采取了不同的立场？"Commonwealth Coatings Corp. 诉 Continental Cas. Co. 案"（以下称 "Commonwealth Coatings 案"）是一个关于如何适用仲裁员的披露标准的典型案例。[4]因为，首席仲裁员没有披露其中一方当事人是其客户的信息。最终，美国联邦最高法院撤销了仲裁裁决。美国联邦最高法院解释了《联邦仲裁法》的规定，即仲裁裁决可能因 "明显的偏袒" 而被撤销。[5]尽管地方法院认为仲裁员 "完全公平和公正"，但联邦最高法院认定仲裁员必须披露可能会给人留下偏见印象的任何交易。[6]9 位大法官中只有 4 位支持

---

〔1〕　LCIA Arbitration Rules (2020) Article 10.

〔2〕　Thomas W. Walsh & Ruth Teitelbaum, "The LCIA Decisions on Challenges to Arbitrators: An Introduction", 27 Arb. Int'l 283, (2011).

〔3〕　Catherine A. Rogers, "Regulating International Arbitrators: A Functional Approach to Developing Standards of Conduct", 41 Stan. J. Int'l L. 53, 117-120 (2005).

〔4〕　Commonwealth Coatings Corp. v. Continental Cas. Co., 393 U. S. 145 (1968).

〔5〕　Commonwealth Coatings Corp. v. Continental Cas. Co., 393 U. S. 145, 147 (1968).

〔6〕　Commonwealth Coatings Corp. v. Continental Cas. Co., 393 U. S. 145, 149 (1968).

上述意见。而在另一个同意的意见中，怀特大法官虽然同意撤销仲裁裁决的决定，但明确表示，不披露琐碎关系不会导致仲裁员的资格被否定。只有当仲裁员不披露重大关系时，才应取消仲裁员的资格。不过，他补充说，尽管仲裁员不需要向当事人提供"完整的商业履历"，但是，仲裁员仍有可能违反披露义务。[1]

　　自"Commonwealth Coatings 案"开始，下级法院倾向于适用怀特法官的意见。美国联邦第五巡回上诉法院就推翻了下级法院因仲裁员的不披露而撤销仲裁裁决的决定。[2]在本案中，仲裁员没有披露在以前一个复杂的案件中，他曾与一方当事人的律师进行过共同代理的事实。当时，即便仲裁员和一方当事人的律师都签署了许多相同的文件，他们之间也从未见过面或交谈过。美国联邦第五巡回上诉法院在很大程度上参考了怀特法官在"Commonwealth Coatings案"中的意见，认为除非仲裁员的不披露造成了一种具体的（而不是推测性的）偏见的信息，否则撤销仲裁裁决便是不合理的。[3]不同的法院和不同的法官对这些问题的看法明显不同。从实践的角度来看，如果一方当事人在仲裁开始时就对仲裁员的不披露提出了挑战，而不是在裁决出具之后，那么该当事人成功的可能性就会大一些。[4]在上述美国联邦第五巡回上诉法院的案件中，等到仲裁裁决作出之后，以及仲裁庭是压倒性的优势支持另一方当事人之的主张之后，败方才对仲裁员提出了挑战。而在这种情况下，考虑到所花费的时间、努力和资源，法院一般不愿意撤销仲裁裁决。如果一方当事人能证明仲裁员没有披露仲裁机构的仲裁规则或双方约定的规则等被要求在仲裁开始时需要披露的信息，当事人有可能会让仲裁

---

　　〔1〕　Commonwealth Coatings Corp. v. Continental Cas. Co. , 393 U. S. 145, 152 (1968).

　　〔2〕　Positive Software Solutions, Inc. , v. New Century Fin. Corp. , 476 F. 3d 278 (5th Cir. 2007).

　　〔3〕　Positive Software Solutions, Inc. , v. New Century Fin. Corp. , 476 F. 3d 278, 286 (5th Cir. 2007).

　　〔4〕　Stephen R. Bond, "The Selection of ICC Arbitrators and the Requirement of Independence", 4 Arb. Int. 300, 306 (1988).

机构更换仲裁员。

仲裁机构对仲裁员回避的决定与仲裁裁决一样，通常会被认为是保密的。然而，在删除了识别信息以保证保密性的前提下，伦敦国际仲裁院已经以摘要的形式公布了对仲裁员提出挑战的决定。伦敦国际仲裁院的这种做法展示了该仲裁机构的透明度，并向公众提供了回避决定的依据，向当事人和仲裁员提供了适当的指导意见。[1]

（二）仲裁员的更换

如果成功地对仲裁员提出回避，或者一名仲裁员因任何原因辞职或被辞退，则有必要更换仲裁员。一般来说，仲裁规则将规定更换仲裁员的方法。[2]如果在仲裁审理前出现了更换仲裁员的情形，仲裁程序一般会直接继续。但是，如果在仲裁进行了一段时间后选择更换仲裁员，那么就会产生一个是否需要重新仲裁的问题。在大多数情况下，当事人和仲裁庭都会采取常识性的做法。如果有抄本资料，新的仲裁员通常可以通过阅读抄本资料来理解案情。如果没有抄本资料，在考虑到当事人的意见后，一般是由仲裁庭决定是否重新审理，并确定重新审理的范围。[3]

但是，在没有任何理由的前提下，仲裁员有时可能在仲裁程序结束时辞职或死亡。在大部分情况下，仲裁程序会继续，仲裁裁决由2名仲裁员出具。[4]最常见的投诉是仲裁员没有有效地推进仲裁程序，也没有及时出具仲裁裁决。这种行为破坏了人们对仲裁作为

---

〔1〕 Geoff Nicholas, "Constantine Partasides, LCIA Court Decisions on Challenges to Arbitrators: A Proposal to Publish", *Arbitration International*, Volume 23, Issue 1 (2007).

〔2〕《中国国际经济贸易仲裁委员会仲裁规则》（2015年）第33条；HKIAC 2018 Administered Arbitration Rules Article 12; SIAC Arbitration Rules (2016) Rule 17; ICC Rules of Arbitration (2017) Article 15; LCIA Arbitration Rules (2020) Article 11.

〔3〕《中国国际经济贸易仲裁委员会仲裁规则》（2015年）第33条；HKIAC 2018 Administered Arbitration Rules, Article 12; SIAC Arbitration Rules (2016), Rule 18; ICC Rules of Arbitration (2017), Article 15.

〔4〕《中国国际经济贸易仲裁委员会仲裁规则》（2015年）第34条；ICC Rules of Arbitration (2017), Article 15.

一种有效的争端解决机制的信心。对于客户和律师来说，仲裁员的首要任务是确定他们出具仲裁裁决所需的时间。律师有时会抱怨，一旦选定了仲裁员，对仲裁员的行为根本无法控制。越来越多的人建议对不履行职责的仲裁员处以罚款和减少支付给仲裁员的费用。有些仲裁机构在出具仲裁裁决之前会保留一些支付仲裁员的费用，有些机构已经根据业绩支付仲裁员费用，仲裁员的业绩不佳就削减费用，业绩良好就提高费用。[1]如果仲裁员存在不及时履行职责的前科，仲裁机构可以拒绝指定或者确定上述仲裁员再次成为仲裁员，并对不当行为的仲裁员实施制裁。这样可以向所有仲裁员传达一条明确的信息，以鼓励仲裁程序被有效推进。

六、仲裁员的豁免

如果仲裁员未能履行一项或多项职责，其是否应对当事人可能遭受的任何损害承担责任？显而易见，如果不享有豁免权，许多合格的仲裁员都会拒绝审理仲裁案。赞成给予仲裁员豁免权的理由是仲裁员行使准司法职能，不应受到当事人的起诉。而且，豁免权有助于确保仲裁裁决的最终性。此外，如果仲裁员会因自己出具的仲裁裁决而承担损害，这可能会鼓励当事人在仲裁期间恐吓仲裁员。反对给予仲裁员豁免权的论点认为，仲裁裁决不会因法律或事实上存在的错误而被撤销，免除仲裁员的责任往往会助长疏忽、欺诈和滥用权力，仲裁裁决的终局性不应比公平公正更重要。此外，还没有现成的纪律措施可以束缚仲裁员。不同的法律制度对仲裁员的豁免权采取了不同的做法。然而，在所有制度中，并不免除仲裁员的刑事责任。如果发现仲裁员收受当事人的贿赂或挪用资金，仲裁员将受到刑事法律的制裁。然而，法院在处理仲裁员的非刑事行为的豁免问题上，普通法系国家与大陆法系国家存在着很大的差异。

---

[1]　2016 年 1 月 1 日开始，国际商会就宣布了上述激励机制。

在普通法系国家，当仲裁员行使准司法职能时，法院倾向于向仲裁员提供豁免权。美国可能是对仲裁员最具保护性的国家，对以决策能力行事的仲裁员提供几乎绝对的豁免。美国的一些州甚至通过法令规定了仲裁员的豁免权。[1]澳大利亚的《国际仲裁法》规定，仲裁员对以仲裁员身份真诚地做出或不做出的任何行为不承担责任。[2]许多大陆法系国家虽然从未给予仲裁员绝对的豁免权，但仍然承认仲裁员享有相当广泛的豁免权。[3]与其他专业人员一样，如果仲裁员不按约定履行义务，仲裁员最有可能承担违约行为，因为，仲裁员迟迟不出具仲裁裁决，双方当事人的全部努力都会变得徒劳。如果违反是基于侵权行为，仲裁员的行为可以被视为违反了应有的谨慎义务。[4]心有不满的当事人可能不仅要起诉仲裁员，还有可能要起诉处理仲裁案件的仲裁机构。在大多数司法管辖区，仲裁机构享有豁免权，因为它们是一个准司法组织。当然，根据管辖地区的不同，仲裁规则可能也会有所不同。在法国，如果仲裁机构未能提供有效的仲裁手段，仲裁机构就有可能承担责任。[5]

各种仲裁规则都包含宣布仲裁员豁免权的规定。许多法律规定，除故意不当行为外，仲裁员将享有豁免权。[6]《国际商会仲裁规则》规定，除法律禁止的情形，仲裁员享有豁免权。[7]无论仲裁规则中规定的豁免权等级如何，大多数法律制度都不允许当事人放弃故意的不当行为或重大过失而进行起诉的权利。虽然理论上仲裁员可能对此类行为承担责任，但是，要证明仲裁员存在上述不当行为或重

---

〔1〕 Cal. Civ. Code, § 1297. 119 (1994).

〔2〕 Australian International Arbitration Act (CTH), Act No. 136 of 1974 as amended, § 28 (2011).

〔3〕 Gary B. Born, *International Commercial Arbitration* 1962, 2031~2032 (2nd ed. 2014).

〔4〕 Susan D. Franck, "The Liability of International Arbitrators: A Comparative Analysis and Proposal for Qualified Immunity", 20 N. Y. L. Sch. J. Int'l & Comp. L. 1, 11 (2000).

〔5〕 Matthew Rasmussen, "Overextending Immunity: Arbitral Institutional Liability in The United States, England, and France", 26 Fordham Int'l L. J. 1824, 1864 (2003).

〔6〕 LCIA Arbitration Rules (2020) Article 31.

〔7〕 ICC Rules of Arbitration (2017) Article 41.

大过失，却是难上加难。

第三节 庭审

根据大多数仲裁机构的仲裁规则，仲裁庭自行进行庭审，[1]或在任何一方当事人的要求下进行庭审。[2]当然，当事人可以同意仲裁庭通过书面文件对纠纷进行书面审理。为了提高效率，仲裁员可以鼓励当事人同意通过书面文件地进行审理。然而，大多数律师更喜欢在现场面对面地进行审理，以便能够更有效地回答仲裁员的问题，让仲裁员切身看到代理律师真诚的表情与态度，以达到说服仲裁员的目的，并且，有利于澄清和解释纠纷当中的关键问题。

一、程序性问题

（一）首席仲裁员

在 3 名仲裁员组成的仲裁庭审理的仲裁程序中，当事人通常会同意只有首席仲裁员才能决定程序性问题。[3]例如，首席仲裁员可以决定涉及文件披露或证人证言时限的问题。这使得事情进展得比 3 位仲裁员在作出任何程序性决定之前都需要进行协商更有效率。如果其他仲裁员同意，首席仲裁员可以单独作出程序性的决定。《中国国际经济贸易仲裁委员会仲裁规则》第 35 条就规定，经仲裁庭其他成员授权，首席仲裁员可以单独就仲裁案件的程序安排作出决定。[4]

在仲裁程序的早期，仲裁员就应该拟定庭审时间表。仲裁员尽早确定庭审日期是非常重要的，特别是由 3 名仲裁员组成仲裁庭以及一些必须协调时间表的律师、当事人和证人众多时。各方参与者

---

〔1〕《中国国际经济贸易仲裁委员会仲裁规则》（2015 年）第 35 条。

〔2〕 ICC Rules of Arbitration（2017）Article 25；LCIA Arbitration Rules（2020）Article 19.

〔3〕 LCIA Arbitration Rules（2020）Article 14.

〔4〕《中国国际经济贸易仲裁委员会仲裁规则》（2015 年）第 35 条。

将评估庭审所需的时间，以此决定是否举行一次持续一周或一周以上的庭审，或是否安排几次较短的庭审。有时，繁忙的仲裁员很难有连续的 5 天~6 天的时间进行庭审。然而，如果进行几次较短的庭审，将会大大增加相关仲裁成本，因为每个人通常都需要通过国际旅行才能到达开庭地参加庭审。

（二）仲裁地、开庭地与仲裁语言

在一些仲裁机构，首先要区分仲裁地与开庭地。因为，对于仲裁裁决的撤销，一般会适用仲裁地的法律。开庭地是在某个地方进行特定审理的地方。当事人可以在仲裁协议中约定开庭地。但是，如果当事人没有约定开庭地，仲裁员将选择一个中立的（即不在任何一方当事人的国家）的地点。一旦选定了地点，仲裁庭通常会在那里举行庭审，但有时它可以决定在不改变仲裁地的情况下在其他地方开庭。[1]比方说，当事人同意在伦敦国际仲裁院进行仲裁，那么，仲裁地便是伦敦，但是，开庭地有可能是法国巴黎，以便在一个仲裁参与者都方便的地方进行仲裁。[2]

当事人一般会在仲裁协议中约定仲裁当中使用的仲裁语言。如果仲裁协议没有明确约定，并且双方不能就仲裁语言达成一致意见，仲裁员将决定仲裁语言。[3]如果当事人就仲裁语言没有约定，在一般情况下，仲裁机构的仲裁规则规定了特定的语言，而这种仲裁语言往往是仲裁机构所在地的语言。当然，仲裁员都能理解仲裁语言才是最重要的。为了让那些不能说仲裁语言的仲裁员理解案情，所有的材料都需要进行翻译，但这将消耗很大的成本。国际律师协会的道德准则实际上要求，除非仲裁员对仲裁语言有足够的掌握，否

---

〔1〕 LCIA Arbitration Rules（2020）Article 16. 3.

〔2〕《中国国际经济贸易仲裁委员会仲裁规则》（2015 年）第 7、36 条；HKIAC 2018 Administered Arbitration Rules Article 14；SIAC Arbitration Rules（2016）Rule 21；ICC Rules of Arbitration（2017）Article 18；LCIA Arbitration Rules（2020）Article 16.

〔3〕《中国国际经济贸易仲裁委员会仲裁规则》（2015 年）第 7、81 条；HKIAC 2018 Administered Arbitration Rules Article 15；SIAC Arbitration Rules（2016）Rule 22；ICC Rules of Arbitration（2017）Article 20；LCIA Arbitration Rules（2020）Article 17.

则仲裁员不应接受任命。[1]不是以仲裁语言为母语的当事人和证人有权用自己的语言作证,但一般而言,需要请翻译人员进行翻译,并支付翻译费用。

(三)当事人、代理人及证人

开庭时申请人无正当理由不到庭的,或在开庭审理时未经仲裁庭许可中途退庭的,可以视为撤回仲裁申请;被申请人提出反请求的,不影响仲裁庭就反请求进行审理,并作出裁决。被申请人无正当理由在开庭时不到庭的,或在开庭审理时未经仲裁庭许可中途退庭的,仲裁庭可以进行缺席审理并作出裁决;被申请人提出反请求的,可以视为撤回反请求。[2]仲裁庭还应在程序的每一阶段努力与被申请人取得联系,使其有机会参与仲裁审理,并提交书面材料。由于非参与方可能会针对仲裁员作出的任何裁决或决定提出挑战,因此,在一方当事人不参与的情形下,单方面推进仲裁程序后出具任何仲裁裁决的时候,谨慎的仲裁庭应尽最大努力留下证据证明,其已经努力为被申请人参与仲裁程序提供了公平机会。在大多数司法管辖区,当事人的代理人并不一定是当地律协的律师,甚至不必是律师。尽管如此,如果一方当事人在自己不熟悉的地方进行仲裁,最好聘请自己本地的律师及仲裁地的律师,以备无患。比方说,如果中国公司在法国进行仲裁,最好聘请法国律师及中国律师,由法国律师负责仲裁审理,中国律师负责全盘管理及沟通,并做好准备应对有可能发生的败诉后处理撤销仲裁裁决的申请及承认和执行仲裁裁决的问题。

因为仲裁是私权下的争端解决机制,庭审不会像法庭庭审那样公开。当事人有权出席庭审,但是,任何证人在不作证时都应被排除在外。[3]仲裁员可以限定双方当事人举证质证的时间。当然,仲

---

[1] IBA Rules of Ethics for International Arbitrators (1987), Article 2 (2).

[2] 《中国国际经济贸易仲裁委员会仲裁规则》(2015 年)第 39 条;HKIAC 2018 Administered Arbitration Rules Article 26;SIAC Arbitration Rules (2016) Rule 20;ICC Rules of Arbitration (2017) Article 18.

[3] 《中国国际经济贸易仲裁委员会证据指引》第 17 条。

裁庭必须努力在有效管理并推进庭审程序和出具公正的仲裁裁决之间取得平衡，平等对待当事人，给予他们公平的机会展示自己的案件。[1]一些仲裁员规定了非常严格的时限，给每一方当事人准确的时间限制，也为仲裁员确定了特定的时间限制。[2]各方当事人都清楚自己有多少时间，并知道自己已被限制在规定的时间限度内，而这对于管理大型、复杂的案件和确保在指定的时间内完成仲裁程序非常重要。但是，在设定时限时，仲裁员必须始终运用自己的常识，以确保给予当事人公平和平等的待遇，因为，向当事人提供完全相同长度的时间并不总是公平的，因为一方可能有更多的证人，或者可能有更重的举证责任。事实上，给予每一方当事人平等的机会，公平地陈述自己的观点，可能会导致一方当事人比另一方当事人有更多的时间。仲裁员在合理分配时间时后，应注意发生上述问题的可能性，并应考虑为各方当事人分配一个相对合理的，而不是相同的时间。即使是遵循严格时间管理的仲裁员也认为在大型复杂案件中，需要灵活地安排时间。当事人有时需要比最初估计的更多的时间，而如果所要求的时间是合理的，并且当事人没有故意拖延庭审时间的意图，仲裁庭应当允许特定的延长时间的请求。

（四）信息技术

在越来越多的仲裁中，仲裁员和当事人都倾向于使用现代技术。现代仲裁利用了很多在诉讼当中使用的技术，如文件或视频的投影技术或复杂的数据库管理系统的展示。在一些仲裁案件的审理中，每个人都必须有一台笔记本电脑，以便跟上庭审的进度。在有大量文件数据证据的仲裁中，当事人的律师或仲裁员都倾向于使用现代技术来管理仲裁程序，并尽可能以最清晰和最有效的方式提供证据。[3]一些仲裁机构就有关数据的举证质证提供了指导意见。在 2017 年，

---

〔1〕 UNCITRAL Model Law, Article 18.

〔2〕 Jan Paulsson, "The Timely Arbitrator: Reflections on the Bockstiegel Method", Arb. Int'l L., Vol. 22, Issue 1, pp. 19~26 (2006).

〔3〕 Thomas Schultz, "Chapter 2: Information Technologies in Arbitration", in *Information Technology and Arbitration: A Practitioner's Guide*, 27, 29 (2006).

国际商会就发布了《国际仲裁中的信息技术》[1]，详细分析了在科技现代化的今天，如何使用数据科技手段，进行仲裁审理。[2]

（五）合并仲裁与简易仲裁

在仲裁协议当中，当事人很少会预见性地约定合并仲裁的条款，但如果特定交易涉及多个当事人或多个合同，则这些当事人有可能会事先同意合并仲裁。为了效率和公平，法院在诉讼程序上通常具有自由裁量权，可以将两个案件合并为一个程序。然而，在仲裁程序中，除非当事人达成合意，否则仲裁员在大多数情况下没有这种权力。即便当事人没有明确约定合并仲裁，一些国家法院仍然会认为，如果当事人在涉及同一当事人和同一交易的合同中都同意相同或相容的仲裁协议，当事人可能就默示了合并仲裁。[3]

但是，在大多数情况下，合并仲裁需要当事人的明确合意。各种仲裁机构的仲裁规则也规定了合并仲裁的条件。《中国国际经济贸易仲裁委员会仲裁规则》第19条规定，各案仲裁请求依据同一个仲裁协议提出；或各案仲裁请求依据多份仲裁协议提出，该多份仲裁协议内容相同或相容，且各案当事人相同、各争议所涉及的法律关系性质相同；或各案仲裁请求依据多份仲裁协议提出，该多份仲裁协议内容相同或相容，且涉及的多份合同为主从合同关系；或所有案件的当事人均同意合并仲裁的，仲裁委员会可以决定将根据本规则进行的2个或2个以上的仲裁案件合并为一个仲裁案件，进行审理。[4]《国际商会仲裁规则》也有类似的规定。《国际商会仲裁规则》第10条规定，双方同意合并；或仲裁中的所有索赔均根据同一仲裁协议提出；或仲裁请求是根据一份以上仲裁协议提出，仲裁是

---

〔1〕 Information Technology in International Arbitration- Report of the ICC Commission on Arbitration and ADR.

〔2〕 https：//iccwbo. org/content/uploads/sites/3/2017/03/icc-information-technology-in-international-arbitration-icc-arbitration-adr-commission. pdf.

〔3〕 Conn. Gen. Life Ins. Co. v. Sun Life Assur. Co. of Canada, 210 F. 3d 771, 775（7th Cir. 2000）.

〔4〕《中国国际经济贸易仲裁委员会仲裁规则》（2015年）第19条。

在同一当事人之间进行，仲裁中的纠纷是由于同一法律关系产生，仲裁管理机构认为仲裁协议相容的，可以合并仲裁。[1]如果各方当事人书面同意，《伦敦国际仲裁院仲裁规则》也允许合并仲裁。如果一个或多个符合仲裁规则的仲裁是在同一争议当事人之间的同一仲裁协议下开始的，则允许合并仲裁，前提是尚未成立仲裁庭，或者如果成立仲裁庭，则两个仲裁庭的仲裁员是相同的。[2]

虽然合并仲裁可以节省一些时间和成本，但有时也存在其不受欢迎的一面。因为它会在仲裁员的任命方面造成严重问题，就像任何多方仲裁协议那样。此外，当事人可能有合理的担忧，如果太多的当事人参与其中，仲裁程序就很难保密。如果合并仲裁有可能损害当事人的自治，法院和仲裁庭可能都不愿意进行合并仲裁。

最后，经当事人申请及/或仲裁庭决定，一些仲裁机构的仲裁规则规定，仲裁庭可以进行简易仲裁。[3]但是，在适用简易仲裁程序之前，当事人和仲裁员需要注意的是，简易仲裁程序的时间期限相对较短，因此，举证质证或事实证人及专家证人出庭等问题会变得捉襟见肘。

二、举证及质证

在国际仲裁中，往往由仲裁庭自行决定有关举证质证的证据规则。仲裁庭一般有权决定证据的关联性及证明力。[4]大多数仲裁员很少适用仲裁地国家的证据法律规定，更多的时候，他们会灵活地适用各种规则来判断证据的关联性及证明力。

（一）证据规则

由于普通法系和大陆法系对证据的处理方式不同，在 1999 年，

---

〔1〕 ICC Rules of Arbitration（2017）Article 10.

〔2〕 LCIA Arbitration Rules（2020）Article 22.

〔3〕 《中国国际经济贸易仲裁委员会仲裁规则》（2015 年）第 56~64 条；HKIAC 2018 Administered Arbitration Rules Article 42；SIAC Arbitration Rules（2016）Rule 5；ICC Rules of Arbitration（2017）Article 30.

〔4〕 《中国国际经济贸易仲裁委员会证据规则》（2015 年）第 18 条。

国际律师协会制定了《国际商事仲裁取证规则》。[1]《国际商事仲裁取证规则》促进了在仲裁程序当中有关证据适用的灵活性，当事人和仲裁庭可以全部或部分适用这些规则，或者可以对其进行修改，或者只是将这些规则用作指导意见。这些规则有助于协调国际商事仲裁中的许多举证质证程序。大多数当事人和仲裁员都倾向于将《国际商事仲裁取证规则》视为指导性原则，而不是作为当事人的约定，强加于仲裁员。这样做可以根据特定案件的需要，灵活地调整仲裁程序和证据规则。另一方面，还有一些仲裁员更倾向于将《国际商事仲裁取证规则》视为具有约束力的规则。因为，他们认为有约束力的证据规则可以减少没有必要的有关证据规则的争议。

2015年，依据《中华人民共和国仲裁法》，结合《中国国际经济贸易仲裁委员会仲裁规则》和仲裁实践，中国国际经济贸易仲裁委员会也制定了《中国国际经济贸易仲裁委员会证据指引》，以帮助当事人、律师和仲裁庭在仲裁中更加有效地处理证据问题。而其制定《中国国际经济贸易仲裁委员会证据指引》时，就是适当参考了中国民事诉讼中适合于仲裁的证据原则以及国际律师协会制订的《国际商事仲裁取证规则》。[2]

在仲裁地位于中国内地、仲裁程序的准据法为《中华人民共和国仲裁法》的仲裁案件中，适用上述《中国国际经济贸易仲裁委员会证据指引》更为合适。上述《中国国际经济贸易仲裁委员会证据指引》不是《中国国际经济贸易仲裁委员会仲裁规则》的组成部分。经当事人在具体案件中约定适用后，《中国国际经济贸易仲裁委员会证据指引》方可适用。当事人可经协商一致，决定在具体案件中部分地适用《中国国际经济贸易仲裁委员会证据指引》，或者变更《中国国际经济贸易仲裁委员会证据指引》中的某些规则。《中国国际经济贸易仲裁委员会仲裁规则》与当事人约定适用的《中国国际

---

〔1〕　IBA Rules on the Taking of Evidence in International Arbitration. 2010 年对此进行了修订。

〔2〕　http://www.cietac.org/index.php? m=Page&a=index&id=68.

经济贸易仲裁委员会证据指引》不一致时，仲裁庭应适用《中国国际经济贸易仲裁委员会证据指引》。《中国国际经济贸易仲裁委员会仲裁规则》与《中国国际经济贸易仲裁委员会证据指引》均无规定、当事人亦无其他约定的事项，仲裁庭可按照其认为适当的方式处理。当事人可以约定，《中国国际经济贸易仲裁委员会证据指引》仅作为仲裁庭与当事人的参考，并不具有约束力。可见，中国国际经济贸易仲裁委员会的《中国国际经济贸易仲裁委员会证据指引》与国际律师协会的《国际商事仲裁取证规则》有异曲同工之妙。

（二）举证责任及证明标准

就举证责任而言，一般理解是，当事人对其主张的事实承担举证责任。[1]中国国际经济贸易仲裁委员会的《证据指引》第 24 条规定：①针对某一事实，双方当事人分别举出相反证据的，仲裁庭可依优势证据原则加以认定。②对涉及欺诈的事实，仲裁庭应根据有充分说服力的证据加以认定。[2]

在普通法系，超越合理怀疑的标准（Beyond a reasonable doubt）通常只适用于刑事案件。在国际商事仲裁中，这一标准可能适用于涉及贿赂、欺诈或腐败等案件。[3]在大多数国际商事仲裁案件中，被普遍接受的标准是优势证据原则（Preponderance of the evidence）。[4]虽然仲裁员不一定要详细说明他们用什么标准来判断证据。但在确定案件事实时，仲裁庭通常被认为有充分的自由裁量权决定判断证据的标准。[5]

（三）书证

在国际商事仲裁中，有关书证的证据规则往往类似于大陆法系

---

〔1〕《中国国际经济贸易仲裁委员会证据指引》（2015 年）第 1 条。

〔2〕《中国国际经济贸易仲裁委员会证据指引》（2015 年）第 24 条。

〔3〕 Oil Field of Texas, Inc., v. Gov't. of the Islamic Republic of Iran（1986），12 Iran-U. S. Cl. Trib. Rep. 315, Award in Case No. 43（258-43-1）.

〔4〕 Nigel Blackaby et al., "Chapter 6: Conduct of the Proceedings", in *Redfern and Hunter on International Arbitration* 353, § 6.85（6th ed. 2015）.

〔5〕 Robert Pietrowski, "Evidence in International Arbitration", 22 Arb. Int'l L. 373, 379（2006）.

国家的证据规则。其目的是在庭审前降低因进行大规模的举证质证程序而带来的巨大的时间和成本消耗，防止庭审前浪费太长时间，以此鼓励迅速、有效地解决争端。与大陆法系一样，在许多仲裁中，最重要的方法就是通过书证证明自己主张的事实。[1]证言通常被认为不那么重要，尽管这可能取决于具体案件的事实和仲裁员的背景。

仲裁庭一般会采纳所有书证，即使有些书证可能在普通法系律师看来是传闻证据（Hearsay）。就书证而言，传闻证据是一个人在文件中所作的陈述，记录了第二个人所作出的特定的陈述，而第二个人的陈述是证明所涉事项的真实性。因为第二人无法就其陈述或其背景接受交叉询问，因此，在普通法系国家，传闻证据被认为是不可靠的。但，是在国际商事仲裁当中，仲裁员一般都会采纳这些证据，以此判断证据的关联性和证明力。但是，因为第二个人无法到庭，其证明力比起直接证据肯定是非常微弱的。

除非对方当事人有异议，否则一般都认定书证的真实性。如果书证的真实性受到挑战，提交书证的一方当事人有义务提交原件，以此证明书证的真实性。如果当事人不这样做，书证的证明力可能会很难被认定。另一方面，如果对丢失的原件给出了一些合理的理由，除非当事人存在明显的欺诈行为，否则一般都会承认该书证，但其证明力肯定远小于有原件的证明力。

根据国际律师协会的《国际商事仲裁取证规则》的规定，为了从对方获得文件，请求方在确定文件的存在及其对案件结果的重要性方面承担了相对沉重的举证责任。仲裁员通常具有广泛的自由裁量权，可以命令一方提供对方确定的相关文件。[2]《中国国际经济贸易仲裁委员会证据指引》也规定了相似的内容。一方当事人可请求仲裁庭指令对方当事人披露某一特定书证或某一类范围有限且具体的书证（"特定披露请求"）。请求方需阐明请求理由，详细界定

---

〔1〕　Robert Pietrowski, "Evidence in International Arbitration", 22 Arb. Int'l L. 373, 374, 391 (2006).

〔2〕　IBA Rules on the Taking of Evidence in International Arbitration, Article 3.2.

有关书证，以及说明该书证的关联性和重要性。仲裁庭应安排对方当事人对特定披露请求发表意见。对方不反对该请求的，应按照请求披露相关文件。对方反对的，由仲裁庭决定是否准许该请求。仲裁庭可对一方提出特定披露请求的期限以及对方对该请求发表意见的期限加以规定。[1]不仅如此，在仲裁过程中，仲裁庭可以主动要求一方当事人提交仲裁庭认为必要的任何证据。仲裁庭应确保另一方当事人有机会对这些证据发表意见。[2]经仲裁庭准予特定披露请求后，或在仲裁庭直接要求披露特定的证据后，相关当事人无正当理由拒绝披露的，仲裁庭可以做出对拒绝披露方不利的推定。[3]

虽然仲裁员可以要求当事人提交书证，但如果某些所需的书证在第三人手中，应如何操作？仲裁员的权力来自当事人的合意，第三人不在此限。尽管如此，美国法律依然赋予了仲裁员传唤的权力，使仲裁员能够传唤不是当事人的第三人作为证人出庭并出示书证。[4]然而，大多数法律并不赋予仲裁员这种权力。因此，如果一方当事人认为第三人的出庭对案件至关重要，则可能需要向法院寻求帮助，只有当地法律和相关规则允许，法院才能提供司法协助。根据联合国贸易法委员会的《仲裁示范法》的规定，仲裁庭或经仲裁庭批准的一方当事人可请求法院协助取证。[5]在英国，如果一方当事人能说服仲裁庭或另一方当事人，则可以适用法院程序，确保证人出庭，提供证言或出示书证或其他重要证据。[6]

因此，根据管辖地区的不同，法院是否提供司法协助决定了能否从第三人那里获得证据。一方当事人拒绝向仲裁庭出示书证会造成什么后果？与第三人一样，在某些司法管辖区，法院可提供协助以执行仲裁员的命令。但是，在国际商事仲裁中，通过法院的司法

---

〔1〕《中国国际经济贸易仲裁委员会证据指引》（2015 年）第 7 条。

〔2〕《中国国际经济贸易仲裁委员会证据指引》（2015 年）第 11 条。

〔3〕《中国国际经济贸易仲裁委员会证据指引》（2015 年）第 23 条。

〔4〕 U. S. Federal Arbitration Act, § 7.

〔5〕 UNCITRAL Model Law, Article 27.

〔6〕 English Arbitration Act of 1996, § 43.

协助获得书证很少会被认为是有效的补救办法。在一般情况下，仲裁员可能会从一方当事人的拒绝提供书证中得出不利于该当事人的结论。[1]特别是在当事人确实拥有仲裁庭要求的文件时，仲裁员可以得出此类对当事人不利的结论，可以成为强制要求当事人提交相关书证的有效手段。由于仲裁员有如此大的权力，因此大多数从业人员和当事人都不希望通过拒绝的方式给仲裁员留下不好的印象。

（四）事实证人

普通法系和大陆法系对事实证人的规定也有显著差异。在诉讼程序中，普通法系律师往往会花很长的时间准备质询程序，以便了解对方的事实证人持有的信息。质询程序的另一个目的是锁定事实证人的证言，这样事实证人在以后的程序当中就不能更改之前确定的证言。因为证言是在宣誓的情况下进行的，如果证人改变了自己的陈述，律师将在庭审中使用先前的证言进行质证，进而破坏证人的可信度。另一方面，大多数大陆法系的律师都并不认为事实证人在仲裁事项中会起到至关重要的作用。[2]在国际商事仲裁中，庭审前证人证言的处理往往遵循混合模式。除非当事人同意，否则几乎不允许进行庭审前的质询程序。即便当事人同意进行庭审前的质询，它们的数量和时间也可能很有限。

当事人通常被要求在仲裁的早期提供证人的姓名和证明事项。然后，要求证人应在庭审前提交其书面证言。在许多司法管辖区，人们普遍认为证人证言是由律师编写的。[3]然而，证言的书写方式应与事实证人自己的言辞和说话方式相似。证言应当涉及证人所知道的事实，不应当包含法律结论。然而，律师通常在陈述的准备过

---

〔1〕《中国国际经济贸易仲裁委员会证据指引》（2015年）第23条；Jerome K. Sharpe, Drawing Adverse Inferences from the Non-Production of Evidence, 22 Arb. Int. 549 (2006).

〔2〕 James Beardsley, "Proof of Fact in French Civil Procedure", 34 Am. J. Comp. L. 459 (1986); Hans Van Houtte, "Counsel-Witness Relations and Professional Misconduct in Civil Law Systems", 19 Arb. Int'l 457, 457~458 (2003).

〔3〕 David P. Roney, "Effective Witness Preparation for International Commercial Arbitration", 20 J. Int'l Arb. 429, 430 (2003).

程中与自己的证人密切合作，这样一来证人可能会受到对方律师的盘问。因此，事实证人在庭审中表述自己的证言的时候，应当对其证言中包含的任何事实表现出自信。此外，该证言应完整，因为证人不被允许在口头证言中添加其他不必要的内容。

在一些国家，执业行为规范或判例法禁止律师在庭审前与证人见面。但是，在国际商事仲裁中，一般认为律师都会与证人见面沟通。[1]国际律师协会的《国际商事仲裁取证规则》明确规定，一方当事人采访其所有证人或潜在证人，并与他们讨论未来的证言，不是不合理的行为。[2]然而，来自不同司法管辖区的律师可能对如何对事实正人进行采访有不同的理解。对于来自美国等普通法系国家的律师来说，这意味着律师可以准备事实证人。这包括帮助事实证人能够清晰和一致地陈述其证言。这并不意味着指导事实证人以虚假或误导的方式提供证言。在普通法系国家，准备一名主要的事实证人可能需要花费律师大量的时间和精力，包括确保事实证人了解问题并了解他们的证言如何符合整体的法律战略。对于美国律师来说，准备工作还可能包括模拟对事实证人的直接询问和交叉盘问，以帮助事实证人在作证时可以更加清楚地表达自己对事实关系的理解。[3]

然而，并非所有普通法系律师都这样做。英国律师认为，与事实证人的互动有三种：面谈、了解和指导。[4]面谈是指与事实证人交谈，以获取事实证人陈述书中的信息。了解意味着让事实证人了解庭审时的预期，包括对方律师盘问的技巧。英国律师甚至可以进行模拟盘问，但仅限于假设事实，但是，不允许对实际案件的事实

〔1〕 David P. Roney, "Effective Witness Preparation for International Commercial Arbitration", 20 J. Int'l Arb. 429, 430 (2003).

〔2〕 IBA Rules on the Taking of Evidence in International Arbitration, Article 4 (3).

〔3〕 David P. Roney, "Effective Witness Preparation for International Commercial Arbitration", 20 J. Int'l Arb. 429, 433~435, (2003).

〔4〕 Ian Meredith and Hussain Khan, "Witness Preparation in International Arbitration-A Cross Cultural Minefield", 26~29 Mealey's Int'l Arb. Rep. 219 (2011).

进行模拟交叉盘问，因为这将被视为指导，这是禁止的。指导被视为排练事实证人并影响他们的证言。这是不允许的，因为在英国，认为事实证人的证言不应受到他人的影响，尤其不应受到律师的影响。澳大利亚和新西兰也有类似的规则，禁止指导证人。

　　大陆法系国家的律师必须小心确保与证人的任何接触都不会导致他们违反当地的律师执业准则。[1]作为一般规则，律师不应为事实证人代写证言，律师执业准则可能不会平等适用于所有参与仲裁的律师。国际律师协会采纳关于当事人举证的新指导方针的原因之一就是提供统一标准。关于事实证人的准备，指导方针支持美国的做法，当事人的律师可以帮助事实证人准备自己的证言，也可以帮助事实证人准备他们在询问和盘问中的证言，包括通过进行提问和回答等方式。但是，此类接触不应改变证言的真实性。[2]在大陆法系国家，证人询问制度被称为"质询制"，这意味着大部分询问是由法官或仲裁员进行的。另一方面，在普通法系国家，律师以询问和盘问为主，这种制度被称为"对抗制"。在国际商事仲裁中，一般采用普通法系的询问和盘问方式。[3]

　　虽然在国际商事仲裁中允许律师对对方证人的盘问，但盘问的语气应该是专业和礼貌的。尤其是对于那些有大陆法系背景的仲裁员，如果他们认为律师在骚扰或威胁事实证人，可能会非常生气。仲裁员可以暂停一个看似被滥用的盘问程序，并私下与双方当事人的律师谈论进行盘问的适当方法。仲裁庭通常很少进行询问，因为律师在询问时已经引出了相同事实。因此，仲裁庭可能会进行一些提问。[4]因为，在盘问时，对方律师可能会故意避免问到事实证人某些问题。其结果可能是，越来越多的仲裁员不允许开场陈述、最

---

　　〔1〕　Hans Van Houtte, "Counsel-Witness Relations and Professional Misconduct in Civil Law Systems", 19 Arb. Int'l 457, 457~458 (2003).

　　〔2〕　IBA Guidelines on Party Representation in International Arbitration (2013), Guideline 24 and Comments to Guidelines 18~25, 14~15.

　　〔3〕　《中国国际经济贸易仲裁委员会证据指引》（2015 年）第 17 条。

　　〔4〕　《中国国际经济贸易仲裁委员会证据指引》（2015 年）第 17 条。

后陈述或部分询问程序。这意味着庭审当中主要发生的情形是一方当事人的律师对另一方当事人的事实证人进行盘问。

一般来说，大多数仲裁员更喜欢庭审的灵活性，而不是严格执行规则。他们很乐意向事实证人提出自己的问题。大多数仲裁员不认为他们有义务介入并帮助缺乏经验或不称职的律师代理的一方当事人。但是，如果一方当事人由缺乏经验的公司法务代理，仲裁员会温和地提问公司法务是否考虑聘请有仲裁经验的律师。另外，如果仲裁员想问的问题没有被提交的证据所回答，大多数仲裁员会毫不犹豫地直接向事实正人提出他们的问题。

根据国际律师协会的证据规则，任何一方当事人或仲裁庭都可以要求事实证人或专家必须亲自出庭作证，除非仲裁庭同意允许对该证人使用视频庭审或其他技术。[1]如果证人没有出席庭审，也没有正当理由，那么除非有特殊情况，否则仲裁庭对其证言不会单独作为认定事实的根据。[2]在国际商事仲裁中，任何能够证明案件事实的人（包括当事人的雇员、代表人和代理人），均可以作为事实证人。[3]

（五）专家

与事实证人不同，专家根据他们的专业知识提供意见。对于判断芯片是否符合合同约定的相关参数，成品油是否符合合同约定的标准，数据软件是否满足相关数据处理指标，化学燃料是否满足合同约定的各元素的相关比例等技术性问题，可能需要专家的意见。当需要专家时，双方通常会决定是否双方都会聘请专家，或者他们是否更愿意仲裁庭指定专家。即使当事人没有要求指定专家，仲裁庭一般也有指定专家的自由裁量权。

---

〔1〕 IBA Rules on the Taking of Evidence in International Arbitration，Article 8（1）.

〔2〕《中国国际经济贸易仲裁委员会证据指引》（2015 年）第 21 条；IBA Rules on the Taking of Evidence in International Arbitration，Article 4（7）.

〔3〕《中国国际经济贸易仲裁委员会证据指引》（2015 年）第 8 条。Klaus Sachs & Torsten Lörcher，Chapter V：Conduct of the Arbitral Proceeding，§ 1047-Oral Hearings and Written Proceedings，in Arbitration in Germany：The Model Law in Practice 278，280（2d ed. 2015）.

指定专家可能是律师在选择仲裁员后在仲裁程序中作出的最重要的决定。律师在寻找特定领域的最佳国际专家时需要非常小心和勤奋。如果律师能够聘请该领域的主要专家，并且专家同意律师对相关问题的看法，那么案件很可能会朝着有利的一面发展。专家通常有权从各方当事人那里获得需要的信息。这可以采取文件、货物、样品的形式，甚至可以进入相关现场检查。根据国际律师协会证据规则，如果需要进行现场检查，仲裁庭可自行或应一方当事人的要求，对任何现场、财产、机械或其认为适当的任何其他货物、样品、系统、工艺或文件进行检查。[1]专家通常会准备一份报告意见。报告意见包含了意见和结论，专家在报告意见当中会通过依据方法、信息和证据解释专家是如何得出了最终结论。

当事人通常不仅有权审查评论专家意见，并提交由当事人或当事人指定的专家编写的书面答复，而且有权审查专家依据的任何文件、货物或其他信息。一般来说，如果一方提出要求或仲裁庭认为有必要，专家将在庭审上作证并回答问题。当问题相对复杂时，各方当事人可能希望聘请自己的专家，以便理解、分析、同意或不同意仲裁庭指定的专家。在复杂情况下，各方当事人的专家可编写自己的专家意见，并出席庭审，以协助提问或作证。

三、庭审终结

庭审终结意味着，除非仲裁庭觉得确实有必要，否则关于提交口头或书面证据的窗口将关闭。在通常情况下，庭审后的唯一程序是当事人律师提交可能总结证据和论点的代理意见。有时，仲裁员可能只就一个或少数法律问题要求律师提交简要说明。如果一方当事人在庭审快要结束时发现了新的证据，另一方当事人将有机会在庭审结束后的代理意见中对该证据进行质证，而不必返回现场重新进行庭审。如果一方当事人在庭审结束后，在仲裁裁决出具之前，

---

〔1〕　IBA Rules on the Taking of Evidence in International Arbitration, Article 7.

不知何故发现新证据，该方当事人可寻求重新开庭。仲裁庭一般有重新开庭的自由裁量权，但是，如果新证据具有很强的关联性和证明力，则更有可能要求各方对提出的问题以书面意见进行质证。

在庭审的过程当中，国际律师协会的证据规则向国际商事仲裁提供了一个统一的取证方法，但是，除非当事各方同意适用这些规则，否则仲裁员一般不受这些规则的约束。在整个仲裁的过程当中，就程序性问题，仲裁员有很大的自由裁量权。各方当事人应充分认识到，在仲裁程序这么一个私权模式下，如果他们不愿意仲裁员行使过多的自由裁量权，对于当事人最好的方式就是就庭审程序事前达成合意。

第六章
当事人获得的最终结论
——仲裁裁决

第一节　当事人选择了适用法律

在大部分仲裁程序中，仲裁员的任务主要是了解事实并根据事实解释合同条款当中当事人之间约定的内容。程序法问题将适用双方选择的仲裁规则。然而，复杂的或技术性的实体法问题有时可能是争议的核心问题。尽管当事人自治是仲裁的一个重要组成部分，但是，当事人的纠纷并不游离于法律而存在。因此，如果出现需要适用不同类型的法律（包含实体法及仲裁法）和仲裁规则时，仲裁程序的复杂程度就可见一斑了。

双方当事人通常会约定适用于合同纠纷的实体法律，而这个实体法很可能是其中一方当事人的国内法。在国际货物销售合同中，当事人也可以约定适用如《联合国国际货物销售合同公约》等国际法。[1]然而，适用于仲裁程序的规则是仲裁机构的仲裁规则，适用于仲裁程序的仲裁法律通常是仲裁地的仲裁法。

一、地区性

在很多情况下，当事人会选择不存在商业利益或关系的国家作

---

〔1〕　United Nations Convention On Contracts For The International Sale of Goods（CISG），1980. 1988 年，该公约在达到法定批准国家数额后正式生效。我国也是批准国之一。

为仲裁地。[1]选择这样的仲裁地的原因可能仅仅是这个仲裁地对双方当事人都很方便。当事人千辛万苦在与自己毫不相干的地方进行仲裁最终拿到仲裁裁决结果后，另一方当事人很有可能在仲裁地申请撤销仲裁裁决。而仲裁地的法院可能会适用当地法律撤销仲裁裁决。20世纪80年代开始，一些专家学者就开始主张国际仲裁的非地区性。[2]这些主张认为，国际商事仲裁不应受到仲裁地当地法律的约束，因此，国际仲裁的非地区性也被称为无国籍性。

他们主张，不应该有两种法律制度监督仲裁过程。相反，唯一相关的法律应该是执行仲裁裁决的法院地的法律。主张非地区性的人认为，一个国家不应该与不是其公民的两个当事人之间的与该国无关的仲裁问题有任何利害关系。他们反对仲裁地的法院过多地干预仲裁程序，并认为国际仲裁本身就存在自我调节功能。从他们的角度来看，国际仲裁应该与仲裁地的法律分离开来，并认为仲裁员适用冲突规范时，并不一定要适用仲裁地的冲突规范。

作为对非地区性运动的回应，1985年，比利时通过了一项法律。[3]该法律规定，在比利时进行仲裁的当事人如果不是比利时公民，也没有在比利时经营业务，则不允许当事人向比利时法院申请撤销仲裁裁决。因此，比利时不会对该仲裁裁决进行有关撤销仲裁裁决相关的司法审查。当时，大部分人都普遍认为，这项法律减少了仲裁地法院的干预，这将增加比利时的仲裁数量。然而，事与愿违，这项法律起到了相反的效果。企业反而没有被吸引到这样一个没有法院司法审查的国家，它们似乎都避免将比利时作为仲裁地。因此，比利时于1998年修订了上述法律，规定缺乏比利时联系的各方当事人，除非签订一份拒绝比利时法院司法审查的协议，否则，法院将接受一方当事人提出的撤销仲裁裁决的申请。

---

[1] 例如，一个中国企业和一个美国企业，约定在法国的 ICC 进行国际仲裁。

[2] Jan Paulsson, "Delocalisation of International Commercial Arbitration: When and Why It Matters", 32 Int'l and Comparative. L. Q. 53 (1983).

[3] Belgian Judicial Code, Article 1717 (4) (pre-1998 amendments).

对国际仲裁的非地区性持反对意见的人们主张，每一个仲裁都发生在一个特定的地区，并且必须符合该地区的法律。此外，在仲裁过程中，有时需要法院的司法协助，如任命仲裁员、获得紧急救济、证据保全、财产保全或执行仲裁裁决。大多数国家还想行使监督职能，以确保其领土内解决争端的仲裁系统不受欺诈或腐败的影响。为了实现这些目的，当一方当事人申请撤销仲裁裁决时，仲裁地的法院就可以行使这种监督职能。

上述比利时的失败经验表明，双方当事人对完全的非地区性的国际仲裁不是很感兴趣，他们更愿意在有司法审查的仲裁地进行仲裁。所以，如今的大趋势是，国际仲裁的地区性优于非地区性。[1]然而，非地区性运动一直在为自己的主张奋斗着。现如今，随着体育仲裁和网络仲裁等现代化仲裁模式的出现，仲裁地法律的作用可能会变得越来越小，而在这样一系列新型的仲裁模式下，随着国际仲裁正越来越多地寻求变得更加国际化、不再局限于特定的地区，人们再一次提出了国际仲裁的非地区性问题。

在国际体育仲裁委员会[2]的支持下运作的体育仲裁院[3]在许多与体育有关的领域进行着仲裁，管辖范围包含与体育商业赞助合同有关的仲裁、体育组织对运动员的纪律处分[4]以及其他运动员对体育组织的不公平待遇或缺乏正当程序的投诉。体育仲裁院设有专门机构，负责在包括奥运会在内的各种国际体育赛事中进行仲裁。《体育相关仲裁法》[5]规定，上述相关仲裁的仲裁地为瑞士洛桑，但是，相关庭审可能会在其他地方进行。例如，在奥林匹克运动会期间，可以在奥运会现场举行庭审程序，但是，仲裁地仍应被视为洛桑。[6]

---

〔1〕　Gary B. Born, International Commercial Arbitration, 1591 (2d ed. 2014).

〔2〕　ICAS: International Council of Arbitration for Sport.

〔3〕　CAS: The Court of Arbitration for Sport, 位于瑞士洛桑。

〔4〕　对于国际泳联对于孙杨的纪律处分，就是在此进行的仲裁。

〔5〕　The Code of Sports-related Arbitration.

〔6〕　Gabrielle Kaufmann-Kohler, "Arbitration and the Games or The First Experience of the Olympic Division of the Court of Arbitration for Sport", 12-2 Mealey's Int'l Arbitration Report (1997).

因此，只要是《体育相关仲裁法》没有规定的程序性法律问题，仍然可以适用仲裁地洛桑的仲裁法律。

由于在其他地区也可以进行体育仲裁，因此仲裁在某种程度上是非地区性的，与实际仲裁地的仲裁法律无关。即便如此，如果一方当事人希望向法院申请撤销仲裁裁决，则必须在瑞士洛桑联邦法院申请撤销仲裁裁决。因此，在某种程度上，仲裁地只是一个虚构的概念，因为，实际的庭审程序很有可能不在洛桑举行。但是，规定仲裁地为洛桑就确保了对于体育仲裁院进行的所有体育仲裁适用统一的仲裁法律。不过，在向来对仲裁裁决相对友好的瑞士，败方成功撤销仲裁裁决不是一件容易的事情。[1]

但是，仲裁地以外的法院仍可能进入仲裁程序，确保体育仲裁院公正和独立地作出仲裁裁决。体育仲裁院的仲裁裁决，在德国就受到过挑战。克劳迪娅·佩克斯坦[2]是一位著名的德国速度滑冰运动员，她就对体育仲裁院的仲裁裁决提出了挑战。该运动员因涉嫌服用兴奋剂而被禁赛 2 年。然而，德国上诉法院主张，既然佩克斯坦不可能参加世界杯比赛，那么除非她自愿签署了仲裁协议，否则国际滑冰联盟就滥用了其主导地位，向佩克斯坦强加了这样的仲裁协议。

德国上诉法院承认，强制签署的仲裁协议本身并不是滥用主导地位，但发现在本案中存在权力滥用，因为体育仲裁院没有充分独立于体育管理机构，无法组成独立和公正的仲裁庭。然而，德国高等法院驳回了上诉法院的主张，认为不存在滥用权力的情形。德国高等法院还是非常尊重体育仲裁院的仲裁裁决，认为佩克斯坦自愿签署了仲裁协议，而且仲裁协议的内容也没有不合理。

最终，这一案件来到了法国斯特拉斯堡的欧洲人权法院，于2019 年得出最终结论，即虽然承认佩克斯坦被拒绝了公开审理，但

---

[1] 因此，孙杨推翻对自己不利的体育仲裁院的仲裁裁决的希望是非常渺茫的。

[2] 克劳迪娅·佩克斯坦（Claudia Pechstein）：德国著名的速度滑冰运动员，共获得 5 枚奥运金牌、2 枚奥运银牌和 2 枚奥运铜牌。

是，还是维持了禁赛处罚。[1]可见，一旦被体育仲裁院处罚，想撤销仲裁裁决真的极其困难。不仅如此，随着越来越多的商务活动以电子网络方式进行，[2]以电子网络方式进行仲裁也获得越来越多的注意。如果当事人选择了网络争议解决机制，[3]我们就很难确定仲裁地。许多仲裁机构都提供了网络仲裁服务，或者至少在主要仲裁程序中采用网络方式进行仲裁。采用网络仲裁的一些仲裁机构主要处理与电子商务、域名权利和知识产权相关的问题。[4]当事人也可以在消费者小额索赔请求纠纷中使用网络仲裁。[5]

根据香港国际仲裁院的《电子交易仲裁规则》，[6]庭审可以"通过视频链接、电话或在线（通过电子邮件或其他电子或计算机通信）进行"。[7]但是，如果双方当事人同意或仲裁员认为有必要的，可以进行面对面仲裁。香港国际仲裁院的《电子交易仲裁规则》类似于体育仲裁院的体育仲裁规则，因为他们在规则中都指定了仲裁地。即使庭审是在香港以外的地方通过网络举行的，根据香港国际仲裁院的《电子交易仲裁规则》进行的每一个仲裁的仲裁地都是中华人民共和国香港特别行政区。[8]因此，在一个典型的网络仲裁案件当中，仲裁庭是在虚拟的网络进行审理，仲裁地是一个虚构的地方。进行庭审的实际所在地的法律并没有约束力，因此，对仲裁裁决的任何挑战都必须向仲裁规则指定的仲裁地（即香港特别行政区）的法院提交撤销仲裁裁决的申请。

---

〔1〕 https://antidopingworld. wordpress. com/2019/03/12/the-ban-of-claudia-pechstein-from-2009-where-isu-found-the-athlete-guilty-of-blood-doping-and-imposed-a-2-year-ban-are-now-final/.

〔2〕 特别是 2020 年初蔓延全球的 COVID-19 之后，更是如此。

〔3〕 Online Dispute Resolution.

〔4〕 www. odr. info.

〔5〕 Ilias Bantekas, §9. 6 Online Arbitration, in An Introduction to International Arbitration 266~267 (2015).

〔6〕 https://www. hkiac. org/sites/default/files/ck_ filebrowser/PDF/arbitration/en_ ETArbRules. pdf.

〔7〕 Hong Kong Electronic Transaction Arbitration Rules, Article 9. 1.

〔8〕 Hong Kong Electronic Transaction Arbitration Rules, Article 14.

在一定程度上，上述仲裁程序就是非地区性的。因为如果仲裁程序确实有问题，实际庭审地的国家仍然可以介入。人为地确定一个仲裁地是为了确保该仲裁地是一个对仲裁友好的地区，不会过分妨碍或不必要地干预仲裁程序。除了在这些新的仲裁模式下国际仲裁体现了一些非地区性，在大部分国际仲裁当中，地区性原则在很大程度上优于非地区性原则。仲裁地的法律仍然是管理仲裁的法律的重要来源。

二、适用法律

大多数当事人会约定一个国家的实体法适用于他们的合同。如果当事人约定了适用的实体法，在通常情况下，仲裁员将适用该法律。仲裁员忽视当事人之间的这一约定而出具的仲裁裁决可能会因仲裁员越权或仲裁程序不符合双方当事人的约定而被撤销。[1]在程序性问题上，尽管双方当事人有可能不约定适用法律，但是，由于他们往往选择仲裁地，因此仲裁地的仲裁法将成为管辖仲裁程序问题的法律。

（一）与仲裁程序相关的法律与规则

调整仲裁程序的法律，几乎总是仲裁地的仲裁法。仲裁法是一部程序法，但也有一些调整实体性内容的规定。实体和程序之间的界限并不总是很清晰，重要的是要理解仲裁法管辖的问题类型以及仲裁法如何与当事人约定的仲裁规则及调整合同的实体法相互作用。

联合国贸易法委员会《仲裁示范法》就是可以成为一个国家仲裁法的一个很好的示范性法律。包括中国在内、很多国家和地区都采用了上述示范法来制定了本国的仲裁法。示范法规定了仲裁协议的效力问题，[2]也规定了除非该仲裁协议无效，法院将当事人提交仲裁的义务，[3]限制了法院对仲裁事项的干涉，允许当事人在不丧失

---

〔1〕《纽约公约》（1958年）第5条第1款第4、5项。

〔2〕《中华人民共和国仲裁法》（1994年）第16条。

〔3〕《中华人民共和国仲裁法》（1994年）第5条。

仲裁权利的情况下向法院寻求临时救济，[1]涉及仲裁庭的组成[2]、对仲裁员的挑战，[3]还规定了关于仲裁裁决[4]、和解[5]、调解[6]以及对仲裁裁决的承认和执行的内容。[7]尚未采用示范法的国家可能有非常详细的仲裁法。在英国，1996年的《英国仲裁法》是一部内容广泛、发展完善的《仲裁法》。相比之下，1925年通过的《美国联邦仲裁法》是一部更简短、更为有限的法律，但是，它已通过美国法院的判例和解释大大扩展了仲裁法的适用范围。[8]

然而，无论当事人约定适用哪个仲裁机构的仲裁规则，它们都无法解决可能发生的每一个程序性问题。仲裁规则通常不会明确什么样的披露是强制的，或者什么样的证据具有多强的证明力。在大多数情况下，除非当事人就特定的内容或程序达成合意，否则这些都由仲裁员自行决定。如果当事人想要更具体的规定，他们可以同意参考其他规则，如国际律师协会关于国际仲裁取证的规则[9]等。

如果当事人约定了仲裁规则，那么这些仲裁规则将普遍适用于仲裁程序。仲裁规则代表了当事人对如何进行仲裁程序的一致合意。这些仲裁规则可能是进行仲裁程序最重要的指导性规定。负责案件的律师在选择仲裁地之前，应该非常认真地研究各种仲裁机构的仲裁规则之间的差异。

（二）与仲裁协议相关的法律

虽然仲裁地的法律通常会涉及有关仲裁协议的效力，[10]管辖仲

---

〔1〕　《中华人民共和国仲裁法》（1994年）第28、46条。

〔2〕　《中华人民共和国仲裁法》（1994年）第30~33条。

〔3〕　《中华人民共和国仲裁法》（1994年）第34~37条。

〔4〕　《中华人民共和国仲裁法》（1994年）第54条。

〔5〕　《中华人民共和国仲裁法》（1994年）第49~50条。

〔6〕　《中华人民共和国仲裁法》（1994年）第51~52条。

〔7〕　《中华人民共和国仲裁法》（1994年）第72条。

〔8〕　Margaret L. Moses, "Statutory Misconstruction: How the Supreme Court Created a Federal Arbitration Law Never Enacted by Congress", 34 Fla. St. U. L. Rev. 99 (2006).

〔9〕　IBA Rules on the Taking of Evidence in International Arbitration.

〔10〕　《中华人民共和国仲裁法》（1994年）第16~18条。

裁协议实质效力的法律可能是仲裁地的仲裁法，但是，也有可能是当事人约定的实体法管辖仲裁协议的实质效力。[1]仲裁协议的有效性在很大程度上是有关意思表示的问题，是否存在真实的意思表示一般是由合同法相关的法律规定的。

当事人在两个阶段最有可能提出有关仲裁协议的效力问题。第一个阶段是，在仲裁开始时，如果一方当事人试图拒绝仲裁程序，他就会提出有关仲裁协议效力的问题；第二个阶段是，仲裁裁决执行阶段，当败方试图推翻仲裁裁决时，败方就会提出有关仲裁协议效力的问题。败方可以先在仲裁地申请撤销仲裁裁决和在执行仲裁裁决法院内对裁决的执行提出挑战时，对仲裁协议的效力提出挑战。[2]

假设甲国是仲裁地。根据甲国法律，仲裁协议无效，但双方选择乙国法律作为管辖其合同的实体法。根据乙国法律，仲裁协议有效。如果仲裁员继续裁决，败方能否以仲裁协议根据仲裁地甲国的法律无效为由在甲国申请撤销仲裁裁决？这时，我们就要判断是甲国还是乙国的法律管辖仲裁协议的实质性效力。此外，执行仲裁裁决的丙国将如何应对基于仲裁地法律仲裁协议无效而出具的仲裁裁决的执行问题。不仅如此，在一些案件当中，根据当事人约定的实体法，仲裁协议无效，但是，根据仲裁地的法律，仲裁协议有效。仲裁庭认为，仲裁协议的有效性问题受仲裁地法律管辖，而不适用实体法，并裁定仲裁协议有效。[3]

《瑞士国际私法》第178（2）条规定，如果仲裁协议符合双方选择的法律，或符合管辖主合同的实体法，或瑞士法律，则该仲裁协议有效。因此，在瑞士进行仲裁时，如果仲裁协议根据选定的管辖法律或管辖主合同的实体法或瑞士法律认定有效，法院或仲裁庭

〔1〕《最高人民法院关于适用〈中华人民共和国仲裁法〉若干问题的解释》（2006年）第16条。

〔2〕《中华人民共和国仲裁法》（1994年）第58、63条。

〔3〕ICC Award in Case No. 6162, Consultant (France) v. Egyptian Local Authority (1990) in XVII Yearbook Commercial Arbitration 153 (1992).

将认定该仲裁协议有效。[1]根据《仲裁示范法》，如果仲裁协议根据当事人所约定的法律无效，或如果没有选择法律，则根据仲裁地的法律确定无效，那么，仲裁裁决就可以被撤销。[2]因为当事人很少具体选择一种法律管辖仲裁协议，根据《仲裁示范法》，无效性最有可能由仲裁地的法律决定。因此，适用《仲裁示范法》的法院在以仲裁协议无效为由申请撤销仲裁裁决的诉讼中，应首先确定当事人是否约定了判断仲裁协议效力的法律，如果不能确定当事人的选择，则应适用其确定协议有效性的本国法律。在这种情况下，根据《仲裁示范法》，仲裁地的法律一般适用于仲裁协议的有效性问题。

根据《最高人民法院关于适用〈中华人民共和国仲裁法〉若干问题的解释》第 16 条的规定，对涉外仲裁协议的效力审查，适用当事人约定的法律；当事人没有约定适用的法律但约定了仲裁地的，适用仲裁地法律；没有约定适用的法律也没有约定仲裁地或者仲裁地约定不明的，适用法院地法律。[3]可见，我国也是采取了与《仲裁示范法》相同的规定。一些仲裁庭和法院认为，仲裁协议的效力应当适用合同实体法。因为，在没有具体规定的情况下，约定了适用于主合同的法律就意味着默认其调整仲裁协议。[4]在某些层面上，将相同的法律适用于主合同和仲裁条款是有道理的，否则可能会出现调整主合同的实体法与适用仲裁协议效力的法律之间存在不同的诉讼时效的问题。[5]

---

[1] Switzerland's Federal Code on Private International Law (1987), Article 178 (2): As to substance, the arbitration agreement shall be valid if it complies with the requirements of the law chosen by the parties or the law governing the object of the dispute and, in particular, the law applicable to the principal contract, or with Swiss law.

[2] UNCITRAL Model Law on Arbitration, Article 34 (2) (1).

[3] 《最高人民法院关于适用〈中华人民共和国仲裁法〉若干问题的解释》(2006年) 第 16 条。

[4] ICC Award in Case No. 2626, S. Jarvin & Y. Derains, Collection of ICC Arbitral Awards, 1974~1985, 316 (1990).

[5] Pierre Mayer, "The Limits of Severability of the Arbitration Clause", ICCA Congress series No. 9, 267 (1999).

对上述主张的反对意见是，如果仲裁协议根据仲裁地的法律无效，仲裁裁决很有可能在仲裁地被撤销或在执行地法院被拒绝执行。在撤销仲裁裁决的诉讼中，仲裁地的法院可以决定，因为仲裁协议根据仲裁地的法律无效，所以撤销仲裁裁决。而执行国的法院可以根据《纽约公约》的规定，认定因为仲裁协议在作出裁决的国家的法律下无效，裁决拒绝执行。因此，在仲裁裁决的撤销问题上不会出现矛盾。

对于适用于仲裁协议有效性和解释的法律，各仲裁庭和法院的立场各不相同。在法国，法院认为仲裁协议的存在和有效性取决于当事人的意图，而不是任何国家的法律规定。[1]在当事人既选择了实体法又选择了仲裁地时，如果法律彼此存在冲突，仲裁庭会介入，对当事人的意图进行分析，以确定哪个法律管辖仲裁协议具有有效性。这样的标准可能更容易应用，也不会给各方当事人猝不及防的感觉。我们也就知道了为什么香港国际仲裁中心现提供了一个示范性条款，其中包括约定调整仲裁协议效力的法律。如果当事人不选择特定法律来调整仲裁协议，那么适用什么法律来适用仲裁协议的问题可能会变得很复杂。

（三）与可仲裁性相关的法律

当事人所约定的仲裁地不仅决定了适用仲裁程序的程序性法律，有时也决定了仲裁协议的适用法律，而且一般也决定了仲裁的可仲裁性问题，以判断特定纠纷是否只能在法院进行诉讼，还是可以通过仲裁解决。如前所述，如婚姻家庭、专利管理、刑事等问题通常不允许通过仲裁解决。由于不同的管辖区可能存在不同的仲裁程序，对于可仲裁性问题，仲裁庭必须决定是否适用仲裁地的法律，或当事人约定的法律，或执行仲裁裁决管辖区的法律。

在这种情况下，大多数仲裁庭将适用仲裁地的法律。如果仲裁地认为裁决不可仲裁，则仲裁地的法院很有可能会撤销仲裁裁决。

---

〔1〕 Cour de cassation, December 20, 1993, Comité populaire de la municipalité de Khoms El Mergeb v. Dalico Contractors, 121 Clunet 432（1994）.

《仲裁示范法》规定，撤销一份仲裁裁决的依据就是，根据本国法律，纠纷的标的不能通过仲裁解决。[1]因此，例如，在破产问题不可仲裁的司法管辖区，对于破产纠纷，如果出具了仲裁裁决，败方可以在该司法管辖区的法院申请撤销仲裁裁决。

仲裁员是否也应考虑在执行仲裁裁决管辖区法院范围内，仲裁标的是否可以仲裁？《纽约公约》与《仲裁示范法》一样，规定如果纠纷不可以根据执行国的法律进行仲裁，则可以拒绝执行。[2]但是，仲裁员一般不会关注争议是否可以在执行国进行仲裁。毕竟，在许多情况下，仲裁裁决一经作出，当事人就会自愿同意履行义务。此外，如果可以在多个国家找到败方的资产，则可以在多个国家申请仲裁裁决的承认和执行。

尽管如此，如果仲裁纠纷在所有相关司法管辖区都不可仲裁，仲裁裁决可能会受到质疑。然而，在大多数情况下，如果涉案纠纷在仲裁地是可以进行仲裁的，仲裁庭可能会合理地将有可能不执行仲裁裁决的风险转嫁于对当事人的财产强制执行的管辖区。[3]

（四）与合同相关的实体法

当事人通常会选择本国的实体法来规范合同的解释问题，以及因合同引起或与合同有关的任何争议。如果任何一方当事人都无权强迫另一方接受其本国的实体法，则该方当事人可转向其他来源的实体法。如果合同涉及国际货物销售，当事人可以选择以《联合国国际货物销售合同公约》作为调整合同的实体法。

然而，《联合国国际货物销售合同公约》并非旨在适用因合同可能产生或与之相关的所有法律问题。因此，即使双方同意实体法适用《联合国国际货物销售合同公约》，他们也应选择一部《联合国国际货物销售合同公约》未涉及领域的国家法律，如与规范货物销

---

〔1〕　UNCITRAL Model Law of Arbitration, Article 34（2）（b）（i）.

〔2〕　《纽约公约》（1958 年）第 5 条第 2 款第 1 项。

〔3〕　Homayoon Arfazadeh, "Arbitrability under the New York Convention: The Lex Fori Revisited", 17 Arb. Int. 73, 83（2001）.

售相关的担保权问题的法律。由于这些问题被留给了国家法律规范，因此各方当事人最好约定一个适用于《联合国国际货物销售合同公约》可能未涵盖的任何其他问题的国家法律。

如果当事人不同意选择其中一方的国内实体法，另一种选择是选择一个中立国的国内实体法，即与任何当事人都没有特殊关系的国家的实体法。在大多数司法管辖区，当事人自治的传统都允许当事人选择一个与自己不相关的国内法。[1]当事人可能希望选择一个在特定纠纷领域特别发达的国家的实体法，或在一个国际上与许多国家都发生交易往来的国家的法律。许多国际公约支持当事人自由选择一个适用于实体问题的一国实体法。[2]在美国，当事人不能随意选择实体法。因为，当事人或涉案交易与所选择法律的地区之间必须存在实质性的联系，或当事人的选择存在合理依据。[3]因此，如果一家中国公司和一家日本公司约定适用美国肯塔基州的法律，而当事人或涉案交易与该州没有任何实质性的联系，美国法院有可能不会尊重当事人的约定。

但是，纽约州是一个特例。如果涉案合同不涉及个人、家庭或家庭服务或劳工等问题，并且，所涉及的金额在 250 000 美元以上，即使与纽约州没有合理的联系，纽约州也将尊重当事人选择纽约州法律的约定。[4]在上述条件下，如果外国当事人同意服从纽约法院的管辖权，并同意纽约州的法律为实体法，纽约州将尊重当事人的选择。因此，纽约州法院也有很有可能认定，争议金额至少为 100 万美元时，存在个人管辖权，纽约州法院不得因"法院不方便"原则而驳回。[5]因此，如果争议金额足够大，纽约州已选择在商业案

〔1〕 Mo Zhang, "Party Autonomy and Beyond: An International Perspective of Contractual Choice of Law", 20 Emory Int'l L. Rev. 511 (2006).

〔2〕 Convention on the Law Applicable to Contracts for the International Sale of Goods (Hague Convention), 24 I. L. M. 1573.

〔3〕 Restatement (Second) of Conflicts of Laws § § 6, 187.

〔4〕 N. Y. Gen. Oblig. Law § 5-1401 (2001).

〔5〕 N. Y. Gen. Oblig. Law § 5-1402 (2001).

件中尊重当事人的选择权。显然，纽约州正努力确保并提高其作为国际商业中心的地位，以便有相对重大交易的各方当事人进入其法律体系。

（五）冲突规范

当事人约定一个国家的实体法适用于合同纠纷时，他们是否也约定了适用该国家法律的法律冲突规范呢？法律冲突规范是指明涉外民事法律关系应适用何种实体法确定当事人权利与义务的规范。例如，在中国公司和美国公司之间的合同纠纷中，如果当事人选择纽约州法律作为解释合同的实体法，仲裁庭或法院是否应考虑纽约州法律中的冲突规范。该规范可能指出中国与合同纠纷具有最密切联系。那么，根据纽约州的冲突规范，最终可能会适用中国法律作为实体法，而不是双方约定的纽约州法律。

仲裁庭在适用冲突规范时，会发生适用的实体法与当事人约定的实体法不一致的问题。在仲裁程序当中，仲裁庭一般是拒绝适用冲突规范的，因为当事人已经约定了特定国家的实体法。然而，还是存在一些管辖区仍然会适用冲突规范。为了避免这个问题，当事人可以事先约定适用一国的实体法不包含该国或地区的冲突规范。在美国，如果当事人的营业地点在不同的缔约国，而合同涉及企业对企业间的销售货物，那么在加利福尼亚州的仲裁庭很有可能适用《联合国国际货物销售合同公约》。[1]如果涉案合同是国际货物销售合同，当事人希望适用加利福尼亚州法律（如加利福尼亚州颁布的《统一商法典》[2]），当事人就应添加一条不适用《联合国国际货物销售合同公约》的内容。因为，在美国，适用于国内货物销售的法律是《统一商法典》，适用于国际货物销售的法律是《联合国国际货物销售合同公约》。因此，如果当事人希望适用加利福尼亚州颁布的《统一商法典》，而不是《联合国国际货物销售合同公约》，便可以在法律选择条款中写明，《联合国国际货物销售合同公约》不适用

---

〔1〕　Joseph Lookofsky, Understanding the CISG in the USA, 12 (2012).

〔2〕　Uniform Commercial Code.

于本合同的解释，也不适用于任何合同内容。

当事人在约定管辖合同的法律和仲裁地时，通常有许多选择。实践当中，最好的方式就是先确定好实体法和仲裁地，其次保持仲裁协议的上述内容简明扼要，不要给任何有可能产生其他解释的余地。在法律选择和仲裁地选择上不必要的复杂化会大大增加仲裁过程的时间和成本。

第二节　当事人未选择适用法律

当事人没有约定适用于合同的实体法时，仲裁规则和法律一般会给予仲裁员广泛的自由裁量权，规定由仲裁员作出决定。但是，是否允许仲裁员适用实体法中的法律冲突规范来决定适用于合同的实体法，却有很多解释。《仲裁示范法》规定，仲裁庭应适用其认为合理的法律冲突规范来决定适用于合同的实体法。[1]当仲裁员必须确定适用合同的实体法时，通常，他们会考虑将特定法律与涉案交易联系起来进行判断。不同的司法管辖区可能会考虑不同的重要因素。在某些国家，合同谈判或签订地很重要。而在另一些国家，关系最密切或联系最密切的地点更为重要。当仲裁员必须使用法律冲突规范来确定正确的实体法时，他们有两种选择。首先，他们必须决定应该适用哪个国家的法律冲突规范。其次，根据这些冲突规范，他们必须决定合同适用哪一种实体法。

然而，大多数现代的仲裁规则并未提及冲突规范，而是规定当事人没有约定实体法时，仲裁庭应适用其认为最合理的法律或法律规则。[2]2010年《联合国贸易法委员会仲裁规则》仅规定，仲裁庭应适用其认为适当的法律。[3]仲裁员不仅可以适用法律，而且还可

---

〔1〕　UNCITRAL Model Law, Article 28（2）.

〔2〕　《中国国际贸易仲裁委员会仲裁规则》（2015年）第49条第2款；HKIAC 2018 Administered Arbitration Rules, Article 36；SIAC Arbitration Rules 2016, Article 31；ICC Rules of Arbitration（2017）, Article 21；LCIA Arbitration Rules（2020）, Article 22.3.

〔3〕　UNCITRAL Arbitration Rules, Article 35（1）.

以适用法律规则，而这里的法律规则一词被认为是仲裁员有权适用商事法或一般法律原则。[1]当双方未能选择适用的实体法时，或当仲裁员认为有必要解释或补充一国实体法时，仲裁庭会越来越多地适用《国际商事合同通则》。[2]

通过法律冲突规范确定适用的实体法叫作间接方法，而不适用法律冲突规范直接确定适用实体法叫作直接方法。在过去，仲裁员通常会选择法律冲突规范确定适用的实体法。这种做法在今天不太常见，因为越来越多的仲裁员开始明白，他们与法官不同，他们没有特别的义务适用一个国家的冲突规范来确定实体法。仲裁地的选择可能有许多原因，与管辖区内特定的法律冲突规范无关。如果当事人没有选择仲裁地，经仲裁机构或者仲裁庭确定仲裁地的，考虑国家法律冲突规范的理由就更少了。

因此，如果仲裁员完全适用法律冲突规范，那么他们更可能适用他们认为适当的法律冲突规范。这些可能是与纠纷有最密切联系的冲突规范。然而，现如今，仲裁员可以选择不适用法律冲突规范，或者决定适用累积法。在累积法中，他们研究各个国家的法律冲突规范，发现所有相关的冲突规范都指向同一个法律，因此，该法律便会成为适用合同的实体法。但是，如果不同的冲突规范指向不同的实体法，那么仲裁员就必须做出选择。

由于现代仲裁规则允许仲裁员确定他们认为最合适的法律或法律规则，因此他们不受任何特定法律制度的约束。他们可以确定一方当事人国籍的法律具有最密切联系，也可以确定一个与当事人无关的法律具有最密切联系。基于消除地区性运动和独立于国家法律体系之外的影响，仲裁员享有充分的自由裁量权，可以选择他们认为适当的任何法律或法律规则，而无需适用法律冲突规范。

---

〔1〕　Emmanuel Gaillard, "Transnational Law: A Legal System of a Method of Decision Making?", 17 Arb. Int. 59, 65 (2001).

〔2〕　UNIDROIT Principles. https://www.unidroit.org/instruments/commercial - contracts/unidroit-principles-2016.

如果当事人没有约定适用的实体法、仲裁地、仲裁机构或仲裁规则，一方当事人因此而提出异议，他们是否可以继续进行仲裁很大程度上取决于法院是否行使管辖权允许进行诉讼。当然，如果是在我们，成为一个有效的仲裁协议的要件就是约定明确的仲裁机构。因此，如果没有明确的仲裁机构，除非另行约定仲裁，否则仲裁协议将无效，当事人只能通过诉讼解决。[1]

如果当事人没有选择仲裁地，通常由仲裁机构确定。《中国国际贸易仲裁委员会仲裁规则》规定，当事人对仲裁地未作约定或约定不明的，以管理案件的仲裁委员会或其分会/仲裁中心所在地为仲裁地；仲裁委员会也可视案件的具体情形确定其他地点为仲裁地。[2]《香港国际仲裁中心仲裁规则》规定，当事人对仲裁地未作约定或约定不明的，除非仲裁庭根据案件的具体情形确定其他地点，否则仲裁地为香港。[3]《新加坡国际仲裁中心仲裁规则》规定，当事人对仲裁地未作约定或约定不明的，由仲裁庭视案件的具体情形确定仲裁地。[4]《国际商会仲裁规则》规定，当事人对仲裁地未作约定或约定不明的，由仲裁委员会视案件的具体情形确定仲裁地。[5]《伦敦国际仲裁院仲裁规则》规定，当事人对仲裁地未作约定或约定不明的，除非仲裁庭根据案件的具体情形确定其他地点，否则仲裁地为伦敦。[6]

如果双方当事人已经约定了临时仲裁，并且选择了《联合国贸易法委员会仲裁规则》，但没有约定仲裁地，那么仲裁庭将确定仲裁地。[7]联合国贸易法委员会的《仲裁示范法》也规定，在没有当事人协议的情况下，由仲裁庭确定仲裁地。[8]适用仲裁法、可仲裁性

---

〔1〕《中华人民共和国仲裁法》（1994年）第16~18条。

〔2〕《中国国际贸易仲裁委员会仲裁规则》（2015年）第7条。

〔3〕 HKIAC 2018 Administered Arbitration Rules, Article 14.

〔4〕 SIAC Arbitration Rules 2016, Article 21.

〔5〕 ICC Rules of Arbitration (2017), Article 18.

〔6〕 LCIA Arbitration Rules (2020), Article 16.

〔7〕 UNCITRAL Arbitration Rules (2013), Article 18 (1).

〔8〕 UNCITRAL Model Law, Article 20 (1).

和仲裁协议的效力等问题都与仲裁地相关，因此，仲裁地的选择是非常重要的。

第三节　仲裁员适用法律的义务

在以前，有些人会认为，仲裁员不一定非得适用法律，其义务只是主持正义。这种说法在过去很可能行得通。但如今，仲裁员一般都会适用法律。尽管如此，人们仍然普遍认为，仲裁员比法官更具有灵活性，可缓和似乎对当事人过于严厉的法律影响。这是有道理的。因为仲裁员知道，在大多数司法管辖区，仲裁裁决都不能因为法律错误而被撤销或被拒绝执行。因此，他们可能倾向于提供一个符合他们个人正义标准的仲裁裁决。那么，我们就要问，仲裁员有义务适用法律吗？仲裁庭能否有权给予每一方当事人所请求金额的一半的裁决？仲裁员应该考虑衡平法式的解决纠纷还是严格地适用法律？如今，各方当事人都希望仲裁员能够严格适用法律，尤其是当双方当事人明确约定了适用法律时。[1]研究表明，只有少数律师在起草仲裁协议内容时会赋予仲裁员在不受约束的情况下出具仲裁裁决的权利。[2]

虽然仲裁员的裁决通常不能因法律错误而被撤销，但如果它违背了司法管辖区的公共政策，或者仲裁员的行为超出了其权力范围，则可以对仲裁裁决提出挑战。因此，仲裁员有责任尽最大努力作出可强制执行的裁决。[3]毕竟，仲裁程序的目的是通过出具最终可强制执行的仲裁裁决来结束纷争。一些制度规则明确规定了此类义务。《伦敦国际仲裁院仲裁规则》规定，伦敦国际仲裁院管理机构（Court）、伦敦国际仲裁院、登记处、仲裁庭和各方当事人应尽一切

---

〔1〕　Pierre Mayer, Reflections on the International Arbitrator's Duty to Apply the Law, 17 Arb. Int. 235, 242 (2001).

〔2〕　Stephen Bond, How to Draft an Arbitration Clause (Revisited), 74 (2005).

〔3〕　Yves Derains & Eric Schwartz, A Guide to ICC Rules of Arbitration, 385 (2005).

合理努力确保裁决在仲裁地得到法律承认和执行。[1]《国际商会仲裁规则》规定，国际商会管理机构（Court）和仲裁庭应尽一切努力确保仲裁裁决在法律上可以被强制执行。[2]

当然，仲裁员不能百分之百保证仲裁裁决可以被强制执行，如果裁决不被执行，仲裁员也不会因此承担责任。尽管如此，当事人还是希望他们选择的仲裁员有能力出具可以执行的仲裁裁决。如果出具的仲裁裁决因仲裁员不理解其权力和义务而被撤销，那么此人很可能不会再被选为仲裁员。为了出具可以强制执行的仲裁裁决，为了使仲裁裁决可以克服被撤销或被拒绝承认和执行的挑战，在不考虑公共政策的前提下，仲裁员必须理解仲裁裁决在通常情况下必须满足什么样的法律要件。因此，仲裁裁决和仲裁协议必须符合仲裁法和其他相关强制性法律的规定。在通常情况下，为防止仲裁裁决在仲裁地被撤销，仲裁协议应是有效的，且仲裁标的应是可仲裁的。如前文所述，遵守仲裁地的法律可能对克服撤销仲裁裁决的挑战至关重要。如果根据仲裁地法律，仲裁协议无效，仲裁裁决也有可能在执行管辖法院被拒绝执行。

尽管仲裁庭可能有义务适用仲裁地的强制性法律，以避免裁决被撤销，但它是否也必须适用任何可能执行仲裁裁决的国家的强制性法律？答案通常是否定的。出具可强制执行的仲裁裁决的义务并不要求仲裁庭确保在任何特定国家执行仲裁裁决。事实上，在任何情况下，仲裁员都不一定能够预先知道可能寻求执行仲裁裁决的地点。尽管仲裁庭可能不会考虑到每一个可能强制执行管辖权的地点，但仲裁庭应该考虑关于强制执行的国际公约。仲裁庭应特别注意《纽约公约》的内容。仲裁庭应谨慎地进行仲裁程序，并尽最大努力提供在《纽约公约》下可以被强制执行的仲裁裁决。虽然，传统上，仲裁员在出具仲裁裁决时可能不会考虑执行管辖地区的法律，但是，执行法院所属国公共政策的监管领域正日益发生变化。在反垄断或

---

〔1〕 LCIA Arbitration Rules (2020), Article 32. 2.

〔2〕 ICC Rules of Arbitration (2017), Article 42.

反不正当竞争领域，美国和欧洲的法院都希望仲裁员不仅要考虑当事人约定的法律，还要考虑执行管辖地区反垄断或反不正当竞争相关的法律。

在"Mitsubishi Motors Corp. 诉 Soler Chrysler Plymouth，Inc. 案"（以下称"Mitsubishi Motors 案"）中，[1]美国联邦最高法院认为，尽管双方约定的实体法是瑞士法律，但仲裁员仍需根据美国反垄断法的规定确定与合同有关的反垄断纠纷。因为，如果在美国进行任何执法仲裁裁决的尝试，裁决都将被判违反美国的公共政策。[2]同样，欧洲法院在"Eco诉瑞士案"中，[3]认定竞争法问题是可仲裁的。此外，即使当事人或仲裁庭没有提出竞争法问题，如果争议合同违反了竞争法，仲裁裁决将根据国内法被撤销。[4]因涉及公共政策，仲裁裁决也很有可能根据《纽约公约》被拒绝执行。[5]

虽然仲裁庭的责任主要是解决出现在他们面前的当事人的纠纷，而且仲裁员一般不承担强制适用公共政策的义务，但在涉及强制性法律义务的案件中，出具有强制执行力的仲裁裁决的义务似乎给仲裁庭施加了一份责任。如果仲裁庭不以现行法规预期的方式考虑仲裁中的公共政策，则可能会违反所在地或执行管辖地区的公共政策，从而导致仲裁裁决被撤销或被拒绝执行。在"Ingmar GB Ltd. 诉 Eaton Leonard Technologies，Inc. 案"（以下称"Ingmar 案"）中，[6]欧洲法院也对关于适用强制性法律义务的问题进行了认定。尽管该认定不是在仲裁相关的案件中作出的，但很可能影响仲裁员适用非由当

---

〔1〕　Mitsubishi Motors Corp. v. Soler Chrysler Plymouth，Inc. 473 U. S. 614（1985）.

〔2〕　Mitsubishi Motors Corp. v. Soler Chrysler Plymouth，Inc. 473 U. S. 614，637～638（1985）.

〔3〕　Case C-126/97，Eco Swiss China Time Ltd. v. Benetton International NV，［1999］ECR Ⅰ-3055.

〔4〕　Robert B. von Mehren，The Eco-Swiss Case and International Arbitration，19 Arb. Int. 465，468（2003）.

〔5〕　Robert B. von Mehren，The Eco-Swiss Case and International Arbitration，19 Arb. Int. 465，468（2003）.

〔6〕　Case C-381/98，［2000］ECR Ⅰ-9305，Ingmar GB Ltd. v. Eaton Leonard Technologies，Inc.

事人约定的法律的义务。"Ingmar 案"〔1〕涉及英国代理人和美国委托人之间的商业代理协议，当事人在协议当中约定美国加利福尼亚州的法律为实体法。问题是，终止委托关系时支付给代理人的赔偿是应当根据欧洲共同体的规定〔2〕适用欧洲的强制性法律，还是根据当事人的约定适用加利福尼亚州的法律？

根据加利福尼亚州的法律，委托人不需要赔偿。欧洲法院认为，外国委托人的商业代理人在社区内开展活动，不能通过选择法律条款的方式逃避欧洲强制性法律的规定。因此，如果代理人是欧共体成员国的公民，当事人不能通过约定适用非成员国的实体法的方式，逃避欧洲共同体的强制性法律。如果在加利福尼亚州就类似纠纷进行仲裁，加利福尼亚州既是强制执行的管辖地，也是仲裁地。那么问题就是，尽管当事人约定了以加利福尼亚州的法律作为实体法，欧洲代理人能否可以说服加利福尼亚州的仲裁庭还是要适用欧洲共同体的强制法？根据欧洲法院的决定，仲裁员显然应该适用欧洲的强制性法律。但是，如果仲裁庭适用加利福尼亚州法律来否认委托人的赔偿义务，即使认为仲裁庭在适用法律上存在错误，美国法院也可能不会撤销或拒绝执行仲裁裁决。法律错误不是撤销或拒绝执行仲裁裁决的理由。只有法院认定该仲裁庭对加利福尼亚州法律的适用违反了美国的公共政策，才有可能撤销或拒绝执行该仲裁裁决。如果仲裁程序是在欧盟成员国进行的，根据欧洲法院的认定，一个免除美国公司赔偿责任的仲裁裁决因违反欧盟地区的公共政策而很有可能会被撤销。因此，在某些情况下，如果存在明确的有关公共政策的强制性法律，仲裁员在出具仲裁裁决时应考虑到这一强制性法律，以便仲裁裁决具有强制执行力。

---

〔1〕　European Community Directive Relating to Self-Employed Commercial Agents.

〔2〕　Council Directive 86/653/EEC, 18 December 1986, OJ L 382, 17.

第四节 仲裁裁决

一、仲裁裁决的种类

当事人通常希望仲裁结果是终局的和有约束力的。仲裁裁决是仲裁员对案件的纠纷出具的最终决定。但是，仲裁庭可以发布"部分裁决"或"临时裁决"，这些裁决也可能是终局的，对双方都有约束力。此外，仲裁员可以在仲裁程序中发出某些指示和命令，而这些指示和命令不构成仲裁裁决。

（一）裁决

裁决一般是指由仲裁庭出具的解决双方之间所有纠纷的最终决定。裁决产生的效果是，对于败方，其可以根据仲裁地的法律，试图撤销仲裁裁决，或试图阻止其在执行法院被承认和执行，从而对仲裁裁决提出挑战。如果仲裁裁决是在《纽约公约》的缔约国作出的，对于胜方，其可以根据《纽约公约》申请对仲裁裁决的承认和执行。仲裁裁决的出具终止了仲裁庭的职责，仲裁庭的职责变成了没有进一步仲裁管辖权的官方职能，在某些情况下，仅仅行使审查和纠正或解释仲裁裁决的职能。[1]

临时裁决一词有时与部分裁决同义。然而，有些专家学者们认为，部分裁决与实质性请求相关，而临时裁决与诸如解释某一合同条款或确定适用法律等问题相关。[2]此类裁决并不能最终解决当事人之间的所有纠纷。但是，根据管辖地区的不同，在某些情况下，当事人可能会试图说服法院确认部分或临时裁决的效力，而不必等待最终的仲裁裁决。[3]有些仲裁规则在提及裁决时，往往不会详细区分部分、临时或最终裁决，因此，可能导致对不同的仲裁裁决的

---

〔1〕《最高人民法院关于人民法院办理仲裁裁决执行案件若干问题的规定》（2018年），第4条。

〔2〕 Gary B. Born, *International Commercial Arbitration*, 3012, 3014~3020 (2d ed. 2014).

〔3〕 Metalgesellschaft v. M/V Capitan Constante, 790 F. 2d 280, 283 (2d Cir. 1986).

混淆。《联合国贸易法委员会仲裁规则》就简单地规定，仲裁庭可以在不同的时间就不同的问题作出不同的裁决。《联合国贸易法委员会仲裁规则》还规定，在最终裁决发布之前，仲裁庭可以采取临时措施，命令一方维持现状或保留资产，以使随后的最终裁决得以满足。[1]这表明仲裁庭的上述措施构成临时裁决。

根据《中国国际经济贸易仲裁委员会仲裁规则》第50条的规定，仲裁庭认为必要或当事人提出请求并经仲裁庭同意的，仲裁庭可以在作出最终裁决之前，就当事人的某些请求事项先行作出部分裁决。部分裁决是终局的，对双方当事人均有约束力。而一方当事人不履行部分裁决，不影响仲裁程序的继续进行，也不影响仲裁庭作出最终裁决。可见，中国国际经济贸易仲裁委员会确认了部分裁决的存在，也规定部分裁决具有约束力。但是，如果一方当事人不履行部分裁决，恐怕还是要等到作出最终裁决，并推进承认和执行程序。[2]根据《中华人民共和国仲裁法》第28条的规定，一方当事人因另一方当事人的行为或者其他原因，可能使裁决不能执行或者难以执行的，可以申请财产保全。当事人申请财产保全的，仲裁委员会应当将当事人的申请依照民事诉讼法的有关规定提交人民法院。[3]根据《中华人民共和国仲裁法》第46条的规定，在证据可能灭失或者以后难以取得的情况下，当事人可以申请证据保全。当事人申请证据保全的，仲裁委员会应当将当事人的申请提交证据所在地的基层人民法院。[4]根据《中国国际经济贸易仲裁委员会仲裁规则》第23条的规定，当事人依据中国法律申请保全的，仲裁委员会应当依法将当事人的保全申请转交当事人指明的有管辖权的法院。

可见，在中国大陆地区进行仲裁，可以采取财产保全和证据保全两种临时裁决形式。不仅如此，根据中国国际经济贸易仲裁委员

---

〔1〕 UNCITRAL Arbitration Rules, Article 26（1~2）.

〔2〕《中国国际贸易仲裁委员会仲裁规则》（2015年）第50条。

〔3〕《中华人民共和国仲裁法》（1994年）第28条。

〔4〕《中华人民共和国仲裁法》（1994年）第46条。

会《仲裁规则》第 23 条的规定，经一方当事人请求，仲裁庭依据所适用的法律或当事人的约定可以决定采取其认为必要或适当的临时措施，并有权决定由请求临时措施的一方当事人提供适当的担保。[1]另外，根据《中国国际经济贸易仲裁委员会紧急仲裁员程序》第 1 条的规定，当事人需要紧急性临时救济的，可以依据所适用的法律或双方当事人的约定申请紧急仲裁员程序。申请紧急仲裁员程序的当事人（以下简称"申请人"）应在仲裁庭组成之前，向管理案件的仲裁委员会提交紧急仲裁员程序申请书。[2]根据《中国国际经济贸易仲裁委员会紧急仲裁员程序》第 6 条的规定，紧急仲裁员的决定对双方当事人具有约束力。当事人可以依据执行地国家或地区有关法律规定向有管辖权的法院申请强制执行。如果当事人提出请求并说明理由，紧急仲裁员或组成后的仲裁庭有权修改、中止或终止紧急仲裁员的决定。[3]

　　总的来说，在中国的仲裁制度下，存在紧急性临时救济、保全（财产、证据）临时措施等三种临时裁决。但是，基于中国仲裁机构与中国法院缺乏对上述救济制度的有效协调措施，虽然仲裁规则规定，紧急性临时救济具有约束力，可以申请法院强制执行，但是，现实情况却是，财产保全和证据保全可以在法院的司法协助下勉强进行（实践当中有些法院不会特别配合），而紧急性临时救济和临时措施几乎很难在我们寻求法院的强制执行。因此，即便规定了约束力，但是，没有法院公权力配合的措施，到头来其功效依然特别有限，甚至几乎没有什么作用。

　　命令和裁决之间的主要区别在于，在出具最终裁决之前，法院通常不可对命令进行审查。然而，在某些情况下，由于命令本身具有充分的终局性，一些法院认定可以对一些庭前准备命令进行审查。[4]

---

〔1〕《中国国际经济贸易仲裁委员会仲裁规则》（2015 年）第 23 条。

〔2〕《中国国际经济贸易仲裁委员会紧急仲裁员程序》（2015 年）第 1 条。

〔3〕《中国国际经济贸易仲裁委员会紧急仲裁员程序》（2015 年）第 6 条。

〔4〕Banco de Seguros del Estado v. Mut. Marine Office, Inc. , 344 F. 3d 255 (2d Cir. 2003).

即使一方当事人不向法院申请审查，如果当事人认为该命令不合理，也应立即向仲裁庭表示反对，以便因为该命令导致不公平、不适当或有偏见的程序，而使当事人无法公正地陈述自己的案件时，保留对最终裁决提出挑战的权利。[1]如果做出命令时，当事人不反对，则可能被认为是当事人自己放弃了挑战最终裁决的权利。[2]

命令通常涉及必须解决的程序性问题，以便仲裁程序向前发展。例如，命令可以处理举证质证程序，庭审的地点和时间问题。他们基本上是处理程序性问题。而裁决通常解决当事人的实质性权利义务问题。根据《纽约公约》，仲裁裁决通常是可执行的。《联合国贸易法委员会仲裁规则》没有讨论临时措施是否可以通过裁决的形式作出的问题。但是，根据《国际商会仲裁规则》，仲裁庭有权自行决定以命令或裁决的形式出具临时措施。[3]

在"Publicis Communication 诉 True North Communications 案"（以下称"Publicis Communication 案"）中，美国联邦第七巡回上诉法院认定，仲裁庭出具的命令实际上是裁决。美国联邦第七巡回上诉法院支持了下级法院的认定，下级法院认定仲裁庭移交税务记录的命令，尽管这种形式被指定为"命令"，但实际上就是终局裁决。美国联邦第七巡回上诉法院认定，根据《纽约公约》的规定，上述裁决已合理地获得了下级法院的承认，仲裁庭的裁决不仅仅是一些程序性问题，因为，这正是当事人真正希望仲裁的焦点问题。[4]因此，虽然其他问题尚未决定，而且即使该裁决被命名为"命令"，通过仲裁庭裁决的实质和影响力就可以判断命令的终局性。[5]

被定义为临时裁决的决定，并没有最终决定某一事项，根据

〔1〕 English Arbitration Act, § 73.

〔2〕 The Republic of Kazakhstan v. Istil Group, Inc., [2006] 2 Lloyd's Rep. 370.

〔3〕 ICC Rules of Arbitration (2017), Article 29. 1.

〔4〕 Publicis Communication v. True North Communications206 F. 3d 725, 729 (7th Cir. 2000).

〔5〕 Yasuda Fire & Marine Ins. Co. of Europe v. Continental Cas. Co., 37 F. 3d 345 (7th Cir. 1994).

《纽约公约》通常是不存在执行力的。但是，在某些管辖区，如果仲裁裁决涉及独立、可分割的问题，则可根据当地仲裁法确认为临时裁决。[1]执行此类裁决对仲裁程序的完整性至关重要。

（二）和解与调解

和解与调解的区别在于，和解是当事人协商后的产物，而调解加入了仲裁员的参与。当事人可以在诉讼过程中的任何阶段通过协商解决其争议。大多数规则都特别提到了这种可能性，并允许当事人按照和解协议签订裁决书。[2]当事人在签署和解协议之前，已经支付了所有款项，现在不存在任何纠纷的，则无需将其和解协议记录为裁决书。特别是当一方当事人是主权国家或国家机构时，将和解协议转换为裁决书极其重要。因为，从政治角度来看，相比于只有和解协议的情况，在仲裁机构和仲裁员的参与下制作的裁决书可以使一个特定的国家系统更愿意支付裁决金额。[3]

如果签署和解协议后仍有义务履行，则建议当事人将其和解协议转换为裁决书。如果没有出具裁决书，一方不履行其在和解协议项下的义务，则构成违约。另一方当事人在开始申请执行程序之前，还得到法院进行诉讼，以证明违约行为，因此，执行程序会变得非常繁琐。而且，违反合同而获得的法院判决将无法根据《纽约公约》的规定在其他缔约国获得承认和执行。然而，如果该协定已转化为裁决书，就可以根据《纽约公约》申请承认和执行了。

虽然，调解是仲裁员参与下进行的一个解决纠纷的过程，但法律也规定，调解达成协议的，仲裁庭应当制作调解书或者根据协议的结果制作裁决书，而且，调解书与裁决书具有同等的法律效

---

[1]　Island Creek Coal Sales v. City of Gainesville, Florida, 729 F. 2d 1046, 1049（6th Cir. 1984）.

[2]　《中华人民共和国仲裁法》（1994年）第49条；《中国国际贸易仲裁委员会仲裁规则》（2015年）第47条；HKIAC 2018 Administered Arbitration Rules, Article 37; SIAC Arbitration Rules 2016, Article 32; ICC Rules of Arbitration（2017）, Article 33; LCIA Arbitration Rules（2020）, Article 26.

[3]　Nigel Blackaby et al., in Redfern and Hunter on International Arbitration 501, §§ 9. 34~35（6th ed. 2015）.

力。[1]但是，笔者还是建议，如果达成调解，最好让仲裁庭出具裁决书，以便在日后当事人反悔时，可以更顺利地承认和执行仲裁裁决。

（三）缺席裁决

根据《中国国际贸易仲裁委员会仲裁规则》第39条的规定，申请人无正当理由开庭时不到庭的，或在开庭审理时未经仲裁庭许可中途退庭的，可以视为撤回仲裁申请；被申请人提出反请求的，不影响仲裁庭就反请求进行审理，并作出裁决。被申请人无正当理由开庭时不到庭的，或在开庭审理时未经仲裁庭许可中途退庭的，仲裁庭可以进行缺席审理并作出裁决；被申请人提出反请求的，可以视为撤回反请求。[2]

因一方当事人没有参加仲裁而缺席裁决的，仲裁庭仍可以作出相应的仲裁裁决。[3]如果被申请人不参加或撤回反请求，仲裁庭不能自动作出有利于申请人的裁决。相反，仲裁庭仍然必须仔细审查证据，并对其关联性和证明力作出决定。在某些方面，当事人的缺席给仲裁庭带来了更大的负担，仲裁庭必须确保在每一个仲裁程序当中都充分通知了缺席方，并给予缺席方充分的机会以口头和书面形式参与仲裁程序。为出具可强制执行的裁决，仲裁庭必须证明其作出了合理、持续甚至实质性的努力，允许缺席方举证质证。

二、出具仲裁裁决的方式

此外，如果仲裁员因疏忽大意而使裁决无法执行，则不太可能重新被选为仲裁员。仲裁员需要仔细研究仲裁规则，以确保仲裁裁决在各个方面都符合形式规定。仲裁庭有义务尽最大努力作出可强制

---

〔1〕《中华人民共和国仲裁法》（1994年）第51条；《中国国际贸易仲裁委员会仲裁规则》（2015年）第47条。

〔2〕《中国国际贸易仲裁委员会仲裁规则》（2015年）第39条。

〔3〕《中华人民共和国仲裁法》（1994年）第42条；《中国国际贸易仲裁委员会仲裁规则》（2015年）第39条。

执行的裁决。[1]一旦出具最终裁决，则由仲裁员签字，然后必须提交给双方当事人。此时需要与当事人及时沟通，以便在需要纠正的情况下，可以立即进行纠正。[2]

出具仲裁裁决一般都有时间限制。《中国国际贸易仲裁委员会仲裁规则》就规定，仲裁庭应在组庭后 6 个月内作出裁决书。[3]《国际商会仲裁规则》规定了从仲裁开始到最终裁决提交的 6 个月期限。[4]当然，规则都不是死的，根据客观情况的变化，可以适当延长上述期限。当一个仲裁庭由 3 名仲裁员组成时，2 人以上的多数意见可以构成仲裁裁决。通常情况下，仲裁员有不同意见的，仅仅会表现为拒绝签署裁决书。[5]然而，在极少数情况下，仲裁员可能希望写一份同意或不同意的意见。同意通常表示同意结果，但认为结果应基于不同的理由，而持不同意见的仲裁员则对结果也不同意。这些少数意见不构成裁决的一部分，可以附在仲裁裁决的后面。[6]

为确保仲裁裁决符合仲裁规则，《中国国际贸易仲裁委员会仲裁规则》规定，仲裁庭应在签署裁决书之前将裁决书草案提交仲裁委员会核阅。在不影响仲裁庭独立裁决的情况下，仲裁委员会可以就裁决书的有关问题提请仲裁庭注意。[7]《国际商会仲裁规则》规定，国际商会国际仲裁院可以对裁决的形式作出更改，并可以建议对实质内容作出更改，但最终关于实质性问题的所有决定仍由仲裁员作出。[8]仲裁员必须明确裁决是否为最终裁决。如果是最终裁决，他们必须确保仲裁裁决处理了当事人之间的所有纠纷问题。裁决书还

---

〔1〕　Martin Platte, "An Arbitrator's Duty to Render Enforceable Awards", 20 J. Int'l Arb. 307 (2003).

〔2〕　《中国国际贸易仲裁委员会仲裁规则》（2015 年）第 53 条；HKIAC 2018 Administered Arbitration Rules, Article 38; SIAC Arbitration Rules 2016, Article 33; ICC Rules of Arbitration (2017), Article 36; LCIA Arbitration Rules (2020), Article 27.

〔3〕　《中国国际贸易仲裁委员会仲裁规则》（2015 年）第 48 条。

〔4〕　ICC Rules of Arbitration (2017), Article 30.

〔5〕　《中国国际贸易仲裁委员会仲裁规则》（2015 年）第 49 条。

〔6〕　《中国国际贸易仲裁委员会仲裁规则》（2015 年）第 49 条。

〔7〕　《中国国际贸易仲裁委员会仲裁规则》（2015 年）第 51 条。

〔8〕　ICC Rules of Arbitration (2017), Article 34.

应清楚地说明仲裁员对每一个问题的裁决理由。此外，仲裁庭应确保裁决不超出双方协议赋予的仲裁员的权力范围。如果裁决超出了当事人在仲裁协议中定义的仲裁范围，则可能被撤销或被拒绝承认和执行。

总之，为确保仲裁裁决的有效性，仲裁员需要花时间仔细起草裁决书，在形式和内容上满足相关规定，清楚地陈述裁决书的实质内容，并保证裁决书没有超出仲裁员的权力范围。

三、仲裁裁决的救济方式

在国际商事仲裁中，最常见的补救办法是支付金钱损失。如果仲裁庭发现一方当事人没有履行其合同义务，仲裁庭可以给予守约方完全救济，使守约方恢复到违约未发生时的状态。这种金钱支付也可以包含利息。这在国际仲裁中是很平常的，但是仲裁员必须注意仲裁地的法律，因为，仲裁地的法律可能会规定一些限制甚至禁止。执行地的法律也可能影响是否可以包含利息。

司法管辖区对利息的规定差异很大。一些法律特别赋予仲裁员授予复利的权力，而不仅仅是简单的利息。[1]然而，其他司法管辖区则可能限制或禁止复利。某些伊斯兰国家法律禁止利息，而在这种情况下，仲裁员和当事人仍然可以通过支付一定比例的金额作为利息的替代品的方式找到其他解决方式。[2]除非在法律允许的情况下，否则仲裁庭很少作出惩罚性赔偿的仲裁裁决。在大多数大陆法系国家都很难实现惩罚性赔偿。然而，在美国，美国联邦最高法院已经允许在仲裁裁决中追回惩罚性赔偿金。[3]但是，即便仲裁庭裁决了惩罚性赔偿金，也可能存在能否顺利执行仲裁裁决的问题。例如，如果处在美国的仲裁庭作出了含有惩罚性赔偿的仲裁裁决，但

---

[1] English Arbitration Act of 1996, § 49.

[2] Tarek Bawady, "The General Principles of Islamic Law as the Law Governing Investment Disputes in the Middle East", 29 J. Int'l Arb. 255, 263~264 (2012).

[3] Mastrobuono v. Shearson Lehman Hutton, Inc., 514 U.S. 52 (1995).

是，如果执行仲裁裁决司法管辖区的法院认为惩罚性赔偿违反公共政策，执行法院可能会拒绝对于惩罚性赔偿的执行。[1]

仲裁庭和仲裁机构的费用和成本通常是事先确定的，除非当事人在其仲裁协议中预先约定了分配，否则仲裁员对这些费用在当事人之间的分配享有自由裁量权。[2]费用通常是指仲裁机构的行政费用以及当事人的法律费用。如果当事人通过协议分配了这些成本，则应明确说明是指行政费用、法律费用，还是两者皆是。如果双方当事人没有另行约定，仲裁员有权决定由败方支付所有的合理费用，包括胜方的法律费用。在大陆法系国家，败方支付胜方的律师费是非常常见的。然而，在许多情况下，胜方可能会赢得部分而非全部的请求金额。在这种情况下，仲裁员可以裁决按比例承担费用。比如，胜方获得了其请求金额的70%的金额，那么，败方将支付胜方合理费用的70%。

仲裁员也可以决定由败方支付所有行政费用，但规定每一方将承担其自己的法律费用。但是，在一个大型复杂的仲裁案件中，胜方的成本和法律费用巨大，因此，当事人出于限制仲裁员在这方面的自由裁量权的考虑，事先会在仲裁协议中约定如何分配成本和费用。[3]

第五节　裁决的效力

终局且具有约束力的仲裁裁决只要没有被法院撤销，基于一事不再理的原则，当事人就不能再申请仲裁或提起诉讼。在美国，法

---

〔1〕　Redfern and Hunter on International Arbitration 501, §§ 9.49~50 (6th ed. 2015).

〔2〕　《中国国际贸易仲裁委员会仲裁规则》（2015年）第52条；HKIAC 2018 Administered Arbitration Rules, Article 34, 41; SIAC Arbitration Rules 2016, Article 35~37; ICC Rules of Arbitration (2017), Article 37, 38; LCIA Arbitration Rules (2020), Article 24, 28.

〔3〕　John Y. Gotanda, "Attorneys' Fees Agonistes: The Implications of Inconsistency in the Awarding of Fees and Costs in International Arbitrations", in *Liber Amicorum Bernardo Cremades*, 539, 539 (2010).

院会禁止当事人就已经在仲裁裁决中作出裁决的请求提起诉讼。[1]
在我国也是如此。仲裁实行一裁终局的制度。仲裁裁决作出后，当事人就同一纠纷再申请仲裁或者向人民法院起诉的，仲裁委员会或者人民法院不予受理。[2]

对当事人来说，如果仲裁裁决涉及大量金额，对仲裁裁决的披露可能会导致相关各方股价的上涨或下跌。因此，当事人要确保仲裁相关信息的保密性，而仲裁的保密特征也是当事人选择仲裁的一个重要原因。《中国国际经济贸易仲裁委员会仲裁规则》第38条规定，不公开审理的案件，双方当事人及其仲裁代理人、仲裁员、证人、翻译、仲裁庭咨询的专家和指定的鉴定人，以及其他有关人员，均不得对外界透露案件实体和程序的有关情况。[3]《香港国际仲裁中心仲裁规则》和《新加坡国际仲裁中心仲裁规则》都规定，当事人对仲裁程序的相关内容负有保密义务。[4]

《国际商会仲裁规则》规定，仲裁庭可以根据任何一方的要求，采取措施保护商业秘密和机密信息，[5]该规则本身似乎并未对当事人施加任何保密义务。《伦敦国际仲裁院仲裁规则》规定，当事人对仲裁程序的相关内容负有保密义务。[6]根据《仲裁示范法》的规定，当一方当事人提出撤销仲裁裁决时，法院可以应一方当事人的请求，发回仲裁庭，允许其在可能的情况下消除成为撤销仲裁裁决的理由。[7]在"M&C Corporation 诉 Erwin Behrgmbh Co. 案"（以下称"M&C Corporation 案"）中，美国联邦第六巡回上诉法院认定，尽管管辖仲裁的《国际商会仲裁规则》没有规定撤回仲裁，但根据

---

[1] Bancol y Cia. S. en C. v. Bancolombia SA, 280 F. Appx. 85, 86 (2d Cir. 2008).

[2] 《中华人民共和国仲裁法》（1994 年）第 9 条。

[3] 《中国国际贸易仲裁委员会仲裁规则》（2015 年）第 38 条。

[4] HKIAC 2018 Administered Arbitration Rules, Article 45; SIAC Arbitration Rules 2016, Article 39.

[5] ICC Rules of Arbitration (2017), Article 22 (3).

[6] LCIA Arbitration Rules (2020), Article 30.

[7] UNCITRAL Model Law, Article 34 (4).

国际商会的政策，法院将仲裁裁决发回仲裁员进行澄清仍然是适当的。[1]法院发现，国际商会的政策是应尽一切努力确保仲裁裁决在法律上具有强制执行力。法院还指出，基于仲裁地点在伦敦，根据英国仲裁法的规定，在案件中仲裁裁决结果存在不确定性或模糊性时，可以全部或部分发回仲裁庭。[2]根据《中华人民共和国仲裁法》第61条的规定，人民法院受理撤销裁决的申请后，认为可以由仲裁庭重新仲裁的，通知仲裁庭在一定期限内重新仲裁，并裁定中止撤销程序。仲裁庭拒绝重新仲裁的，人民法院应当裁定恢复撤销程序。[3]

仲裁庭一旦出具最终的仲裁裁决，一般认为其职责就已完成。然而，有时仲裁裁决可能会出现错误或不完整。大多数仲裁规则及仲裁法均规定，仲裁庭可以采取措施更正打字、计算或书写错误。一般情况下，仲裁庭可以自行更正，或应任何一方在收到仲裁裁决后30天内提出的请求进行更正。[4]有些仲裁规则还规定，在一方当事人的及时请求下，仲裁庭可以就仲裁裁决未涵盖的请求出具额外裁决。[5]有些仲裁规则还允许仲裁员解释仲裁裁决，以澄清模糊或不一致之处。[6]根据《最高人民法院关于适用〈中华人民共和国仲裁法〉若干问题的解释》第30条的规定，审理撤销、执行仲裁裁决案件的实际需要，人民法院可以要求仲裁机构作出说明或者向相关仲裁机构调阅仲裁案卷。[7]根据《最高人民法院关于人民法院办理仲裁裁决执行案件若干问题的规定》第4条的规定，对仲裁裁决主

---

〔1〕　M&C Corporation v. Erwin Behrgmbh Co. , 326 F. 3d 772, 783~784, rev'd on other grounds, 411 F. 3d 749 (2005), affirmed in part, rev'd on other grounds (6th Cir. 2008).

〔2〕　English Arbitration Act of 1996, § § 68 (2) (t) and (3) (a).

〔3〕　《中华人民共和国仲裁法》（1994年）第61条。

〔4〕　《中国国际贸易仲裁委员会仲裁规则》（2015年）第53条；ICC Rules of Arbitration (2017), Article 36.

〔5〕　LCIA Arbitration Rules (2020), Article 27. 3.

〔6〕　ICC Rules of Arbitration (2017), Article 36 (2).

〔7〕　《最高人民法院关于适用〈中华人民共和国仲裁法〉若干问题的解释》（2006年）第30条。

文或者仲裁调解书中的文字、计算错误以及仲裁庭已经认定但在裁决主文中遗漏的事项，可以补正或说明的，人民法院应当书面告知仲裁庭补正或说明，或者向仲裁机构调阅仲裁案卷查明。[1]

可见，在我国，在撤销仲裁裁决的程序及执行仲裁裁决的程序当中，如果法院发现仲裁裁决内容存在相应遗漏或模糊的地方，都可以要求仲裁机构作出说明，并自行决定调阅案卷。

---

[1] 《最高人民法院关于人民法院办理仲裁裁决执行案件若干问题的规定》（2018年）第 4 条。

第七章

当事人如何向法院求助

——司法协助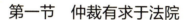

第一节　仲裁有求于法院

考虑到强调国家强制力的法院与强调当事人自治的仲裁之间截然不同的出发点，法院系统和仲裁系统的关系始终处在微妙的状态之中。仲裁依赖于法院强制力的支持，因为，当一方当事人试图破坏制度的时候，只有法院可以通过强制力拯救该制度。如果说法院和仲裁之间的关系是一种伙伴关系[1]，这就不是一种平等的伙伴关系。仲裁可能取决于当事人的合意，但仲裁也是一种建立在法律基础上的制度，它依靠法律使其在国内和国际上具有效力。即便没有仲裁系统，法院系统也可以存在。但是，如果没有法院系统，仲裁系统就很难维系生命。

仲裁制度现在是解决涉及国家、个人和公司之间国际争端的主要争端解决机制。现代的国际仲裁机构在很大程度上独立于国家法院系统。这也是为什么，国际合同中的仲裁条款通常被认为是一项独立的协议，在合同终止后仍然有效。当事人通常可以自行决定如何解决纠纷，有时仅限于公共政策的约束；仲裁员可自由决定自己的管辖权，但须经仲裁所在地或承认或执行地的法院对仲裁裁决进行不同程度的审查。当事人可以自由选择哪一种法律制度来管辖他

---

〔1〕　Goldman, The Complementary Role of Judges and Arbitrators, ICC Publication No. 412（ICC, 1984）, p. 259.

们之间的争端，甚至可以选择国际统一司法协会的国际商事合同原则等一般原则。尽管如此，仲裁程序仍受其仲裁地和胜诉方可能寻求承认或执行仲裁裁决的一个或多个国家的仲裁法的管辖。换言之，一国法院系统参与国际仲裁程序对其有效性仍然至关重要。联合国贸易法委员会的《仲裁示范法》力求尽可能排除法院的参与。《仲裁示范法》第 5 条规定，在本法管辖的事项中，除本法另有规定外，任何法院不得介入。乍看之下，这是一条引人注目的独立宣言。然而，《仲裁示范法》并不试图排除法院参与履行仲裁协助和监督的某些职能。对《仲裁示范法》本身进行更仔细的审查，很明显，在其36 条条款中，至少有 10 条承认法院可能发挥的作用。例如，《仲裁示范法》第 11 条承认，组成仲裁庭可能需要法院的帮助；《仲裁示范法》第 13 条承认，如果对仲裁员的公正性或独立性有合理的怀疑，法院可能必须就对该仲裁员提出的回避申请作出裁决；《仲裁示范法》第 16 条承认，国际仲裁的一方当事人可以向法院申请复审仲裁庭关于管辖权的决定，只有该法院的决定才是最终的和具有约束力的。《仲裁示范法》还承认，在取证过程中可能需要法院的协助，而且在对仲裁裁决或对其承认和执行提出任何挑战时，法院的裁定都是起到决定性作用的。

仲裁和法院之间的伙伴关系在不同的时间发挥着不同的作用。英国前高级法官穆斯蒂尔勋爵曾将法院和仲裁之间的关系比作接力赛：在理想情况下，仲裁纠纷的处理应该类似于接力赛。在最初阶段，在仲裁员处理争议之前，指挥棒掌握在法院手中；因为在这一阶段，没有其他组织可以采取措施防止仲裁协议不能发挥作用。当仲裁员负责时，他们接管并握有指挥棒，直到仲裁员作出裁决为止。此时，仲裁员不再履行职责，而是将指挥棒交还给法院，以便法院在需要时将其强制力用于执行仲裁裁决上。

原则上，对于法院的公权力世界和仲裁的私权利世界之间的边界在哪里不应存在争议。在仲裁开始时，法院的任务是在一方当事人寻求逃避仲裁的情况下强制执行仲裁协议。在仲裁过程中，仲裁员必须负责管理仲裁程序，规定时限、组织庭审、发布程序指示、考虑当事人或其代表提出的事实和法律论点，并出具裁决。在仲裁程序结束时，如果败方不准备自愿遵守仲裁裁决，法院也必须执行仲裁裁决。不幸的是，仲裁庭和法院各自的领域可能都没有如此明确的区分。正如穆斯蒂尔勋爵接着指出的那样：在现实生活中，这个界限并不是那么明确。现在很少有评论员会断言，当仲裁员收到文件时，法院的合法职能就完全停止了。相反，很少有人会怀疑法院在某一点上承担纯粹的从属角色。但这是什么时候发生的？这个过程的最后一步是什么？法院是否只有在被邀请执行裁决时才重新接过指挥棒，还是在仲裁出现问题时，通过撤销裁决或以其他方式干预？它是否具有在较早阶段行使的职能？[1]因此，我们需要在每一个阶段具体分析法院与仲裁之间的互动。

第二节　仲裁开始前有求于法院

在仲裁程序开始前，有求于法院介入的情形主要就是涉及有关仲裁协议的执行。仲裁协议的一方当事人有可能会决定向法院提起诉讼，而不是将争议提交仲裁。在极少数的情况下，如果另一方当事人默许了法院诉讼而没有提出异议，仲裁协议将被视为放弃，法院将继续诉讼。《中华人民共和国仲裁法》第 26 条也规定，当事人达成仲裁协议，一方向人民法院起诉未声明有仲裁协议，人民法院受理后，另一方在首次开庭前未对人民法院受理该案提出异议的，视为放弃仲裁协议，人民法院应当继续审理。[2]

然而，在大部分情况下，另一方当事人通常希望坚持让仲裁员而不是法院来裁决争议。大多数法院都有义务根据《纽约公约》第

---

〔1〕 Mustill, "Comments and conclusions", in International Chamber of Commerce（ICC）（ed.）*Conservatory Provisional Measures in International Arbitration*: *9th Joint Colloquium*（ICC, 1993）, p. 118.

〔2〕《中华人民共和国仲裁法》（1994 年）第 26 条。

2 条第 3 款执行仲裁协议[1]，拒绝在法庭上接受此类诉讼，并将当事人提交仲裁。《仲裁示范法》也反映了这一点。其中第 8 条规定：①就仲裁协议标的的事项提起诉讼的法院，如一方当事人在不迟于就争议实质提交第一份陈述书时提出异议，应将当事人提交仲裁，除非法院认为该仲裁协议无效，不起作用的或不能被执行的。②如果已经提起本条第 1 款所述的诉讼，在该问题仍在法院中止审理的过程当中，仍可启动或继续进行仲裁程序，并作出裁决。[2]可见，《仲裁示范法》的重点在于防止拖延和阻碍仲裁行为。《中华人民共和国仲裁法》第 20 条规定，当事人对仲裁协议的效力有异议的，可以请求仲裁委员会作出决定或者请求人民法院作出裁定。一方请求仲裁委员会作出决定，另一方请求人民法院作出裁定的，由人民法院裁定。[3]

法院在判断仲裁协议是否有效时，应当对事实关系进行全面审查，还是仅仅进行一个表面审查？在表面审查制度下，法院只需发现提起诉讼的一方当事人事实上已经同意仲裁的合理可能性就可以了。[4]赞成进行全面审查的理由是，这样做才更有可能防止有缺陷的仲裁协议最终导致仲裁裁决被撤销或被拒绝执行，从而浪费仲裁过程中花费的时间、精力和资源。相反，支持表面审查的论点是，它更有可能阻止一方当事人采取阻碍仲裁程序的策略。因为，仲裁开始后，仲裁庭就可以就仲裁协议的有效性做出判断，因此，心怀恶意的一方当事人将不能以诉讼为借口推迟仲裁程序。

根据《中国国际经济贸易仲裁委员会仲裁规则》第 6 条的规定，仲裁委员会依表面证据认为存在有效仲裁协议的，可根据表面证据作出仲裁委员会有管辖权的决定，仲裁程序继续进行。仲裁委员会或经仲裁委员会授权的仲裁庭作出无管辖权决定的，应当作出撤销

---

[1]《纽约公约》（1958 年）第 2 条第 3 款。

[2]《仲裁示范法》第 8 条。

[3]《中华人民共和国仲裁法》（1994 年）第 20 条。

[4] Frédéric Bachand, "Does Article 8 of the Model Law Call for Full or Prima Facie Review of the Arbitral Tribunal's Jurisdiction?", 22 Arb. Int. 463（2006）.

案件的决定。可见，结合上面《中华人民共和国仲裁法》第 20 条的规定和《中国国际经济贸易仲裁委员会仲裁规则》第 6 条的规定，在我国，如果对仲裁协议的效力有异议，当事人既可以向仲裁委员提出异议，也可以向法院提出异议。如果一方当事人向仲裁委员会，一方当事人向法院提出异议，以法院的裁定为准。如果一方当事人只向仲裁委员会提出异议，仲裁委员会将基于表面审查原则对仲裁协议进行审查。

第三节　仲裁过程当中有求于法院

一旦组成了仲裁庭，即使其中一方当事人未能或拒绝参加仲裁程序，大多数仲裁程序也都不需要有求于法院。当然，事情都不是绝对的，有时在仲裁的过程当中也需要法院公权力的参与，以确保仲裁的顺利进行。例如，可能有必要请法院协助取证（证据保全），或下令保全争议财产（财产保全），或采取其他一些临时保护措施。[1]在仲裁过程中，仲裁庭或法院可能有必要发出旨在保存证据、保护资产或以其他方式在仲裁结果出来之前维持现状的命令。这种命令形式不同，名称也不同。在联合国贸易法委员会的《仲裁示范法》和《仲裁规则》中，它们被称为"临时措施"。[2]在 CIETAC 的《仲裁规则》和 ICC 的《仲裁规则》中，它们被称为"保全及临时措施"。但是，无论其名称如何，原则上它们都是作为一种临时性的保全措施来适用的，并且只在最终仲裁裁决发布之前才适用。

一、求助于法院的原因

在许多需要采取临时措施的案件中，仲裁庭本身有权发出这些

---

[1] 《中华人民共和国仲裁法》（1994 年）第 28 条、第 46 条、第 68 条；《中国国际经济贸易仲裁委员会仲裁规则》第 23 条；HKIAC 2018 Administered Arbitration Rules, Article 23；SIAC Arbitration Rules 2016, Article 30；ICC Rules of Arbitration（2017），Article 28；LCIA Arbitration Rules（2020），Article 25.

[2] Model Law（1985），Article 17；UNCITRAL Arbitration Rules（2013），Article 26.

临时措施，那么，如果仲裁庭本身有权发布临时措施，为什么可能需要国家法院的帮助或干预？第一，在一般情况下，在组成仲裁庭之前，仲裁庭不可能发布临时措施。组成正式的仲裁庭需要时间，而在此期间，重要证据或资产可能会消失，而此时法院更容易处理此类紧急事项。也是为了解决这种矛盾，很多仲裁机构都开始设立紧急仲裁员制度，即在组成正式的仲裁庭之前，如果仲裁当事人确有需要采取紧急的临时措施的，可以申请紧急仲裁员采取临时措施。[1]第二，在有些国家，仲裁庭本身可能就没有必要的权力去实施特定临时措施。因为，仲裁庭的权力一般限于仲裁当事人而无法影响第三方采取临时措施。因此，出于公共政策的原因，国家会通过立法将此类实施临时措施的权力赋予法院。例如，根据《中华人民共和国仲裁法》第28条的规定，一方当事人因另一方当事人的行为或者其他原因，可能使裁决不能执行或者难以执行的，可以申请财产保全。当事人申请财产保全的，仲裁委员会应当将当事人的申请依照民事诉讼法的有关规定提交人民法院。根据《中华人民共和国仲裁法》第46条的规定，在证据可能灭失或者以后难以取得的情况下，当事人可以申请证据保全。当事人申请证据保全的，仲裁委员会应当将当事人的申请提交证据所在地的基层人民法院。根据《中华人民共和国仲裁法》第68条的规定，涉外仲裁的当事人申请证据保全的，涉外仲裁委员会应当将当事人的申请提交证据所在地的中级人民法院。[2]第三，根据定义，仲裁庭采取的临时措施并不能最终解决任何争议。因此，临时措施的命令或裁决很难满足《纽约公约》规定的终局性要求，这可能使其很难在国际上得到承认和执行。因此，在可能需要国际强制执行临时措施的情况下，当事人会考虑向法院申请此类临时措施。

---

〔1〕《中国国际经济贸易仲裁委员会仲裁规则》第23条；HKIAC 2018 Administered Arbitration Rules, Article 23; SIAC Arbitration Rules 2016, Article 30; ICC Rules of Arbitration (2017), Article 29; LCIA Arbitration Rules (2020), Article 9B.

〔2〕《中华人民共和国仲裁法》（1994年）第28条、第46条、第68条。

　　基于上述原因，法院应有权采取临时措施，以支持仲裁程序。而向法院申请临时措施可能会引起至少两个问题：首先，如果仲裁协议的一方当事人向法院而不是向仲裁庭提出临时措施申请，这是否会被视为违反仲裁协议？第二，如果从法院或仲裁庭寻求临时措施的选择确实是一个公开的选择，那么申请是向法院还是向仲裁庭提出？大多数仲裁规则都明确确认，向法院申请临时措施与仲裁协议并不矛盾。例如，ICC《仲裁规则》第 28（2）条明确规定：一方当事人向司法机关申请此类临时保全措施或执行仲裁庭下令采取的任何此类措施，不应被视为违反或放弃仲裁协议。至于是否向有关法院或仲裁庭寻求临时措施的问题，在很大程度上取决于有关国家法律和所寻求救济的性质。有关法律可以明确规定，任何申请都应首先向仲裁庭提出，然后才应向仲裁所在地的法院提出。这是瑞士法律所采取的立场，该法律授权仲裁庭采取临时措施，除非双方当事人另有约定，如果被裁定的一方当事人不遵守裁定，仲裁庭可请求主管法院提供协助。[1]在大部分仲裁机构规定了紧急仲裁员制度的现在，当事人在采取紧急临时措施还是一般临时措施时，都需要先向仲裁机构申请，之后，需要依赖公权力的临时措施，由仲裁机构求助于法院的强制力。

二、临时措施的种类

　　临时救济措施的形式多种多样，国家之间也不尽相同。此外，新的和重要的救济形式可能由法院制定或在立法中加以规定，但是，我们大体上可分为以下临时措施。第一，维持现状；第二，披露书证；第三，调查取证。其中，维持现状可分为证据保全、财产保全和行为保全。[2]

---

　　〔1〕　Swiss PIL, Ch. 12, s. 183（1）and（2）.

　　〔2〕　根据《仲裁示范法》第 17 条第 2 款的规定，临时措施分为：第一，维持或恢复争议裁定前的现状；第二，采取可能阻止或避免采取可能对仲裁程序本身造成当前或迫在眉睫的损害或损害的行动；第三，提供一种保存资产的方法，以使随后的裁决得以满足；或，第四，保留可能与解决争端有关和重要的证据。

（一）维持现状

1. 证据保全

就证据保存而言，在对证据举证质证之前，显然不应销毁证据。鉴于在案件开始时，在仲裁庭组成之前，证据的保存是一个特别令人关切的问题，在这一领域，当事人很可能严重依赖紧急仲裁员程序。仲裁法可授予国家法院具体权力，通过授予临时禁令以保全证据。根据 1996 年《英国仲裁法》第 44 条的规定，在紧急情况下，授予法院在仲裁中命令保存证据、检查、拍照或财产保全的权力相同的权力。[1] 在一个案件中，在仲裁开始之前，上诉法院下达了冻结令，禁止被申请人处分或以其他方式处理股份，以保护根据股份购买协议有争议的购买权。[2] 当然，不仅仅是仲裁开始前，在仲裁过程当中，当事人也可以申请法院保全证据。根据《中华人民共和国仲裁法》第 46 条的规定，在证据可能灭失或者以后难以取得的情况下，当事人可以申请证据保全。当事人申请证据保全的，仲裁委员会应当将当事人的申请提交证据所在地的基层人民法院。[3]

可见，在我国，根据《中华人民共和国仲裁法》第 46 条及《中国国际经济贸易仲裁委员会仲裁规则》第 23 条的规定，对于证据保全，当事人既可以在仲裁开始前通过紧急仲裁员制度或仲裁开始后通过正常程序申请证据保全。但是，我们要知道，在实务当中，仲裁开始后的证据保全是存在法院强制力的保护，但是，紧急仲裁员的证据保全临时措施是否也能得到法院强制力的保护，还没有具体规定。而且，在没有明文规定的前提下，我国法院也一般不会执行紧急仲裁员有关证据保全的临时措施。

2. 财产保全

在大部分情况下，申请仲裁索赔的主要目的是受损害方希望通过仲裁获得金钱赔偿。而仲裁过程当中，如果一方当事人擅自处分

---

[1] English Arbitration Act 1996, Secton 44 (3).

[2] Cetelem SA v. Roust Holdings Ltd [2005] EWCA Civ 618.

[3] 《中华人民共和国仲裁法》（1994 年）第 46 条。

财产，那么，即便拿到了胜利的仲裁裁决也很难获得真正利益。因此，在仲裁时能够确保潜在的可执行财产至关重要。《仲裁示范法》第 17 条第 2 款第（c）项规定，提供一种保存资产的方法，以实现仲裁裁决。可见，根据《中华人民共和国仲裁法》第 28 条的规定，一方当事人因另一方当事人的行为或者其他原因，可能使裁决不能执行或者难以执行的，可以申请财产保全。当事人申请财产保全的，仲裁委员会应当将当事人的申请依照民事诉讼法的有关规定提交人民法院。申请有错误的，申请人应当赔偿被申请人因财产保全所遭受的损失。[1]

3. 行为保全

在许多情况下，损害赔偿的实际金额都不能完全以合同当中的金额或实际损失来明确。因为，这种损害可能还包括名誉损害、商业机会的损失和类似的损失，这些损害都是真实的但很难证明和量化。在《特许经营合同》下，特许人可能会以违反合同为由拒绝继续向被特许人供货。比如，一家面包店特许权人（食材制作商）如果拒绝继续向被特许人（面包店）供应面包原材料，这将导致被特许人无法及时制作面包进行销售。在这种情况下，面包店无疑希望保持现状，由特许权人继续供应，直到通过仲裁解决纠纷为止。同样，在软件服务公司与建筑设计公司发生纠纷时，基于建筑设计公司不支付软件费用，软件服务公司希望停止设计软件服务，但是，建筑设计公司却决定继续使用设计软件。在这种情况下，软件服务公司可能希望，在纠纷通过仲裁解决之前，应限制建筑设计公司使用设计软件。

根据《中国国际经济贸易仲裁委员会仲裁规则》第 23 条的规定，经一方当事人请求，仲裁庭依据所适用的法律或当事人的约定可以决定采取其认为必要或适当的临时措施，并有权决定由请求临时措施的一方当事人提供适当的担保。[2]根据《中华人民共和国民

---

〔1〕《中华人民共和国仲裁法》（1994 年）第 28 条。

〔2〕《中国国际经济贸易仲裁委员会仲裁规则》（2015 年）第 23 条。

事诉讼法》第 100 条的规定，人民法院对于可能因当事人一方的行为或者其他原因使判决难以执行或者造成当事人其他损害的案件，根据对方当事人的申请，可以裁定对其财产进行保全、责令其作出一定行为或者禁止其作出一定行为。[1]

在《武汉绿野香笋菜食品有限公司与武汉维尔福生物科技股份有限公司仲裁纠纷一审民事裁定书》[2]当中，法院也认定，对于民事诉讼或仲裁中的行为保全而言，一般应符合两个适用条件：一是适用于金钱请求以外的请求权；二是适用于可能因当事人一方的行为或者其他原因，使判决难以执行或者造成当事人其他损害。是否采取行为保全措施，除要考虑不采取行为保全措施给申请人的影响外，还要考虑到采取保全措施对被申请人造成的影响，以维护申请人与被申请人之间的利益平衡。本案中不存在不采取行为保全措施将使仲裁裁决难以执行或者造成其他损害的情形。

可见，《中华人民共和国民事诉讼法》存在支持行为保全的规定。而且，CIETAC 的《仲裁规则》也存在采取行为保全的规定。但是，《中华人民共和国仲裁法》没有相关行为保全的规定，可以有效连接上述仲裁规则与《中华人民共和国民事诉讼法》的规定。因此，实务操作当中，很难真正在仲裁当中采取行为保全。

（二）披露书证

很多时候，对案件的审理至关重要的书证会在一方当事人手中。如果该当事人不提供相关书证，就很难判断案件的事实。考虑到这一点，《最高人民法院关于适用〈中华人民共和国民事诉讼法〉的解释》第 112 条规定，书证在对方当事人控制之下的，承担举证证明责任的当事人可以在举证期限届满前书面申请人民法院责令对方当事人提交。申请理由成立的，人民法院应当责令对方当事人提交，因提交书证所产生的费用，由申请人负担。对方当事人无正当理由拒不提交的，人民法院可以认定申请人所主张的书证内容为

---

〔1〕《中华人民共和国民事诉讼法》（2017 年）第 100 条。
〔2〕［2014］鄂武汉中立保字第 00095 号。

真实。[1]而新修订的《最高人民法院关于民事诉讼证据的若干规定》第 45 条也响应了上述解释规定，当事人根据《最高人民法院关于适用〈中华人民共和国民事诉讼法〉的解释》第 112 条的规定申请人民法院责令对方当事人提交书证的，申请书应当载明所申请提交的书证名称或者内容、需要以该书证证明的事实及事实的重要性、对方当事人控制该书证的根据以及应当提交该书证的理由。[2]

根据《中国国际经济贸易仲裁委员会证据指引》第 7 条的规定，一方当事人可请求仲裁庭指令对方当事人披露某一特定书证或某一类范围有限且具体的书证（"特定披露请求"）。请求方需阐明请求理由，详细界定该有关书证，以及说明该书证的关联性和重要性。仲裁庭应安排对方当事人对特定披露请求发表意见。对方不反对该请求的，应按照请求披露相关文件。对方反对的，由仲裁庭决定是否准许该请求。[3]

在我国的司法实践当中，对于其审理的诉讼，法院可以责令当事人提供书证，但是，因为不存在相关的明确规定，对于仲裁庭要求披露而不披露的案件，法院一般都不会行使其强制力，责令仲裁当事人披露相关书证。但是，根据《中国国际经济贸易仲裁委员会证据指引》第 23 条的规定，经仲裁庭准予特定披露请求后，或在仲裁庭直接要求披露特定的证据后，相关当事人无正当理由拒绝披露的，仲裁庭可以做出对拒绝披露方不利的推定。[4]因此，即便不存在法院强制力，为了不给仲裁庭留下不好的印象，对于当事人明智的选择就是披露相关书证。

（三）调查取证

由于仲裁庭一般不具有强迫证人出庭的权力，特别是如果被要求出庭的证人与仲裁当事人没有任何雇佣关系或其他从属关系无法

---

〔1〕《最高人民法院关于适用〈中华人民共和国民事诉讼法〉的解释》（2015 年）第 112 条规定。

〔2〕《最高人民法院关于民事诉讼证据的若干规定》（2020 年）第 45 条。

〔3〕《中国国际经济贸易仲裁委员会证据指引》（2015 年）第 7 条。

〔4〕《中国国际经济贸易仲裁委员会证据指引》（2015 年）第 23 条。

说服其自愿出席时，当事人可能有必要诉诸法院的公权力。《仲裁示范法》第 27 条也规定，仲裁庭或经仲裁庭批准的一方当事人可以请求法院协助调查取证。法院可在其职权范围内并根据其取证规则执行上述请求。[1]有些国家的仲裁法，包括瑞士等尚未通过《仲裁示范法》的国家的仲裁法，都非常严格地采用了这种措词形式。在其他仲裁法中，这一立场可作更充分的阐述。例如，1996 年《英国仲裁法》第 43 条规定：（1）仲裁程序的一方当事人可以使用与法律程序有关的相同的法庭程序，以确保证人出庭作证，以作口头证词或出示文件或其他重要证据；（2）只有在仲裁庭许可或其他当事方同意的情况下，才能如此。（3）只有在下列情况下，才能适用法庭程序：①证人在英国，并且，②仲裁程序正在英格兰和威尔士或北爱尔兰（视情况而定）进行；（4）任何人不得依据本条而被强迫出示在法律程序中不能被强迫出示的任何文件或其他重要证据。[2]

第四节　仲裁结束后有求于法院

对于法院是否应该对国际仲裁的进行和所作出的裁决行使司法控制存在两种观点：第一种观点是，如果当事人同意通过使用私权争端解决机制而不是公权法院来解决他们的争端，那么法院系统就不应该发挥任何作用。如果不这样做，就干涉了当事人按自己的选择处理事务的权利。另一种观点是，仲裁与法院制度有共同之处，两者都是一种争端解决方式，都取决于第三方的决定。司法规定，这种争端的解决应适用某些规则。由于国家全面负责司法，而且由于司法是任何文明民主社会的一个组成部分，法院在必要时应毫不犹豫地进行干预，以确保在私权仲裁庭和公权法庭上都能伸张正义。

这也是在撤销仲裁裁决，承认和执行仲裁裁决的章节当中，我们一直讨论的话题，即法院的干预要到何种程序，才能既不过度干

---

〔1〕　Model Law (1985), Article 27.

〔2〕　English Arbitration Act 1996, Section 43.

预仲裁而削弱了仲裁的特征；又对仲裁程序过度袖手旁观，使得仲裁充满贪污腐败，最终使仲裁丧失社会信誉，成为一种逃避公权力监督的腐败的瘟床。

对于承认和执行仲裁裁决，撤销仲裁裁决及拒绝承认和执行仲裁裁决等仲裁结束后国家法院对于仲裁的影响，请参考第二章的内容。

2012 年，本人在美国华盛顿特区考律师执照的时候，全球化还是世界的主流，中美之间的经贸往来也是彼此获利，取得双赢。

未来好像一片美好。

而现在贸易保护主义又一次甚嚣尘上。

从第一次工业革命开始到现在的 5G 信息化革命，说到底都是有关信息流通的革命。[1] 就看谁在最短的时间进行更多的信息交流。

只有开放，才有交流，走向繁荣。

读到美国作者 J. D. 万斯的《乡下人的悲歌》[2]，你就能切身体会到美国中产阶级的失落与无助。而生活落魄的美国中产阶级无助迷茫的时候，民粹主义抬头，将矛头指向中国，鼓吹是中国人抢走了美国人的饭碗，造成了美国人民的痛苦。殊不知决定将工厂从美国搬到中国的，正是美国企业。

但是，内部矛盾深化到无法自救的时候，政客们往往会把矛头指向与自己不一样的族群，寻找替罪羊，搞赤裸裸的歧视。这样，鼓吹"美国第一"的盎格鲁-撒克逊人将一切原因归咎于中国人，就如同希特勒将日耳曼人无助的原因归咎于犹太人一样。

现如今，美国处处针对中国只有一个原因。那就是，美国不允

---

〔1〕　第一次工业革命是看谁在最短的时间，通过火车把脑子里装着信息的人从一点送到另一点；第二次工业革命是看谁在最短的时间，将装着信息的电报从一点送到另一点；第三次工业革命是看谁通过电脑在最短的时间运算信息；第四次工业革命（信息化革命）就是看谁能在最短的时间通过网络实现最多的信息交流。

〔2〕　J. D. Vance, *Hillbilly Elegy* (Large Print Press).

许中国挑战自己的霸权地位。即便中国从来没有想要挑战，美国自己不安，睡不好觉。

20世纪80年代的日本就是最好的例子。作为第二次世界大战的战败国，而且有美军驻扎，日本肯定不会想着挑战美国霸权地位。但是，这由不得日本解释。美国觉得你构成了威胁，就要制服你，直到你再也站不起来。签订《广场协议》，从此，日本一蹶不振，直到现在。

到头来，对内，自己要有充足的实力；对外，要以德服人。美国原先是自由民主的象征，而现在的美国正失去这些。

那么，以前的美国为什么能够有如此多的盟友支持？除了军事力量的强大，更重要的是，美国向世界提供了大多数国家能够接受的一个标准（Norm）。这才是关键。

在我看来，美国提供的标准当中最为关键的一项是美国向全世界推广了以美国牵头制定的法律制度，即游戏规则。

你我之间彼此交流、彼此交易，或多或少都会有争端及纠纷。关键不是杜绝纠纷的发生，而是如何解决纠纷才不会伤和气，彼此信服，觉得结果是正义的。

就是通过公平地适用游戏规则。

国与国之间，或一国与他国国民〔1〕之间，或一国国民与他国国民之间，都不会信任对方的司法体系，因为，这种司法体系就是象征着公权力。而且，这种司法体系下的法院判决，带着很强的国家主权色彩，出了行使管辖权的国家的范围，就很难执行上述法院判决。出于自身主权的考虑，任何国家都不允许他国的法院判决随意在自己的国度上得到执行。

因此，上述纠纷需要其他争端解决机制。

看一下国际投资纠纷及国际商事纠纷，上述争端的解决大部分都是通过仲裁或带着仲裁色彩的其他 ADR〔2〕进行解决。而美国牵

---

〔1〕　国民包含企业。

〔2〕　ADR：Alternative Dispute Resolution.

头制定的《纽约公约》[1]及《华盛顿公约》[2]又保证了上述仲裁裁决的执行。《纽约公约》就是为了在全世界更好地执行商事仲裁裁决而制定的。而基于《华盛顿公约》，美国在世界银行集团[3]下设立的国际投资争端解决中心（ICSID）[4]，就是为了为美国等西方国家的企业在投资其他发展中国家的时候保驾护航。我们从世界银行行长兼任 ICSID 主席的事实本身就能看出，ICSID 的设立目的就是世界银行集团下西方国家的国际投资服务。

说实话，"一带一路"倡议与世界银行集团下的国际投资有异曲同工之妙。如果为了保护世界银行集团下的国际投资，设立了ICSID；那么，为了保护"一带一路"倡议下的国际投资，也有必要设立相关争端解决机构。

在继续推进"一带一路"倡议的总体方案下，我国也需要设立起在亚洲基础设施投资银行（AIIB）[5]下自己的"国际投资争端解决机构"，以此解决一国投资者与被投资的东道国之间的国际投资争端。不仅如此，在"一带一路"倡议下，对于两个商事主体之间的合同纠纷，也需要有一个可信赖的仲裁机构进行国际商事仲裁。

然而，现实是残酷的。实事求是，我国仲裁制度的发展还是任重而道远。究其原因，最主要的还是仲裁裁决在我国的执行难问题。

从作者本人代理的一件 put-option 国际仲裁纠纷当中，我们就能清楚地看到其中实实在在的难处。因仲裁的保密性，笔者仅简要说明案件的发展过程，读者就可感受到其中的艰辛。

在合资经营的框架下，如果股东之间发生了约定的解散事由，那彼此之间好聚好散就可以了。本人就代理了这样一个决定离开合

---

[1] 《纽约公约》（1958 年）：The New York Convention on the Recognition and Enforcement of Foreign Arbitral Awards（1958）.

[2] 《华盛顿公约》（1966 年）：Convention on the Settlement of Investment Disputes Between States and Nationals of Other States（1966）.

[3] 世界银行集团由国际复兴开发银行、国际开发协会、国际金融公司、多边投资担保机构和国际投资争端解决中心五个成员机构组成。

[4] ICSID：International Centre for Settlement of Investment Dispute.

[5] AIIB：The Asian Infrastructure Investment Bank.

资经营的国际金融企业与其他股东之间的 put-option 国际仲裁案件。

谁都不愿意将自己的商业秘密公之于众，也不想伤和气，毕竟，之前还是彼此合作愉快。因此，本人代理的国际金融企业就与对方当事人进行了将近 8 个月之久的有关行使 put-option 的友好协商，其中，也出来了可行的 put-option 方案。但是，因为在重要细节上无法达成合意，最终，当事人还是走上了仲裁之路。

虽然，前期调查、制定方案、准备证据等工作相对复杂，但是，充分准备之后，仲裁程序还算顺利地进行了。近 1 年的对簿公堂之后，我们胜利了。拿到了胜利的仲裁裁决。

从此，对方当事人就采取各种手段妨碍仲裁裁决的执行。

首先，对方当事人在仲裁地的法院提起了撤销仲裁裁决的申请。撤销程序也是一个漫长的准备证据、据理力争的过程。1 年多的时间过后，我们又胜利了。拿到了法院的胜诉裁定。

其次，对方在其财产所在地申请了不予执行申请。又是一个漫长的过程。近半年的对簿公堂后，我们又胜利了。拿到了法院的胜诉裁定。

最后，终于来到了执行实施阶段。知道已经无路可退的对方当事人，开始提出各种各样没有任何理由的执行异议。从此，剧情就变得非常复杂，案件开始掺杂很多案外因素。

这种执行异议从地方的中级人民法院打到了该省的高级人民法院，再从高级人民法院，最终打到了最高人民法院。通过深入研究，提交充分资料，最终，我们在最高人民法院还是胜诉了。

但是，现实是，我们看到了地方保护主义势力的强大。我们获得了如此多的胜利，地方愣是可以在执行阶段停滞不前，吹毛求疵。现实中，法院的判决在执行阶段都能碰到各种问题，更何况仲裁裁决的执行呢？这确实要克服无法想象的困难，也因为如此，我国一直在提倡解决"执行难问题"。如果，费了九牛二虎之力，耗费了时间、精力及金钱，拿到的仲裁裁决，最后不能执行，谁会对我国的仲裁制度充满信心呢？在国际商事领域，以《纽约公约》为后盾的仲裁程序绝对是大势所趋。大部分国际商事交易，如果发生争端，在很大程度上都将走向仲裁程序。然而，我国仲裁制度的发展还需要很长的路要走。

很多伟大的国家都是向世界的其他国家提供了一个可以广泛接受，并觉得公平公正的标准。我希望我国也能向世界提供一个公平公正的仲裁标准。为了实现这一目标，不仅需要优秀的人才，更重要的是制定规则并有效实施。这就需要顶层设计及在这一设计下的日积月累地、勤勤恳恳地推进。

我相信，公道自在人心。得道多助，失道寡助。

现如今，在这样一个不确定的全球形势下，我国需要继续高举全球化的旗帜，通过彼此交流，取长补短，吸收人才，交流信息，鼓励创新，努力建设一个正义的社会。

我相信，到最后，正义的一方会取得最终的胜利。

世界是多事之秋，让我们齐心协力。